# 商业的逻辑

陈九霖 著

中信出版集团

**图书在版编目（CIP）数据**

商业的逻辑 / 陈九霖著 . -- 北京：中信出版社，
2017.9 （2017.10重印）

ISBN 978-7-5086-7732-3

Ⅰ.①商… Ⅱ.①陈… Ⅲ.①企业管理－研究 Ⅳ.
①F272

中国版本图书馆 CIP 数据核字〔2017〕第 133168 号

**商业的逻辑**

著　　者：陈九霖
出版发行：中信出版集团股份有限公司
　　　　　（北京市朝阳区惠新东街甲 4 号富盛大厦 2 座　邮编　100029）
承 印 者：中国电影出版社印刷厂

开　　本：787mm×1092mm　1/16　　印　　张：25.75　　　　　字　　数：350 千字
版　　次：2017 年 9 月第 1 版　　　　印　　次：2017 年 10 月第 4 次印刷
广告经营许可证：京朝工商广字第 8087 号
书　　号：ISBN 978-7-5086-7732-3
定　　价：58.00 元

# 目 录

# 序 言①

吴晓波

2004 年 9 月,《中国企业家》杂志的封面人物是陈九霖（原名陈久霖，以下统一用现名）。在"买来个石油帝国"豪气的大标题下，编辑特意把下面的这个悬念也刊印在封面上："陈九霖能否靠海外收购把中国航油打造成中国第四家石油巨头？"令这家杂志社没有料到的是，短短 4 个月后，它不得不做了另一个长篇的封面文章："谁搞垮了中国航油？"

陈九霖被认为是一个商业奇才。1997 年，36 岁的他受中国航油集团委派，前往新加坡接手管理中国航油（新加坡）股份有限公司。这家公司成立于 1993 年，最初两年亏损，之后又休眠两年，近乎一个空壳。陈九霖刚到新加坡的时候，只有一个人来接机，这人也是陈九霖唯一的下属。当时给陈九霖的创业资本是 21.9 万美元，7 年之后，他的业绩是：中国航油（新加坡）股份有限公司净资产增长 852 倍，达 1.5 亿美元，经营业务从单一的进口航油运输经纪业务，逐步扩展至石油实业投资、国际石油贸易、进口航油采购"三足鼎立"的商业模式，公司于 2001 年在新加坡交易所主板挂牌上市，成为出了名的热门股，市值是原始投资的 5022 倍。它成为中国国有企业在海外创

---

① 本文选自吴晓波《激荡三十年》下卷第五部"2003—2008 年　大国梦想成真·企业史人物'江湖'总裁"。此处刊发时略有修改，并经吴晓波本人同意。

业的标本，公司的经营业绩和管理机制被列为新加坡国立大学课程教学案例。它还曾获新加坡上市公司"最具透明度"企业，并被美国应用贸易系统机构（ATS）评选为亚太地区"最具独特性、成长最快和最有效率"的石油公司。

陈本人还被推举为新加坡中资企业协会第四任会长，2003 年 10 月，他被达沃斯世界经济论坛评选为"亚洲经济新领袖"（缔造人），即现在的"全球青年领袖"（陈是中国唯一、全球七人之一的缔造人）。

陈九霖的年薪为 2350 万元人民币，不仅创造了中国国有企业之最，也高居新加坡上市公司管理者之首，被誉为"中国打工皇帝"。

他初到新加坡时，这家分公司仅负责集团内的航油运输经纪（ship broker）业务。为了能获得集团进口航油的采购权，陈九霖逐一拜会集团（当时为航油总公司）各位领导，为了说服其中一位领导，他曾冒着风雪一直在人家门口等到晚上 11 点。就这样，集团终于拗不过陈九霖坚韧的精神，答应给予中国航油（新加坡）股份有限公司几万吨进口航油额度试试。但陈九霖却面临资金困难的问题，当时采购一船航油需要 600 万 ~1000 万美元，此前没有任何银行授信的陈九霖居然说服了法国巴黎国民银行试探性地给予他 1000 万美元的融资额度。就这样，他做成了第一笔生意，并盈利 29 万美元。为了从总公司拿到更多的订单，陈九霖通过批量运输、统一采购等手段成功压低了油品的价格。显然，跟集团公司内的其他经营者相比，他是一个更懂得商业谋略的人。

通过他的努力，中国航油集团进口油的成本不断降低，由此获得的利润相应地大幅增加，也获得了越来越多的采购权，并肩负起为集团公司平抑油价、降低采购成本的重任。1998 年，中国航油（新加坡）股份有限公司就从总公司的 26 船货中以竞标的方式拿到了 21 船的订单，通过它采购的油品，在中国航油集团全部进口航油中所占的比例一下子攀升到92%。2000年3月，中国航油总公司正式下文，要求参股公司在内的所有下属公司在今后几年必须通过中国航油（新加坡）股份有限公司在海外采购航油。就这样，陈九霖让一个账面资金不过20多万美元的空壳公司，变成了注册资金6000万新加坡元、年营业额近百亿美元的大型贸易企业。从2002年开始，陈九霖进军实业投资并展开大规模收购，试图从贸易公司转型为集石油实业投资、国际石油贸易和进口航油采购为一体的工贸结合型实体企业。

2002年4月，中国航油（新加坡）股份有限公司通过投标方式，成功获得了西班牙最大的石油设施公司——CLH公司5%的股权，对价是6000万欧元；7月，它又收购了上海浦东国际机场航空油料有限责任公司33%的股权，成为该公司第二大股东；2003年，收购新加坡国家石油公司（SPC）20.6%的股权，这家公司是新加坡唯一一家由国家控股的能源上市公司，经营石油天然气的开采、提炼以及原油、成品油的销售，业务遍及东南亚地区，经此一役，陈九霖名声大噪。

陈九霖不仅成了中国航油集团的一面旗帜，更被当作中国国企"走出去"的过河尖兵。不过，在评价标准颇为奇异的国有体制内部，具有雄才的他又是一个颇具争议的另类。有一次，在接受媒体采访时，陈九霖十分直率地说："危机时刻伴随着我。"

经国内有关部门和公司董事会批准，他开始涉足石油衍生产品业务，以卖空期权和买入期货的方式进行投资。陈九霖自信地认为，中国航油拥有垄断而稳定的航油进口业务，以此身份从事期货，必然赢多输少。但后来这却不幸地成了一场悲剧。

2003年，中国航油石油期货业务赚取了不少利润。2004年3月28日，陈九霖首次得知期权投机业务出现580万美元的账面亏损。此时，摆在陈九霖面前的有三种选择：一是斩仓，把亏损额限制在当前水平，账面亏损由此转为实际亏损；二是让期权合同自动到期，账面亏损逐步转为实际亏损，但亏损额可能大于也可能小于当前水平；三是展期，就卖空期权而言，如果油价下滑到中国航油期权卖出价格，则不至于亏损并因此赚取权利金，反之，则会造成更大的亏损。在高盛的建议下以及公司交易员和风险管理委员会的极力坚持下，陈九霖被迫选择第三方案。他同意了高盛的挪盘展期方案，截至 10 月 3 日，亏损额已达 8000 万美元，而 5200 万桶的交易量也已经是中国航油集团每年实际用油的数量。陈九霖被迫向北京集团求救，集团公司决定出手救助，出售集团持有的中国航油（新加坡）股份有限公司 15% 的股权（集团当时持股 75%），筹得 1.07 亿美元用于保证金，这也是新加坡当局判处陈九霖入狱的原因。然而，油市走向依然朝恶化的方向演进。到 11 月 29 日，中国航油集团终于信心崩塌，决定放弃拯救，改为在高价位时全部斩仓，最终亏损 5.5 亿美元。第二天，中国航油（新加坡）股份有限公司向当地法院寻求债务重组。仅 8 个月的时间陈九霖由英雄变成了罪人。

中国航油集团败局后，国内传媒从企业家身份的角度做过一个对比性的猜测：如果陈九霖是个私营企业主，他经营的中国航油（新加波）股份有限公司属于自己，他会怎么选择？毕竟，当时斩仓，580 万或者更多一些的亏损，对于一个年利润 4000 万美元的公司来说，并不是什么"塌天灾难"，而继续持仓，对事关自己金钱和命运的私营企业主来说，则是不能承受之重。但陈九霖是个国企领导人，经营中出现的任何重大事项并不是由他一人决策的。

陈九霖事件中有一个让人非常唏嘘的情节，就是当 5.5 亿美元的巨亏曝光后，他不仅是罪魁祸首，而且，还是唯一的责任人——所有的上级和同僚都消失了。新加坡检察机构曾将中国航油公司董事长及董事等 5 人一起告上法庭，最终却只有陈一人获罪，其他人都在国资委的担保下回国继续工作。所有的机构与个人都快速地与陈九霖切割关系，他失去了工作，工作签证也随之被取消，只能凭旅游签证停留在新加坡，银行存款被冻结，信用卡被注销。他曾向上级申请给予部分生活费、子女抚养费，但上级没有任何回应。每次上法庭，陪同他的人只有一位律师和一位私人朋友。不久前，他还是显赫的国有企业领导者，代表着一个庞大的国有利益集团，现在突然成了一个没有任何组织的"孤儿"。羁留新加坡期间，其老母数次病危，陈九霖两次申请回国探望都没有得到批准，直至母亲去世 13 天后，才被允许回国奔丧。陈九霖在母亲坟前恸哭不起……

陈九霖与吴晓波

# 自 序

作为一个商人，我在商海里几经沉浮，经商半生。现在，终于有机会，将我所说过的话、走过的路、做过的事融入这本书里。

可令我没想到的是，要想整理好这本书，远远没有想得那么简单。整个过程跌宕起伏，九曲回肠。关于本书如何布局，我设想了三种不同的思路。第一种，依托于商业的各个阶段，分为"我与传奇""何为企业家""匠人所弃的石头""指点江山""他山之石"和"人生感悟"六个篇章。第二种，则更注重层层递进的逻辑结构，分为宏观层面、市场层面、企业层面、企业家层面和人生层面五个篇章。第三种，依托于我的个人经历，即所谓的六张名片："出身寒微""鸡窝里飞出的金凤凰""从小职员做到世界500强企业副总""曾经沧海难为水""东山再起""第二次青春"来安排。但思来想去，并征求出版社的意见之后，最终决定采用现在这个结构。

关于书名，也一样经历了无数次的反复与修改。一开始，我想使用"企业的制胜之道"这样的书名，但总感觉"企业"这个词，不足以涵盖书中所说的全部内容。随后，又打算改为"企业家的宿命"，不过"宿命"这个词，显得过于消极悲观。再后来，又有朋友建议改为"道·商言商"或"商·道"，这是活用了"在商言商"这个词语，还借用了老子在《道德经》中的名言："道可道，非常道。"用"道"这个词，概括出了一种运行的规律。但这种书名，又太过普通。反复权衡并得到出版社的指点后，最终还是将书名定为"商业的逻辑"。

那么，要弄清商业的逻辑是什么，首先得弄清楚商业是什么。

商业和企业是既相互联系又不完全一致的两个概念。企业是指营利性单位，是参与商业的主体之一。除了企业，个体也可以独立地参与到商业活动之中。因此，相比于"企业"而言，"商业"这个词使用得更早也更广泛。沃伦·巴菲特（Warren Buffett）唯一授权的、作者获利 720 万美元的书，取名为《滚雪球——巴菲特的商业人生》，选用的词就是"商业"（business）而非"企业"（enterprise）。

在我国，商人这个词早于商业这个词，最早是对商族部落人的总称。那时的商族人擅于交易货物。史书记载，"王亥托于有易，河伯仆牛。有易杀王亥，取仆牛"。由此可见，早在夏后氏时期，先商的部落首领王亥就已经开始了贩牛的生意。当时的商族人也正好处于一个贸易路线的中心点上。因此，货物往来贸易非常兴盛。可以说，正是因为这种货物贸易往来，商族人才逐渐强大起来，其累积财富的速度也远远超过了周边的其他部落。直到夏朝末期，商族周边的部落拥戴商汤为尊，朝代更迭，商朝得以建立。可以说，在东方文明的初始发展阶段，商业的作用绝不在农牧之下，且正是商业的出现，东亚文明社会才得以发展壮大。

到了现代社会，商可以分为商业和商人两个部分。所谓商业，其本质即交换，从交换中积累剩余价值。但这种交换要想长期进行下去，交换的双方都必须有所获益才行。因此，商业讲究互惠性。你要为别人提供什么，这是你的产品或服务，别人能给你什么，这是你的收益或资源。因此，商业讲究互惠的交换。当这种互惠的交换能够充分自如地进行时，人们开始把更多的时间和精力投入到自己最擅长的领域，用自己最擅长制造的产品或提供的服务，去交换自己需要的产品或服务，由此就产生了社会分工和比较优势，商业社会也由此开始正常运行。所谓商人，如前文所述，最早是对商族人的总称，后来泛指像商族人一样，擅长从事贸易往来与物品交换的人。

在中国古代社会里，由于受"重农抑商"政策的影响，商人一直处于社会的底层，很难得到国家关注和重视。随着经济发展和社会的进步，商人开始走到前台，成为聚光灯下的焦点。在现代社会里，商人是指以一定的自身或社会的有形资源或无形资源为工具获取利润，并负有一定社会责任的人，或者是指以自己的名义实施商业行为并以此为职业的人。

弄明白商业和商人之后，接下来要关注的就是逻辑与商业的逻辑。广义上的逻辑，泛指规律，包括思维规律和客观规律；而商业的逻辑，我把它理解为从商的思维、规律和生态。

在谈到商业的逻辑时，我想提醒读者关注几个事例：当全世界的目光投向华尔街时，为什么沃伦·巴菲特这个"乡巴佬"却能脱颖而出，并且长期成为投资界的翘楚呢？有的公司每年都产生丰厚的利润却融资困难时，为什么"亏损王"京东却能成功地融到巨额资金呢？在很多人感叹今天商人的地位依然比官员矮半截的时候，为什么在杭州的 G20（二十国集团）峰会期间，居然有十几个国家的元首或首相登门拜访马云呢？这几个问题，在本书中都能找到答案，说白了，就是有的人做了符合商业逻辑的事，有的人没有。

《圣经·旧约·传道书》言："已有的事，后必再有，已行的事，后必再行，日光之下，并无新事。"荀子亦曰："天道有常。"商业也好，人生也罢，其实都是有规律可循的。只要善于把握规律，做事符合逻辑，便会事半功倍，易于成功。

在这本书中，我一共提到了商业的八大逻辑，分别是：先做人后立业——成功的企业家必须是高尚的人（第一章：何为企业家）；一将功成万骨枯——创业艰难靠韧性（第二章：创业）；巧妇难为无米之炊——善用资本（第三章：投资与资本运作）；修学好古，实事求是——企业管理和商业政策不能是空中楼阁（第四章：企业管理与营商环境）；站在巨人的肩膀上——在模仿基础上的改进也是创新（第五章：他山之石）；会当凌绝顶，一览众山小——开放的年代应有国际眼光（第六章：国际风云）；样样通不如一样精——做企业必须专注，企业家至少要精通一个领域（第七章：能源安全与投资）；商业是人生的一部分，不是人生的全部——企业家必须博采众长，企业家的人生应该五彩缤纷（第八章：人生杂谈）。

值得一提的是，以上八大逻辑，绝对不是对商业逻辑的全面概括与诠释，不同的人对此也会有不同的解读。我想每一位读者，在读完这本书之后，都会有自己的思考和看法。

On the occasion of its New Asian Leader retreat
in Langkawi the World Economic Forum honours

# Chen Jiulin

## New Asian Leader (founder)

Philippe Bourguignon
Co-Chief Executive Officer
Geneva
February 2004

世界经济论坛颁发的"亚洲新领袖（缔造者）"，即现在的"全球青年领袖"证书

# 商业的逻辑

　　这本书既然叫作《商业的逻辑》，自然应该多一些形而上的抽象思辨。然而，正如霍金在《时间简史》中所指出的那样，一本书中每多一个数学公式，就会减少一半的读者。数学公式确实能够最大限度地通过抽象思辨来达到论证的目的，但对于普通读者却并不友好。为此，本书并没有讲述过多的复杂理论，而是以本人亲身经历的鲜活案例来道出一些现实的逻辑，以此来确保不同层次的读者可以从这本书获取一些有益的东西。

　　要探讨商业的逻辑，首先得弄清楚逻辑的定义是什么。逻辑，源自古希腊语 logos，最初的意思是"词语"或"言语"。1902 年，严复翻译《穆勒名学》时，将其意译为"名学"，音译为"逻辑"。按照马佩先生的观点，逻辑的概念可以分为两类，即"小逻辑观"和"大逻辑观"。所谓"小逻辑观"，即被认为"逻辑研究的对象是推理形式的有效性"，这里有效性的概念是基于"真"的概念，即一种"必然地得出"的关系。这种观点的支持者以王路先生为代表。与之相对应，"大逻辑观"则认为，逻辑是关于思维形式及其规律的科学。这两种对于逻辑的定义无所谓孰对孰错，不过是有着不同方面的侧重罢了！对于"小逻辑观"来说，它明显带有一种原教旨主义，即以严密的推理和严格的有效性为依据。相较之下，"大逻辑观"则具有更大的视野，强调的是思维方式本身。因此，本书所谈论的"商业的逻辑"，就是建立在"大逻辑观"的基础之上的。

　　弄清楚了逻辑的含义，自然而然地也就能够很好地理解本书的名称，即"商业的逻辑"的含义。所谓商业的逻辑，是指按照什么样的方式、使用什么样的方法进行商业活动。它要求对于商业形式、规律及其背后的本质有着清晰的认识和深入的思考。这种认识和思考可以从内容和形式两个方面展开，即商业本身关注的内容包含哪些要素，这些要素之间有着怎样的联系，又是通过怎样的机制进行协调发展的，在其中企业家和资本分别处于怎样的地位，又发挥着怎样的作用？对于这些问题的思考，将构成商业的逻辑的基本框架。

当然，在这样一个快节奏的社会中，很少有人愿意将时间花费在基础知识的研究上。我猜想，大部分读者看到这本书的时候，一定会问，把握了商业的逻辑，究竟有着怎样的好处？尽管这个问题的答案可以从多个角度去说明，但是，对于多数（尤其是务实的）读者来说，我认为，把握了商业的逻辑，认识到了经商的规律，或许可以让他们发现别人未曾看到的机遇，或者做起事来可以事半功倍，或者少走弯路，或者更易于克服前进中的困难等，从而成就一番事业。本书列举大量的实例进行了说明。比如，马云创业经历过三次挫折，今天做得风生水起的阿里巴巴也曾经熬过 13 年的亏损。褚时健遭受了人生的重大挫折却能东山再起。这些书内的事例和书外众多类似的事例，都体现了书中的第二条逻辑，即"一将功成万骨枯——创业艰难靠韧性"。近年来，互联网和移动互联网的兴起，也再一次证明了理解与遵循商业的逻辑的重要意义。比如，早期的新浪、腾讯、网易、搜狐四大新闻门户的强势崛起，就是因为它们各自的创始人看清楚了在互联网和全球化时代，新闻即时性的重要性会大大提升，从而会打破报纸和广播电视对新闻的垄断，并且在与它们的竞争中占得上风。这一点正好符合本书的第六条逻辑，即"会当凌绝顶，一览众山小——开放的年代应有国际眼光"。现在的 BAT（百度、阿里巴巴、腾讯的简称），也是由于深刻地洞悉了模仿创新的力量和资本的运作模式，不仅自己牢牢地把控着移动互联网的命脉，还不断投资和收编有潜力的后起之秀，从而立于不败之地。它们的成功，展现了本书所述的另外两个逻辑的魅力：第五条逻辑"站在巨人的肩膀上——在模仿基础上的改进也是创新"，第三条逻辑"巧妇难为无米之炊——善用资本"。对于另一些读者来说，理解了什么是商业的逻辑，则可能帮助他们从另外一个角度去把握好商业与人生的关系，正如本书第八条逻辑所指的那样，"商业是人生的一部分，不是人生的全部——企业家必须博采众长，企业家的人生应该五彩缤纷"。本书虽然没有收录王均瑶、乔布斯等早逝的企业家作为实例，但是，可以想象的是，如果他们遵循了这样的逻辑，他们可能会活出更加精彩的人生，也会为社会做出更大的贡献！当然，我们中的绝大多数都是普通人，可能无法像商业史上的那些明星一样，创造自己的商业帝国，成就他们那么大的事业，但能够一窥商业的逻辑，至少能够帮助我们更好地理解商业的本质，从而更好地生活在这个商业社会之中。

基于本人近 30 年来在国企和民企的苦难辉煌的经历，本书一共提出了八条商业的逻辑。接下来让我提纲挈领、简明扼要地为读者进行介绍。

第一条逻辑是先做人后立业——成功的企业家必须是高尚的人。我国自古以来，就很重视做人。《大学》提出了"格物、致知、诚意、正心、修身、齐家、治国、平天下"的做人立业的顺序。《墨子》说："德为才之帅，才为德之资。德器深厚，所就必大，德器浅薄，虽成亦小。"司马光在《资治通鉴》中就论述过："是故才德全尽谓之圣人，才德兼亡谓之愚人，德胜才谓之君子，才胜德谓之小人。"近年来也流传着一句很有道理的话：有德有才是精品，有德无才是次品，无德无才是废品，无德有才是毒品。到了近代商业社会，虽然传统观念一直认为"企业是以营利为目的，公司的本质是实现股东利益的最大化"，但已经有越来越多的人认识到社会责任对于企业的重要性。这种社会责任，是指企业在追求利润与寻求自身发展的过程中，对员工、股东、消费者、环境等其他利益相关者承担的不可推卸的责任。现代社会，不择手段地追求利益而不顾及自身社会责任的企业，不仅会被消费者所鄙视和抛弃，最终也难免落到破产的境地，三鹿奶粉就是一个明证。由此可见，只有具备高尚道德的人，才能成为优秀的企业家；只有勇于承担社会责任的企业，才能成为留名青史的百年老店。所以，八大逻辑的第一条，我强调：先做人，后立业。只有做一个高尚的人，才有可能成为一个真正成功的企业家。

第二条逻辑是一将功成万骨枯——创业艰难靠韧性。随着李克强总理在2014年提出"大众创业，万众创新"的口号，越来越多的人加入到创业的群体之中，创业已经成为一种时尚，但创业这条路并不好走。玫瑰花虽迷人，但托起它的枝条却布满荆棘。本·霍洛维茨就写过一本关于创业的书——《创业维艰》，可见创业的艰辛。创业，是一种信念，是把自己的理想转化为现实的一种坚定信念。创业，也是一种精神，一种开拓进取、敢为人先、迎难而上、百折不挠的卓越精神。这也是商业成功的基础和逻辑所在。普通人往往看到千军万马拼杀之后凯旋的将军，就以为创业是一条抵达梦想的捷径。但心理学中"幸存者偏差"效应却告诉我们，还有千千万万被黄沙掩盖的尸体，被我们有意无意地忽略掉了。创业从来不是一帆风顺的灿烂阳光，而是充满狂风暴雨的荆棘之路，但这仅仅是必要条件，要真的成功，还有太多天时地利人和的因素需要满足。总之，一旦选择创业，就必须全力以赴，来不得半点侥幸心理。

第三条逻辑是巧妇难为无米之炊——善用资本。资本可以繁衍，资本可以开花，资本可以结果。自从商业诞生以来，资本就在其中扮演着极其重要的角色。任何企业都存在着资本运作，不论我们是否意识到，而差别只在于其程度的深浅与规模的大小。资本，犹如企业的血液一般，其重要性不言而喻。阿里巴巴曾经连续亏损 13 年，又遭遇互联网危机。如果没有孙正义的 8000 万美元以及其他资金的支持，不难想象哪有今天的阿里巴巴以至于马云的光环。同样，直至 2015 年和 2016 年，京东都是"亏损王"，也遭受过互联网冬天的打击。可以设想：如果不是今日资本徐新当年的 3000 万美元和后来其他人的共计 20 多亿美元的投入，哪有刘强东与京东今日的成就呢？所谓资本，往往既指用于生产的基本要素，又指用于经商、兴办企业的金融资产。如何善用资本、活用资本，如何进行资本运作，是创业者也是企业家需要时刻思考和实践的问题。在这本书中，我提出了投资和资本运作的几个原则，包括要立足于长期价值而不是短线投机、对企业基本面的重视要甚于对市场情绪的关注、购买少数自己看得懂的股票而不是"遍地撒网，见风使舵"、对看中的企业长期坚守等，这些原则都是我对自己这些年经验的总结。

　　第四条逻辑是修学好古，实事求是——企业管理和商业政策不能是空中楼阁。如果说资本是企业的血液，那么，文化与价值观就是企业的灵魂，发展战略与理念便是企业的肉体，而这些都属于企业管理的范畴。随着科技的发展和生产力的提高，对企业的管理不能始终停留在过时的模式上。传统的企业管理一直侧重于经济效益，现代企业管理则更强调"以人为本"的人性化管理。这种"人性化"管理，首先是要求摒弃传统的管理理念，树立正确的价值观念；其次是建立健全与现代企业人性化管理相配套的管理制度；最后是采用适合本企业的人性化管理策略。只有对企业进行相适应的现代化管理，才能最大程度地激发企业的潜力，逐步走向成功。

　　当然，企业的成功离不开良好的营商环境。党的第十八届三中全会审议通过的《中共中央关于全面深化改革若干重大问题的决定》指出："经济体制改革是全面深化改革的重点，核心问题是处理好政府和市场的关系，使市场在资源配置中起决定性作用和更好地发挥政府作用。"[1] 这一决定为我国的市场环境指明了方向，关键在于落实。总而言之，无论是企业的管理还是政策的制定，都不能脱离实际，不能违背客观规律，这是企业发展过程中非常重要的逻辑！

第五条逻辑是站在巨人的肩膀上——在模仿基础上的改进也是创新。他山之石，可以攻玉。自从牛顿提出"站在巨人肩膀上可以看得更远"的论断以来，已经有无数的先贤和大师，在吸收前人和他人智慧的基础上，提升技术或改进商业模式，对经济发展和社会进步做出了巨大贡献。商业的逻辑之"站在巨人肩膀上"，是商业成功的捷径。举例来说，早些年腾讯公司确实依靠山寨，甚至是抄袭起家。不管是看家之宝 QQ，还是各类层出不穷的游戏，背后都有着不太见得光的黑历史。令人意想不到的是，十几年过去了，腾讯非但没有在无数人的口诛笔伐中逐步凋敝，反而推出了一系列俘虏用户芳心的爆款产品，比如，现在已经拥有 9 亿用户的微信。如今的腾讯，已经成为一家拥有 3000 亿市值的位列全球 TOP 10（前 10）互联网公司，这背后体现的就是模仿创新的力量。但需要注意的是，无意义的机械模仿，往往会陷入重复造轮子的恶性循环，只有在模仿的同时不断思考如何推陈出新，才能在别人的基础上更上一层楼，做出自己的成就。

第六条逻辑是会当凌绝顶，一览众山小——开放的年代应有国际眼光。尽管最近出现逆全球化的现象，但当今时代的主旋律仍是全球化。当全球经济和资本以及资源越来越紧密地连接在一起时，不具有国际眼光，就如同井底之蛙，不但不能做出一番开天辟地的成就，反

---

[1] 2013 年 11 月 12 日中国共产党第十八届中央委员会第三次全体会议通过本决定，并于 11 月 15 日正式发布。http://www.gov.cn/jrzg/2013-11/15/content_2528179.htm.

而会被时代所淘汰。具备国际眼光和全球格局的企业家，必将在全球范围内配置资产与资源，协调多国或多区域的生产、营销、科研和组织活动，形成企业内部一体化的国际生产与销售体系。随着我国"一带一路"倡议的顶层设计逐步落实，外部的全球市场已经展现出了越来越多的机会，也带给我们无穷无尽的想象空间。只要抓住时代的机遇，未来的成功就指日可待。

第七条逻辑是样样通不如一样精——做企业必须专注，企业家至少要精通一个领域。除了全球化，当前时代的另一个鲜明特点是信息化。这种信息化常常导致一个矛盾，即一方面由于信息爆炸，个体可以获取海量的信息；但另一方面又由于信息量过于巨大，常常没办法获取那些真正有价值的信息。在这样的情况下，个体的专注力往往成为稀缺资源。面对身边不断撩拨神经的信息诱惑，如何保持定力，专注于自己最重要的事情，不被无关信息所干扰，将成为优秀企业家必备的素质之一。企业家应专注他所熟悉或感兴趣的行业或领域，忌讳好高骛远、三心二意、一无所长。能源安全是关系国计民生甚至是国家长治久安的重大命题。二十多年来，笔者一直专注能源和能源投资领域。在此，我特意把自己有关能源安全与能源投资的思考单列成一条主线，单列一章，以供参阅。

第八条逻辑是商业是人生的一部分，不是人生的全部——企业家必须博采众长，企业家的人生应该五彩缤纷。《圣经·马太福音》说："人若赚得全世界，却赔上了自己的生命，又有什么益处呢？"生而为人，我们为什么而活？对于企业家来说，商业就是我们的全部吗？笔者到了知天命的年龄，对人生、对商业也慢慢多了一些自己的感悟和理解。商业，其实只是为我们人生服务的一种工具；除了商业之外，我们的人生还应该有更多、更高的追求。根据马斯洛的需求层次理论，人类最高层次的需求在于自我实现。商业上的成功，自然是自我实现的一种方式，但却远远不是全部。为社会做出贡献，帮助处于困境中的人们，保护野生动、植物和环境，以及商业之外的更多其他更重要的事情，都需要我们去处理。我们自身的健康和家庭的和睦同样至关重要。凡是成功的企业家，除了在商场上做到极致以外，往往都拥有精彩的人生。因此，企业家的人生应该五彩缤纷。这便是我所认为的"商业的逻辑"的最后一条：精彩人生。

　　这本书中提出的八条"商业的逻辑"，肯定不足以涵盖商业中的方方面面，也不一定能对那些希望成为企业家或正在努力成为优秀企业家的读者，提供详细具体的指导，但这八条逻辑，却能够帮助读者更好地理解商业的本质，也能够激励读者进行有意义的深入思考。如果有一天，有人因为读了我的这本书而对商业的逻辑有一点认识，那就算是这本书最大的价值吧！

第一章

# 何为企业家

**第一章为本书的第一条逻辑：先做人后立业——成功的企业家必须是高尚的人。**我国自古以来，就很重视做人。《大学》提出了"格物、致知、诚意、正心、修身、齐家、治国、平天下"的做人立业的顺序。《墨子》说："德为才之帅，才为德之资。德器深厚，所就必大，德器浅薄，虽成亦小。"近年来也流传着一句很有道理的话：有德有才是精品，有德无才是次品，无德无才是废品，无德有才是毒品。所以，八大逻辑的第一条，我强调：先做人，后立业。只有做一个高尚的人，才有可能成为一个真正成功的企业家。

真正的企业家是一群有目的地寻找创新的源泉，始终与时俱进，并能把握机会进行开拓的人；他们以发现价值、实现价值和创造价值为使命；更高境界的企业家则志存高远，终其一生追求伟大的事业，努力谋求立德、立功、立言"三不朽"。

——《如何才能成为真正的企业家》

# 企业家必须首先是一个高尚的人 ①

什么叫企业家？如何成为一名成功的企业家？

我在企业里摸爬滚打近 30 年，其中 26 年里，是在一个世界 500 强企业总部和一个世界 500 强企业的全资子公司担任副总经理。我也做过一些成功的事，后来跌宕起伏，到现在还算不上是一个成功的企业家。那么，什么样的人才能成为一个企业家呢？

下面，我用亲身经历的三个小故事，来回答这个问题。

第一个故事，追溯到 30 年前。当时的北京首都国际机场，还没有现在这么大，仅有一个小小的候机楼。但是，在那里，却留下了我近 30 年的回忆。

30 多年前，我到北京首都国际机场去送一位女士，很遗憾我迟到了，最后我送给她一本词典，因为她要去美国。送完之后，这件事情就过去了。没想到的是，30 年之后，突然有一天，我收到一条微信："你还记得我吗？我叫周怡！"这正是 30 年前我在机场送别的那位女士。那么，这个周怡是谁呢？她是北京百年十大惊天大案的一个

① 由世华智业和商界传媒集团联合主办的"第二届全球企业家生态论坛"，于 2016 年 9 月 9—11 日在北京举行。9 月 11 日，作者发表了题为"企业家必须首先是一个高尚的人"的主题演讲，与英国前首相布朗先生、德国前总统武尔夫先生、苹果联合创始人沃兹尼亚克先生、全球著名投资家罗杰斯先生等全球知名人士同台分享。本文即来自此次活动的即兴演讲。

亲历者。

回到 1982 年 10 月 9 日这一天，在北京地铁里，有一个叫郭卫星的人怀着对社会的不满想自杀。但是，他不甘心一个人默默地死去，想拉人与他陪葬，于是，他就在地铁前门站寻找机会，就在那个时候，他看到有许多小学生正在排队等候地铁列车。当一辆地铁列车呼啸而来的时刻，他就看准时机，突然用力地将孩子推向铁轨，其中一个孩子一下子就被推下了站台，并摔倒在轨道上。就在这个紧急关头，当时正在附近执勤的一位女民警，不顾一切地冲上前去救这个孩子。正当她伸手试图把被推到地铁轨道上的孩子拉上来的时候，郭卫星又一次伸手将这位女民警也推下了站台，摔倒在轨道上。就在进站列车逼近的一瞬间，这位女民警想都没想，马上爬起身双腿跪地，双手用力把小孩推上了站台。这时，地铁列车呼啸着压了过来，她被列车卷到了车底，被挤压在铁轨靠高压线的一侧，人顿时昏了过去。列车终于停下了，派出所同事的呼唤唤醒了她，她被紧急送往医院。随后经过手术抢救和数月的恢复，她奇迹般地康复了并又终于重新站了起来。她就是周怡。1983 年，她被北京大学法律系录取。我是 1982 年上的北大，我们有幸在一起上体育课，因此，结下了前面所述的一段缘分。最近，周怡让我把我出版的 3 本书寄给她，她说要帮我推到美国国家图书馆留存。

在我们 30 年不见又重新建立了联系之后，一天她转发给我一段视频，视频里上演的是和 30 年前完全相反的故事：在一个十字路口，一辆卡车飞驰而来，撞倒了前面的一辆摩托车，摩托车司机被撞翻跌倒在地，摩托车则被轧得粉碎。紧接着，又有八辆豪华轿车从旁驶过，奔驰、宝马、路虎等，但是，没有一个人下车去抢救倒在路边的摩托车司机。这让人感到非常悲哀。我相信驾驶豪华轿车的和坐在豪华轿车里的一定有被称为或者自称"企业家"的人。但是，他们的良心在哪里？他们的社会责任在哪里？他们为什么没有一个人像当年那个20多岁的周怡一样毅然决然地救人？因为他们有顾虑，担心被人黏住、被人赖住，怕因此要承担巨大的责任。他们是自私的，没有做到作为人所应该做的最基本的事情。

周怡把这段视频发给我以后说，她看到这个场面觉得很悲哀。我说，我比她更感到悲哀。后来，我又安慰她说，2003年，我陪新加坡总理吴作栋访问中国时，中国有一位国家领导人对我们一行人说："你看到中国有这样、那样的问题，但是，你要换一个角度看，中国每天都在进步。"我很同意他这个观点。所以，当我分享这件事情给周怡时，她才有些释然。

第二个故事，发生在2013年。有一个老板自称是企业家，他主动通过别人找到我，说："陈总，你是大名人，你现在离开央企自己创立北京约瑟投资有限公司，我要跟你一块儿合作，我要投资给你。同时，我还要跟你进行一个企业的股权置换。"在这种情况下，我很受感动，就同意和他合作。然而，在合作的过程中，他一再违背我们之间签订的协议，违背做人诚实守信的原则。最近，他的企业遭遇了重大困难，他投资1000万美元的企业，以前每股50美分投进去，现在股价跌到了3.5美分。对于这种没有诚信的事情，我固然烦恼，他也给我添了不少麻烦，但是，最终他也承担了恶果。

第三个故事，是在2009年我刚回国时。当时，一位年轻的女士主动投给我1000万元人民币让我创立北京约瑟投资有限公司，资金一周时间内就到账了。而另外一个男子，一个自称为"企业家"、别人也以"企业家"介绍给我的这么一个人，和我签订协议，要给我投资加股东贷款3.6亿元人民币。然而，协议签好后，资金催了很多次都没有到账。最后，我就放弃了，因为其他投资人的资金陆续都进来了。他最初跟我说要投资的时候约瑟的估值是1亿元人民币；后来，别的投资人进来了，公司的估值变成3亿、5亿、8亿……在8亿元人民币时他又通过关系来找我说："陈总，我现在愿意以8亿估值投你5亿元人民币。"但是，为时已晚！我不喜欢这种没有眼光和不讲诚信的人。当然，我没有这么明说，但心里有数。

通过以上三个故事，我得出一个结论，要想成为一个企业家，首先必须要成为一个高尚的人。否则，你永远不是企业家，更不用说成为一名成功的企业家。

千百年来，有多少人成为富豪；又有多少人赚到盆满钵满，离世时还有着大批金银财宝陪葬。然而，他们并没有得到传承，名字和事业都没能留在人间。他们不是企业家。真正能留在历史上的企业家，屈指可数。范蠡、白圭、子贡是，甚至跌倒了永远没有爬起来的胡雪岩也是。那么，为什么这些人除了其他头衔外还能够被称为企业家，而且，能够流传千古呢？那是因为他们都是高尚的人！古时，范蠡三次聚财、三次散财，履行了一个企业家的社会责任。当今，比尔·盖茨、巴菲特、扎克伯格都是在自己没有过世之前，把自己99%的财富都捐给了社会，这些人的名字一定会流芳百世。他们是真正的企业家！

那么，为什么成功的企业家必须首先是一个高尚的人呢？这是有道理的。

要成为企业家，必须要有丰富的人脉资源，而人脉的积累不是靠行贿、喝酒，而是靠人品的传扬。做企业要有好的团队，好的团队不仅仅是靠高工资和好的舞台，更重要的是，创业者要有高尚的品格才能吸引到优秀的团队。"投资就是投人"，要吸引资金，就必须诚实守信。同时，"举头三尺有神明""救人一命，胜造七级浮屠""送人玫瑰，手留余香"。只要充分履行社会责任，讲诚信，有眼光，是一个高尚的人，就一定会得到善报，结出善果。然后，你才能成为一名企业家，才能成为一名成功的企业家。

# 怀大爱心，办小事情 ①

　　我非常喜欢广西新生活的企业精神："怀大爱心，做小事情！"这个大爱之心，可以说是大爱无疆，这个小事情犹如一滴水——可以折射出太阳的光辉。

　　现在，我就借一个"小事情"讲一个我本人亲身经历过的真实故事。早在 2002 年以前，我在新加坡工作时的税后年薪就已达到 2350 万人民币，成为新加坡乃至中国的"打工皇帝"。而那时候，在柳州这个地方，有一家公司，正用 5000 元人民币做一个家政公司。小不小？非常小！2012 年，我在北京认识这个公司老板的时候，这个公司其实还是很小。那年，北京约瑟投资有限公司的一个老总叫安亮，他在清华大学修读清澳硕士班的时候，跟我讲："陈总，清华大学想请你去做演讲。"我说那段时间非常忙，去不了。他说："你一定得去，这不只是你去演讲，还有一个我们可以扶持的小企业，更重要的是，这个企业的女老板长得如花似玉。"我于是开玩笑地回答安总说，你前面讲的我都不听，就凭这最后两句话，我就得去一下了。就这样，我到清华大学去做了一次演讲，结识了广西新生活公司的老板朱荣芬女

---

① 这是作者于 2016 年 1 月 23 日在广西新生活后勤服务管理股份有限公司"新三板"挂牌庆典上的演讲词（地点：广西柳州）。

士。紧接着，我们就讨论合作的问题。

后来，在准备签约仪式之前的头几天，我遇见一个大老板，他是湖北人，在海外有几个非常大的油田，被认为是我们家乡的富豪。他和他的太太到我公司去，他说："陈总啊，我们慕名而来，要给你的公司投资 8000 万 ~1 亿元人民币。"那个时候，我资金严重紧缺，很希望有"大款"支持我，听到他的话我喜出望外，非常感激，并且邀请他出席我们与广西新生活在北京万怡酒店的投资签约仪式。

在这之前的一个晚上，我学着基督徒的做法，一个人在一个小房间里面，跪下来祈祷上帝的指示与支持。我说，上帝啊，您一定要支持我，把这个 8000 万 ~1 亿元人民币的资金拿过来，以便我可以支持像广西新生活公司这样的一系列小公司的发展，让它们由小变大，荣耀您的大名。

我们的签约仪式如期举行，这个老板——我的湖北老乡和他的太太也如约参加了。我给他们戴上了贵宾的花朵，把他们当作座上宾。过了一段时间，我问他："您对约瑟的投资协议我们什么时候签署？"他就找了很多借口，迟迟没有签署投资协议。事后有一次，他们在丽都饭店请我吃饭的时候，男老板跟我说："九霖啊，本来我是要给你投资的，但是，看到你签约的那个广西新生活公司，如此之小，我们觉得跟你以前做的大事情非常不匹配。你在1997 年前做的一个投资项目就有 2.5 亿美元，后来你又做了很多大手笔的投资与并购，你今天怎么能做这样不起眼的事情呢？尽管我个人看好你，但我的太太不同意，因为你投资的项目太小了，不知道猴年马月才能看到大的回报啊！"

话说回来，走到今天，我仍然认为广西新生活还是一个小公司。但是，它已经飞舞起来了，在中国的资本市场上已经占有一席之地，因此，现在说它小也小，说它大也大。说小，我觉得任何公司都是由小做大的，你看看马云的阿里巴巴，50万元人民币起家，那时也是非常小的；比尔·盖茨的微软，起步也非常小；世界投资大师沃伦·巴菲特，起步的时候也只有十几万美元而已，到今天，却掌管着4474亿美元的财富。

万丈高楼平地起，千里之行始于足下，不要以为善小而不为，有时于无声处听惊雷。只要你怀有一颗大爱之心，你做的任何小事情都一定会由小到大。就像高山不辞抔土而成其高、大海不拒细流而积其大一样，我有充分的信心，广西新生活在这种"怀大爱心，做小事情"的精神指引下，一定能做得越来越大。因为爱在哪里，事业就在哪里。爱是世界上无可阻碍的巨大能量！

我认为，广西新生活挂牌新三板后，已经脱胎换骨，凤凰涅槃。它现在不只是以前团队的力量、理念，更重要的是，已经有了产融结合的血液融入其中。

只要怀有大爱之心，我们一定会看到广西新生活更加美好的未来，一定会看到它做出更加伟大的事业来。而且，不只是一个企业的伟大事业，还会是服务于一个社会的伟大事业，也会成就在座的各位，成就广西新生活各位员工的辉煌人生。我本人和北京约瑟投资有限公司以饱满的热情，以厚重的期待，伴你成功，伴你到未来！

# 富财主与穷寡妇[①]
## ——行善切莫走入误区

此前，中国企业家网曾刊发过我的一篇文章，题为《中国企业家做善事需引导》。这篇文章在几个小时内收到数百条评论，在两天的时间里被二十多个知名网站转载，引发热烈讨论。评论有褒有贬，其中，我的新浪微博收到这么一条评论并被凤凰网的《微博声音》转述："哈哈，陈九霖说得很好，很到位。那么，你都捐助到哪里了？捐助了多少？晒一晒吧！"这条评论具有一定的代表性，即把是否捐钱当作是否行善的标准；把捐钱数额的多少作为衡量行善大小的尺度。

我捐过款，捐过数次，还有想捐未"遂"的。在辉煌时期，我曾不止一次捐过，当然，当时属力所能及；在落魄之时，我也曾把全部著作的收入捐赠出去，修建乡村公路；在身陷囹圄时，还曾书面申请，将我在狱中微薄的劳动报酬，悉数捐给汶川地震灾区，并要求为灾区献血，但最终因为没有获得新加坡方面的批准而未能如愿。

不过，对于我把款捐给了谁，捐了多少，我不太愿意按照那位网

---

① 本文由以下两篇文章融合改编而成：《富财主与穷寡妇——行善切莫走入误区》，发表于2011年6月的《金融界》；《上帝不喜欢高调行善之人》，发表于2011年5月的凤凰网。

友所评拿出来"晒",因为没有经过受捐者的允许;而且,我也不想标榜捐款数额,这样做就违背了我捐款的初衷。事实上,除了"非典"时期捐款我领取了国家民政部颁发的证书外,至于其他捐款,我再没收过任何"证明"。

我写这篇文章的目的,并不是彰显什么或者争辩什么,我只想借那位网友的评论,进一步劝导行善之人:行善当随心顺情而为,切莫走入行善误区,更不要指望通过行善得到回报。

从目前中国慈善业的现状来看,至少有三个内容值得探讨。

## 切莫金钱至上

捐款虽然是最直接的行善行为之一,但它绝不是唯一的行善方式。行善所涵盖的内容极为广泛,金钱之外的善念和善举也是行善。

法国伟大的启蒙思想家卢梭曾经说过,慈善的行为比金钱更能解除别人的痛苦。佛教认为:行善源自向善之心而见诸一言一行之间;真心行善,应是无所挑拣,时时处处地动善念、讲善言、行善事。道教的经典著作《太上感应篇》也说:"夫心起于善,善虽未为,而吉神已随之。"

行善并非必须涉及金钱或者是惊天动地的壮举,它更多地体现在生活琐碎之中。比如,希望帮助他人,却心有余而力不足,但仍是值得肯定的善念;为了公共卫生和他人健康而约束自己,不随地吐痰、不在公众场所抽烟,也是善行;善意地提出意见与建议,引导别人改邪归正,或者主持正义、维护人权,亦可称善;为他人甚至国家承担责任而不张扬,更是伟大的善举。这些都与金钱无关,有的只是极为细小的意念和举止,但它们都不亚于捐款。相反,有些人虽然捐了钱,却视上述行为于不顾,善恶相比,可能最终善不及恶,甚至恶大于善。

## 莫以善小而不为

善举之大小，不能以捐钱金额和次数的多少来衡量。更重要的在于是不是真心行善。

《圣经·马太福音》中有一则故事，很形象地说明了这个问题。一个财主给神投了很多钱，一个穷寡妇也给神投钱，但她只投了两个小钱，比财主投的钱少了很多。按照传统判断善行的标准，财主的善行肯定大于那个寡妇。然而，耶稣却对众人说，这个穷寡妇所投的钱，比财主还多。为什么呢？因为财主只捐出了他所拥有的一部分，"但这寡妇是自己不足，把她一切养生的都投上了"（《圣经·路加福音》第二十一章第1~4节）。

按照基督教的思想，捐钱不在金额和次数的多少，关键在于发自内心。正所谓"捐得乐意的人，是上帝所喜爱的。"（《圣经·林后》第九章第7节）。"勿以恶小而为之，勿以善小而不为"（《诫子书》第九章第7节），刘备去世前写给其子刘禅的遗诏中的这句话，大概也是这个意思吧！

## 莫为名声或金字招牌而高调行善

我们行善的出发点是为了帮助别人、造福社会，而不是为了赢取名声；否则，就不能称作行善，只能算是地道的商业行为。因此，真心行善者，以默默行善为宜。

佛教《金刚经》讲，行善济贫当"无相布施"，做善事助人，心中不要有"我在帮助别人"的想法。《圣经·马太福音》第六章第1~4节也告诫行善者说："你们要小心，不可将善事行在人的面前，故意叫他们看见。若是这样，就不能得到你们天父的赏赐了。所以，你施舍的时候，不可在你前面吹号，像那假冒为善的人在会堂里和街道上所做的，故意要得人的荣耀。我实话告诉你们：他们已经得到了他们的赏赐。你施舍的时候，不要叫左手知道右手所做的。要叫你施舍的事情在暗中，你父在暗中察看，必然报答你。"

曾国藩曾说："为善最乐，是不求人知。""作善岂非好事，然一有好名之心，即招谤招祸也。"做善事是件非常快乐的事情，其快乐之处在于不要求自己所做的善事被众人所知，因为善行应该是一种发自内心的举动，太关注别人的看法和评价反而会束缚自己善意的心。做善事本身是件非常好的事情，但是，一旦有了沽名钓誉之心，就极易引来诽谤与祸端。

他人的夸奖，不过是过眼云烟；金字招牌终将腐朽。真正行善之人并不在乎这些功名利禄；相反，他们行善不仅不图回报，甚至在因行善而被人诟病、误解、诋毁时，仍能行善不止。

自然界自有平衡，不求回报者可能得到更大的回报！

# 如何才能成为真正的企业家

时下，"企业家"一词比较时髦。一些人稍微赚了点钱，便自称或被人称作"企业家"；而且，这些人也愿意自称或被人称作"企业家"。正因为如此，有些商业会议常常被冠以"企业家会议"的名号。但是，在我看来，中国能够称得上"企业家"的人还太少。

我把当今商人简单地划分为三个类别：生意人、经理人和企业家。

这种划分有其现实意义：首先，厘清他们之间的差异，有助于人们给企业家做出正确的判断和评价；其次，明确企业家的真正内涵，有利于推动社会真正地发扬企业家精神。

## 中国大多数商人都是生意人

生意人是商人最原始的形态。商朝的商业十分繁荣，有"商蕰翼翼，四方之极"之称。由于商民善于买卖货物，后来就干脆将买卖货物的人称为"商人"。生意人，最开始指的就是这些进行货物买卖的商人。

随着社会的发展，一些从事制造业、加工业甚至现代农业的人，也被列入生意人之列。生意人是有眼光的，他们善于辨贵贱、调余缺、度远近。然而，他们并不能被称为"企业家"。

当下，中国绝大多数商人，都是生意人。改革开放后，最开始成功的生意人，是依靠当时的价格双轨制，倒买倒卖的一批人；接着是抓住了地区差价，从事贸易活动的一批人；再接着便是赶上时代潮流，进行来料加工的一批人。随着时代的发展，生意人的文化层次不断提高，大学生甚至研究生也加入了生意人的行列；他们所从事的领域也大大拓展，涉及家电、互联网甚至文化产业。不少生意人赚了钱，甚至成了巨富，但他们赚钱的手段却千差万别，包括利用各种社会关系、信息不对称、法律漏洞和政策的不完善性等。当然，也不乏合法、诚信赚钱的生意人。

最近，看到一些赚了钱的商人，以各种方式到处炫耀自己有钱。一个新加坡商人告诉我，在世界各地的高档商场里，不计成本、一掷千金的是中国人；在赌场中，豪赌成瘾、挥金如土的也是中国人。在博客和微博上，经常看到一些商人口出粗言，甚至隔空对骂，其素质之低可窥一斑。然而，就因为他们曾经赚了一些钱，这些人也往往自称或被称作"企业家"。但我深信，这些人一定不是那种追求事业、报效社会的企业家，他们不过是凑巧赚了钱的暴发户罢了！

## 经理人依然不算企业家

经理人，又称职业经理人，是改革开放后产生的一个新兴阶层。对于经理人的定义，众说纷纭。有的把经理人定义为"对其他人的工作负有责任的人"；有的则定义为"一个以个人方式做出贡献的专业人员"；还有的定义为"管理者"，并依级别的高低分为初级管理者、管理者、高级管理者、公司管理者等。

我认为，从职业的长期性和稳定性方面着手，应该将经理人定义为："长时间以企业管理工作为职业并作为主要收入来源的人。"

虽然经理人在其工作中要发挥创意和主动性，但从整体上讲，他们仍然是执行层面的工作人员，却不能被称为企业家。

## 企业家勇于承担风险和责任

"企业家"一词源于法语的"entrepreneur"，其原意是指"冒险事业的经营者或组织者"。英语词典对这个词的解释是："someone who organizes a business venture and assumes the risk for it"。意思是说："组织商业冒险并为此承担风险的人。"

从词源和英语的解释可以看出，"企业家"的核心内容是"冒险"和"承担"。为此，法国经济学家萨伊甚至把企业家定性为冒险家，是与土地、劳动、资本联系在一起的第四个生产要素。萨伊认为，企业家自创业之初，就会考虑到可能会承担破产的风险。美国经济学家彼得·德鲁克也认为，企业家就是要勇于承担风险。

商场如战场。市场变化具有风云莫测的特征，决定了企业家必须具备冒险和敢于承担的精神和心理素质。德鲁克认为："企业管理的核心内容，就是企业家在经济上的冒险行为，企业就是企业家工作的组织。"

真正的企业家是有目的地寻找创新的源泉，始终与时俱进，并能把握机会进行开拓的人；以发现价值、实现价值和创造价值为使命。更高境界的企业家则志存高远，终其一生追求伟大的事业，努力谋求立德、立功、立言"三不朽"。企业家的价值观和目标层次，远远高于生意人和经理人。

由上可见，赚钱多少、成功与否并不是用来判断是否是企业家的主要标准。时下政界和商界流行着这么一句话："做官须看《曾国藩》，为商必读《胡雪岩》。"胡雪岩虽然事业破产并客死他乡，但并不妨碍其被世人视为伟大的企业家。赖昌星之辈虽然赚了很多钱，但却不配称作企业家，因为他们不仅赚钱手段违法，而且，事发后畏罪潜逃，不敢承担该负的责任。

总体来说，我国缺乏企业家。股市、期货这些商业工具均由西方企业家发明并广泛应用于西方，而不是中国。现代中国商人的智慧甚至还不如古人。陶朱公范蠡"论其（商品）有余和不足，则知（价格）贵贱""旱则资舟，涝则资车"；商祖白圭"时贱而买，时贵而卖"；商理家计然"薄利多销，无敢居贵"。然而，今天的中国商人大多复制西方，抄袭古人，却没有学习到位，以至于"毒米""三聚氰胺""瘦肉精"等投毒于民众，严重违背商业道德的事件屡屡发生。

企业家的重要性是毋庸置疑的。"哥伦布发现了新大陆，但 J.P. 摩根重组了新大陆"这句话道出了企业家对整个社会发展的推动作用。企业家的价值，不亚于政治家甚至不亚于科学家。飞机、冰箱、空调、电视、计算机、手机等改变现代生活、提升生活品质的产品，没有企业家冒险投资生产并适时投入市场，就不可能得以逐步普及；这些产品，也是企业家根据市场的需要投入巨资进行研发后，才得以发明、创造和生产的。

但是，当今中国社会，人心浮躁，金钱至上，急功近利。这种环境导致中国企业人创新思想退化，冒险意识淡薄，担当精神严重缺失。而且，无论是制度层面，还是政策层面，中国企业家生存和发展的环境都不宽松。企业人一旦出名，便有各种事端接踵而至；当其身陷困境时，不但没人出来支持，相反，幸灾乐祸者有之，落井下石者也不少。因此，企业家在中国成为一种越来越稀缺的资源。

"十年树木，百年树人"，中国在培育企业家的事情上任重而道远。我们必须构建健康开放的商业环境，为企业家的成长提供良好的土壤、文化和氛围。

首先，要尊重企业家。中国自古宣扬"学而优则仕"和"万般皆下品，唯有读书高"的思想，在长达两千年的封建社会中都倡导和实施"重农抑商"的政策，商人地位始终处于较低层面。表面上来看，现在中国的商人地位已经有所提升。但实际上，人们尊重的并非商人或企业家，而是一种"拜金主义"现象。"傍大款"就是这种现象的生动写照。

当今中国，仕贵商贱的思想随处可见，比如，几千名学生报考一个公务员职位；国有企业领导人的地位明显高于私营企业领导人，因为国有企业领导人带有"官"位；而在国有企业之中，央企领导人的地位又高于地方国有企业领导人，因为央企本身的"官"阶高于地方企业；甚至连艺人的地位也远远高于企业领导人，比如，一个演员（哪怕是一个三流的演员）的结婚、离婚或者出轨的消息，往往盖过一个企业家上亿美元的并购新闻。只有当我们像尊重官员和诺贝尔奖获得者那样尊重企业家时，我们才可能产生真正的企业家；也只有当中国企业家哪一天对挂任"代表"或"委员"没有兴趣时，哪一天才是中国企业家真正成长的时期。

其次，要容许失败。企业家注重的是长期效益，而非急功近利。由于所从事的工作带有冒险性，失败在所难免；而且，有时为了成就更大的事业必须冒着失败的风险，正所谓"不入虎穴焉得虎子""为了发现王子，你必须和无数个青蛙接吻"。对于企业家而言，任何失败都能被其内化为可观的精神财富，并进而为他人提供经验或教训。对于身处逆境仍坚韧不拔的企业家来说，今天的失败，往往就是明天成功的前奏。古今中外不乏这样的例子："商圣"范蠡、"巨人"史玉柱、"股神"巴菲特、"金融天才"索罗斯等人，都是在经历失败的涅槃后而成就了显赫的商业传奇。

一个社会怎样对待商人的失败，决定了它能否产生真正的大企业家。比如，为什么中国香港可以成就李嘉诚，中国台湾可以产生王永庆，而新加坡却一直没有类似成功的企业家呢？最重要的一点便是，新加坡当局怕输，不允许失败，甚至对失败者落井下石！这就严重阻碍了新加坡企业家的产生与成长。

因此，在我们对成功的企业家心怀敬意的同时，对一时失败的企业家也要给予大度和宽容。社会的宽容与大度，是企业家成长的重要条件。

## 中国发展离不开企业家精神

企业家的综合素质，在进一步升华后凝结为企业家精神。其内涵十分丰富，是多种优秀素质的综合。企业家精神，是一种冒险和担当精神，是敢为天下先、敢于第一个吃螃蟹的精神。我认为，"创新、冒险、执着和担当"是企业家精神的灵魂。

世界著名的管理咨询公司埃森哲，曾在26个国家和地区与几十万名企业家交谈过。其中，受访的79%的企业领导认为，企业家精神对于企业的成功非常重要。埃森哲的研究报告也指出，在全球高级主管心目中，企业家精神是企业组织健康长寿的基因和要穴。

企业家精神是企业乃至整个社会经济发展的动力，可以适用于各行各业。企业家精神造就了第二次世界大战后日本经济的奇迹，主导了二十余年美国新经济的兴起，我国的改革开放也与企业家精神有关。如果企业家精神能在全社会得以推广与发扬，毫无疑问将推动全社会的创新与进步，进而对整个国家产生深远而积极的影响。

第二章

# 创　业

**第二章为本书的第二条逻辑：一将功成万骨枯——创业艰难靠韧性。**随着李克强总理在2014年提出"大众创业，万众创新"的口号，越来越多的人加入到创业的群体之中，创业已经成为一种时尚，但创业这条路并不好走。玫瑰花虽迷人，但托起它的枝条却布满荆棘。创业，是一种信念，是把自己的理想转化为现实的一种坚定信念。创业，也是一种精神，一种开拓进取、敢为人先、迎难而上、百折不挠的卓越精神。这也是商业成功的基础和逻辑所在。本章第二节为读者讲述创业者为什么要发扬星火燎原、百折不挠、实事求是、开拓创新的井冈山精神。


　　所有的创业者，哪怕是非常成功的马云、孙正义，或者稻盛和夫，都有过人生的重大起伏，然后才有了后来的成功。

——《匠人所弃的石头》

# 匠人所弃的石头 [①]

我有过两次创业经历。第一次，我输掉了一场战役，但并没有输掉整个战争，当年的中国航油还在利用本人为其并购的资产创造财富。而现在自 2012 年正式开始的创业，则是我人生中的第二次。

谈到我的创业经历，我想先用六张名片来概括一下我半辈子的人生履历：

第一张名片，出身寒微。2004 年 12 月，我从中国返回新加坡。新加坡开国总理李光耀对我做了一个评价，其中，有一个重要的词，就是陈九霖"出身寒微"。当然，后面他还评价说陈九霖聪明，有自制力，是一个成功的企业家。"出身寒微"证明我"朝中无人"，靠的不是"拼爹"，而是自主创业、自我创新。因此，我符合"创客"其中的一个重要条件——出身寒微。这是我对李克强总理在 2015 年政府工作报告中所提出的"创客"一词的理解。

第二张名片，"鸡窝里飞出金凤凰"。我本是农家子弟，当年我考大学的时候非常艰难，录取率非常低，100 个人当中 96 个名落孙山，只有 4 个人被录取；再加上农村的教育条件本身很差，要脱颖而出可谓难

---

[①] 作者在 2016 年约瑟集团新春团拜会上的演讲。

上加难。但幸运的是，我不仅考上了大学，而且，还考上了北京大学；后来，我又在新加坡国立大学取得硕士学位；最后在清华大学取得博士学位。所以，很多人说陈九霖是"鸡窝里飞出的金凤凰"。

第三张名片，我从一个国有企业的小职员，变成了两个世界500强企业的管理者，一个是中国航油集团，另一个是中国能源建设集团所属的中国葛洲坝集团国际工程有限公司。我是中国航油集团成立以来第一届领导班子的成员，当时三个副总经理，我是其中之一。后来，从新加坡回国后，又被国务院国资委安排到葛洲坝国际公司，我在那里担任了近3年的副总经理。

第四张名片，"曾经沧海难为水，除却巫山不是云"。我做过很多事情，也克服过很多困难，可以说什么大风大浪都见过。但是，2004年，在国际油价大幅波动的情况下，我却阴沟里翻船。当年我被整得很惨，在新加坡落难1035天。在那暗无天日的日子里，我甚至萌生过了结生命的想法。但是，最终我还是控制住了自己。当时，我的母亲已经卧床不起，正值生命垂危之际，我跪在母亲面前，告诉她儿子忠孝不能两全，毅然决然地告别她返回新加坡协助调查。但是，当我抵达新加坡刚走下飞机甚至还没来得及开口说话时，就直接被抓走了。这一段经历我在《地狱归来》这本书中叙述得比较详细。当然，最终，我并没有被命运所打倒，而是重新站了起来。创客的一个重要特质，就是迎难而上，百折不挠。所有的创业者，即使是非常成功的马云、孙正义，或者稻盛和夫等，都是在经历过人生的跌宕起伏之后，才有了后来的成功。

第五张名片，"东山再起"。在新加坡落难1035天重返祖国之后，在上级领导和组织的关怀下，我又重新回到央企担任副总经理。后来，我告别26年的央企职业生涯，组建了自己的私营企业，加入到李克强总理所提倡的"大众创业、万众创新"的行动之中。所以，我说我是创客。

第六张名片,"再造人生第二春"。2009 年,我从新加坡回到国内,所面临的未来的人生道路,有着很多的选择。其中,有一位漂亮的女士闯入我的视野,促成了我今天的创客身份。那年春节后不久,我和太太应一位在湖北石油行业的老板邀请去武汉出差,有一位和我太太同龄的女士开车与我们同行。就这样我们从陌生到相识,从不知到相知。之后,她果断决定投资我,建议我组建一个投资公司。因为她是一个基督徒,所以,我们引用了《圣经》中 3 位义人的名字作为公司名号——这也是我的英文名——约瑟。于是,我组建了北京约瑟投资有限公司。

我们一直沿着创客的道路、朝着既定的目标奋勇前进。2015 年,全球经济非常不景气、遭遇严冬。即使如此,我们仍然拿到了 2.3 亿元的股权融资。这为约瑟未来的发展奠定了良好的基础。

所以,人生就像一道彩虹,不仅有明亮绚丽的色彩,还必须有淡有暗,这样才能五彩缤纷、七彩斑斓。人生是一首曲子,不光有高音,还必须有低音,这样才能奏响一首和谐完美的乐曲。人生是一轮月亮,它不总是圆满地挂在天上,而是有起有落,有圆有缺;落意味着起,缺预示着圆。所以,作为创业者,即使失败,也要感恩,感谢上苍,良好的心态才是再造人生第二春的最好铺垫。

我的两次创业经历,给了我三个感悟。

第一个感悟,要自强不息,厚德载物。《周易》曰:"天行健,君子以自强不息;地势坤,君子以厚德载物。"清华大学把"自强不息,厚德载物"用作它的校训,我觉得非常棒。人生不可能总是一帆风顺,在创业过程中,往往是困难重重。我们别看很多成功人士表面风光,在他们光鲜的背后其实都有着常人难以想象的艰辛。但是,宝剑锋从磨砺出,梅花香自苦寒来。只要努力、只要坚持,我们就有成功的机会。无论多么困难,一定要讲诚信,而且,一定要有道德,一定要把握商业底线。在创业的道路上，也不要急功近利和投机取巧，那样不可能有大的成就，那种人也不能被称为创客。所以，创客身上有一个很重要的特点，就是意志坚强，道德高尚。我自己感到非常欣慰的是，在央企子公司担任一把手多年，在央企一共工作26年，最终无论是中国政府还是新加坡当局都给了我这样一个结论：陈九霖未谋个人私利。

第二个感悟，人固有命，福自己求。有宗教信仰的人，都认为有一种超自然力量的存在，所以，我们有没有作为，创业成功与否，不是取决于我们自己，而是外在力量赐予的，或者是命中注定的。在较长一段时期内，我基本上也这样认为。但是，自从我读了《了凡四训》这本书之后，我的观点就发生了彻底变化。我认为，天上不会掉馅饼，即使命运再好，也得靠自己的努力去实现。因此，在创业的过程中，一定要牢记一句话："人固有命，福自己求。"明白这个道理后，创业时有再大的困难，也都有信心去克服。

第三个感悟，一分耕耘，一分收获。两次创业的经历让我深信不疑，只要方向正确，持之以恒地努力，一定会有所收获。因此，我特别喜欢蒲松龄的一副对联："有志者，事竟成，破釜沉舟，百二秦关终属楚；苦心人，天不负，卧薪尝胆，三千越甲可吞吴。"

如果说过去我曾用7年时间，把中国航油从一个名不见经传的小公司，打造成今天年收入过千亿的大企业，那么，在未来我一定能够创造出超过中国航油业绩的一番新事业！

在这里，我想到了《圣经》上的两句话，第一句是："匠人所弃的石头，成为第一块房角石。"第二句是："然而，有许多在前的将要在后，在后的将要在前。"我和我的北京约瑟投资有限公司，就是那块被匠人遗弃的石头；就是那个过去走在后面，今后要走在前面的人和走在前面的公司。

# 井冈山给创业者的启示 ①

井冈山，是一座神奇的山。

井冈山位于湘赣边界、罗霄山脉中段，山势雄伟，地形复杂，易守难攻。因此，从辛亥革命到北伐战争期间，不少散兵游勇结成"绿林"，昼藏夜行，打家劫舍，自称"井冈山"。世居山上的王佐、袁文才等人也集聚武装，劫富济贫，下山"吊羊"（绑架）。方圆百十里的富裕人家都谈"井"色变，也称他们为"井冈山"。所以，井冈山一度含有"强盗"的贬义。

但是，后来，与被称作"阴山"的庐山相比，井冈山则被认为是一座"阳山"，因为它成就了中国历史上的一大伟业。1927年10月，毛泽东、朱德率领部队来到这里，创建了中国第一个农村革命根据地，开辟了"农村包围城市，武装夺取政权"这一具有中国特色的革命道路。从此，星星之火，开始燎原，井冈山也因此被誉为"中国革命的摇篮"和"中华人民共和国的奠基石"。

众人来此参观游览，多从这个角度，去思考和发表感言。而我作为一个有27年企业经历的人，则更愿意从企业人尤其是创业者的角度，去观察和探讨井冈山对我们的启示意义。为什么那些"绿林""强盗"没有形成气候，而毛泽东等却可以形成燎原之势，成就一番伟业

---

① 本文最早发表于 2014 年 2 月 18 日的香港《成报》。

呢？这个对比，对于创业者来说，又具有何种意义呢？

## 志存高远，星火燎原

首先，必须胸有大志，有志者事竟成。无论是"绿林"也好，抑或袁文才、王佐也好，他们的志向充其量也就是捞得个"英雄好汉"的名声罢了，更主要的目的则是吃喝玩乐。反观朱德和毛泽东，他们都是"有凌云志"之人。朱德放弃条件优厚的军阀不当，跑到德国留学，弃暗投明，追随革命。毛泽东更是"恰同学少年"，便"指点江山，激扬文字，粪土当年万户侯"，胸怀"问苍茫大地，谁主沉浮""东等不才，剑屦俱奋，万里崎岖，为国效命。频年苦斗，备历险夷，匈奴未灭，何以家为"之伟志。

联想到不少企业历经多年的努力却还是做不大，追其原因就在于企业主胸无大志，做企业不过像井冈山当年的"绿林""强盗"那样为了养家糊口而已。而能够做大企业的那些经营者则都是具备宏图大志之人。比尔·盖茨少年时代曾说过，与其做一棵草坪上的小草，还不如成为一株耸立于秃丘上的橡树。因为小草随风飘摇，毫无追求，而橡树则高大挺拔，昂首苍穹。

## 百折不挠，火烧不尽

其次，要有不怕挫折、百折不挠的精神。毛泽东是在"秋收起义"失败之后才来到井冈山的。后来的长征实际上是中共在第五次"大围剿"中遭遇重大挫折之后的"大逃亡"。井冈山革命烈士陵园记载的烈士名录共有 15744 位，据说无名烈士更是该数据的 2~3 倍。这是多么惨痛的代价啊！

做企业的，就算遭遇各种各样的市场变化，难以把控的政策调整或者来自股东、员工和客户等多方面的压力，与当年"打天下"的革命大业比起来，不过是"小巫见大巫"而已。对创业者而言，更是要有那种"野火烧不尽，春风吹又生"的打不垮、灭不掉的精神。马云今日光鲜的背后，也记录着当年创立翻译社和中国黄页两次失败的经历，今日电商霸主阿里巴巴也曾连续 13 年亏损。

## 实事求是，开拓创新

最后，一定要实事求是。毛泽东在井冈山提出的"工农武装割据""农村包围城市"等理论与实践，对企业发展和创业者来说，都具有启示意义。

其一，企业要有战略，要有核心产品，也相当于企业自身的"根据地"。那种见什么赚钱就做什么的企业，一定赚不到大钱。巴菲特碰到的赚钱机会很多，但他却坚持其投资领域及其投资理念，他所投资的企业，一般都坚持持有其股票 10 年的时间才退出，最短的也在 3 年或 5 年。

其二，创业者的确应该学习传统理论，但是，更应该坚持创新。要善于发现"蓝海"，敢于在别人看不起的"软肋"中找到机会。李彦宏的搜索引擎、马云的支付宝和余额宝、马化腾的 QQ 和微信等，都是在别人尚不看好，而市场却存有巨大机会的情况下开发出来的。

2014 年 1 月 26—27 日，我第一次游井冈山。这次游历给我最大的震撼是创业的维度和格局。朱德和毛泽东当年是把建立一个新的国家当成创业；而我们却把建立一个新的企业视为创业。相比之下，我们把企业做得再大，与他们的伟业比起来都是"小儿科"。所以，我们即使遭遇失败，也没有资格气馁；做得再成功，也没有任何理由自高自大。

# 剔除创业的三重壁垒 ①

可能深受"学而优则仕""士农工商"等中国传统观念以及中国某些现实因素的影响，多少年以来，中国大学毕业生一直热衷于报考公务员。调查显示，在美国，3%的大学生愿意考公务员；在法国，为5.3%；在新加坡，只有2%；在日本，公务员排在第53位；在英国，公务员进入20大最令人厌恶职业榜；而在中国，76.5%的大学生愿意报考公务员！

由于热衷于从事公务员、国企职员等稳定职业，中国选择自主创业的大学生比例，更是低之又低。麦克思研究员发布的大学生就业报告显示：中国大学毕业生的自主创业率，2013年仅为2.0%，2014年提升到2.9%，2015年提高到3.0%，这些数据都远低于发达国家的20%~30%，其中，美国为36.1%。而且，中国大学生的创业成功率平均仅为1%左右，全世界大学生创业成功率平均为10%，美国大学生创业成功率平均为30%。而我们所熟知的比尔·盖茨、乔布斯等改变人类生活的企业家更是在大学期间就开始创业。

① 本文融合了作者所写的以下三篇文章："创业大潮中公务员还有前途吗？""剔除大学生创业的三重壁垒"和"大学生创业之我见"，后两篇均于2014年8月发表于新浪网《意见领袖》专栏。

中国大学生创业率低、成功率不高的主要原因可以从自身因素、资本因素和环境因素三个方面分析。

第一，创业者的自身因素。企业家精神包括激情、创新、进取、冒险、敬业、奉献、合作等。许多成功的投资人，包括罗杰斯、孙正义、徐小平、徐新等，都强调了创业者激情的重要性，甚至把创业者是否具有创业激情作为是否对其投资的重要考量之一。然而，中国传统文化一直宣扬"中庸之道"和"学而优则仕"的思想，这导致一批又一批被誉为"天之骄子"的大学生认为，上大学后成为公务员或白领才是他们正常的人生轨迹，而且，全社会也都持有这样的观点，形成了这样的氛围。因此，我们应当鼓励大学生改变这种片面的就业观，告诉他们创业不是退而求其次，帮助他们树立正确的就业观和创业观。当然，我们也要告诉大学生，创业绝不会一帆风顺，必须持有坚定的信念和良好的心态。

第二，资本因素。国际上有这么一种说法，创业者的首笔资金来自 3 个"F"，即家人（Family）、朋友（Friends）和"傻瓜"（Fool）。中国大学生创业的资金筹集渠道，部分来自学校创业资金、合作团队、国家政策资金、自主理财以及极少部分人所能取得的银行贷款，但还是以亲朋好友的支持为主。调查显示，36.9% 的高校大学生表示，在创业初期最希望得到金融机构的支持。辽宁大学的一项调查也显示，资金不足已成为大学生创业除经验不足之外的第二大难题。

以色列是一个"创业的国度"（start-up nation）。以色列今天的巨大成就与其国民乐于创业密切相关。以色列大学生毕业之后，有25%的人走上了创业的道路。与中国大学生创业资金大部分来自家庭支持不同，以色列大学生创业资金主要来源于社会资本。以色列仅有835万人口，与我的家乡湖北省黄冈市差不多，但以色列每年却能吸引大量的创业资本。即使是在发生全球金融危机的 2008 年，以色列还吸引了超过 20 亿美元的创业资本，相当于拥有 6100 万人口的英国当年所吸引的创业资本的总和，也相当于德、法两国吸引到的创业资本的总和，更相当于中国同期三年所吸引到的创业资本总和。因此，以色列在美国纳斯达克上市的新兴企业，比全欧洲在纳斯达克上市企业的总数还多，相当于中、日、印、韩四国在纳斯达克上市公司总数之和。

反观中国，尽管有上万家基金，但是，风险投资所占比例异常微弱，从国外吸引到的风险资金数量非常有限。GP（普通合伙人）组建基金也好，LP（有限合伙人）投资基金也好，多半抱着"今天结婚明天就生孩子"的想法去投资成长型的企业。而真正投资大学生创业，支持有优秀创业、创意思维者（或许未来会成为马云类型的企业家和阿里巴巴这类企业帝国）的投资机构少之又少。

马云当时创业的时候，没有受到中国投资人的青睐。我身边就有好几位投资人拒绝过马云的投资请求，当然，后来他们都追悔莫及。在马云创立阿里巴巴之初，是外国投资人高盛联合其他投资人一起投资了 500 万美元；就在遭遇互联网冬天的前一年，日本首富孙正义投了 2000 万美元；在 2003 年再次遭遇互联网冬天危机的第二年，也就是 2004 年，孙正义追加投资 6000 万美元。最终，孙正义持有阿里巴巴 34% 的股权；阿里巴巴在美国上市以后，持股阿里巴巴 14 年的孙正义，其投资回报从原始投资的 8000 万美元，猛涨到 668 亿美元。

第三，环境因素。创业需要引导，需要资金，也需要有好的环境支持。在这方面，我们还有很多工作要做。举例来说，我参加过很多会议，就算是关于企业经营与发展的会议，只要有官员在，再知名和有实力的企业家都要"靠边站"，更不要说毫无资历的创业人。再举一个例子，我们组建一只基金，募集资金时间不到一个月，但是，办理公司所需手续就花了好几个月的时间；我们要注销一个企业，花了 3 年多的时间还没有办完手续。

2013 年 9 月 24 日，我在美国纽约 Downtown Association 俱乐部与 2006 年诺贝尔经济学奖获得者埃德蒙·费尔普斯（Edmund Phelps）进行过一次对话。在谈到中国经济的发展战略与前景时，埃德蒙表示，中国要加大力度支持企业创新和鼓励大学生创业。

1957 年 11 月 17 日，毛泽东在苏联接见中国留苏学生时说："世界是你们的，当然，也是我们的。但是，归根结底是你们的。你们青年人朝气蓬勃，就像早晨八九点钟的太阳。中国的前途是你们的，世界的前途是你们的，希望寄托在你们身上！"[①]一个国家的持续繁荣昌盛，需要几代人的努力。当代青年的努力方向与价值取向在很大程度上影响着我们国家的未来。因此，我们必须支持青年人创业，尤其要鼓励学有所长的大学生通过创业去创新，以创新的思路与方式去创业，还要"以创业促就业"。

那么，如果要创业，究竟该怎么做呢？作为一个有过两次创业经历的创业者，我的建议如下。

首先，要"谋定而后动"。也就是说，在选择创业道路之前，一定要深思熟虑，认清自己适合做什么，创业的目的是什么，自己有哪些特长和优势。把所有这些问题都考虑好了之后再定位，不要凭一时之兴趣，更不要任一时之冲动就去选择自主创业这条道路。

其次，要考虑到任何人创业都不是一蹴而就、一帆风顺的。所以，既要想到创业成功需要一定的过程，还要做好跌倒的准备，而且，必须是跌倒之后再爬起来，再跌倒再爬起来。只有这样，才能取得最后的成功。这是所有成功人士的经验，马云和他的阿里巴巴也不例外。

再次，要自主创业，取得成功的关键在于创新精神。同质化、无创新的创业，成功率是很低的。创业者要想在激烈的市场竞争中发展

---

[①] http://cpc.people.com.cn/GB/64162/64165/72301/72320/5047765.html

并取得成功，就得做到"人无我有，人有我优，人优我新"。而且，创新不只是技术和手段的创新，商业模式、经营管理等商业层面的创新也十分重要。复旦大学管理学院院长陆雄文在企业家创新领导力高峰论坛会上指出，国内依靠商业模式创新而成功的企业占 95% 以上，仅靠技术驱动的成功率则不到 5%。大学生创业要提倡个性化和差异化，不能简单地去模仿别人所谓的"成功经验"。在借鉴的基础上凝练原始创新永远是商业智慧的核心。因此，我建议创业者一定要在创新上多动脑筋，多下功夫。只有这样才能在竞争中占得先机，否则，只能沦为创业成功率中的分母。

最后，也是最为重要的一点，即创业一定要讲诚信。"人无信不立，业无信难兴，政无信必颓。"这句话值得我们所有的创业者遵循。三鹿集团公司原来是国内最大的奶粉生产企业，但是，一个"三聚氰胺"事件就让它在不到半年的时间里分崩离析。对比三鹿这艘"航母"，才刚刚迈出脚步的我们更要认识到诚信是企业发展的基石。在当前的社会中，我们确实发现不少坑蒙拐骗者得益于一时甚至"春风得意"了较长的时间。但是，从整体和长远角度来看，只有诚信者才能赢取"天下"！

# 投资与资本运作

**第三章为本书的第三条逻辑：巧妇难为无米之炊——善用资本。**资本可以繁衍，资本可以开花，资本可以结果。自从商业诞生以来，资本就在其中扮演着极其重要的角色。任何企业都存在着资本运作，不论我们是否意识到，而差别只在于其程度的深浅与规模的大小。资本，犹如企业的血液一般，其重要性不言而喻。如何善用资本、活用资本，如何进行资本运作，是创业者也是企业家需要时刻思考和实践的问题。本章将以中国航油（新加坡）股份有限公司上市、中国航油顺势而为收购西班牙CLH公司、历尽波折收购SPC股权等作为案例，具体分析投资和资本运作的无穷魅力。

　　资本运作指的是企业以资本作为杠杆和纽带，充分利用社会资源，实现价值增值、效益增长的一种经营方式，包括：如何激活股权，如何整合沉淀的资产，如何利用好社会资本和其他资源等。资本运作就是围绕资本保值、增值进行的经营管理，把资本的收益作为管理的核心，实现资本盈利能力的最大化。

——《我所经历的企业资本运作》

# 我认为投资就是投人 ①

我投资主要是投三样东西：人、行业和项目。

没有比尔·盖茨，就没有微软；没有乔布斯，就没有苹果；没有马云，就没有淘宝和阿里巴巴；没有沃伦·巴菲特，就没有今天的伯克希尔－哈撒韦公司（Berkshire Hathaway）；同样，没有陈九霖，就没有中国航油（新加坡）股份有限公司。企业的本质不能只是"资合"，还得"人合"，关键在于人。投资就要投给那些靠谱的、有事业心的、德才兼备的人。

现在很多人都已经意识到，和智商相比，情商和逆商对企业家来说更为重要。逆商就是要在逆境中有坚韧的精神，就是曾国藩所说的那种屡战屡败、屡败屡战、越挫越勇的精神。不要把失败看成一种负担，要把它看成是一种财富，一种经历。

投资要看准行业，一定要因时、因地制宜，与时俱进；不能再局限于传统思维，行业周期变了就不要逆势而为。投行业可以运用"易经智慧"，因为每个行业都有其周期，兴盛或者是衰退，周而复始。比如，在 2013 年和 2014 年很多人因为投资煤炭而破产；中远在挪威指数 6000 点的时候买船，可后来跌到了 200 点；我在中国航油（新加坡）

---

① 本文于 2016 年 2 月发表于网易，此处略有改动。

股份有限公司时，敢于在 2001—2004 年并购 SPC（新加坡国家石油公司），其原因是它的炼油厂已经在低谷徘徊了 12 年，未来势必要经历一个上升周期，这就是《易经》中物极必反、周而复始的概念。

北京约瑟投资有限公司近年来的投资已经结出了丰硕的成果。我们选择的六个领域，看重的是未来和周期性，就是看这些项目有向上的周期，有些行业虽然此刻在谷底，但不能说它们在未来就没有潜力。比如，我现在在海外收购上市公司，就是遵循了《易经》的物极必反、触底反弹的原理。

至于如何判断具体项目，则要具体情况具体分析，但关键还是看其内在价值和未来发展的潜力，也要雪中送炭，而不是锦上添花，因为锦上添花的项目，往往估值过高，回报空间并不会大。

沈阳大帅府附近的边业银行镌刻着本杰明·格雷厄姆的一句话："资本可以繁衍，资本可以开花，资本可以结果。"总的来说，资本只有选对了人，把握好有趋势的行为，找到了优质项目，一句话，植入到了适合而肥沃的土壤之中才会开花结果。

# 强劲震荡中的 A 股更需坚持价值投资 ①

2015 年 6 月 15—7 月 8 日，17 个交易日内，上证指数从 5062 点跌至 3507 点，两市市值蒸发 20 余万亿。回顾此轮股市震荡的强烈，投资者需意识到，过于关注市场的短期波动趋势去投资，不仅无益于投资回报，而且，还会给投资者带来心理上的巨大创伤；而追求价值投资才是理想的投资策略。

沃伦·巴菲特不仅是大家所称的"股神"，还是一位成功的投资家和企业家，他坚持遵循老师本杰明·格雷厄姆（Benjamin Graham）所创造的价值投资理念，即"寻找价值相对于价格具有一个显著的安全边际"。无论是在创业初期，还是在金融市场动荡不安的阶段，巴菲特始终坚持这一原则，看重所投企业的内在价值与被投企业管理人的价值，在投资界取得了骄人的成绩。即使在美国的"股灾"中，巴菲特也照样取得了不俗的投资业绩。

那么，投资 A 股，巴菲特有哪些投资经验值得我们借鉴和学习呢？

第一，要坚持投资而不是投机，要立足于长期价值而不是短线

---

① 本文于 2015 年 7 月发表于腾讯网"证券研究院"，原题为"疾风知劲草，A 股强震荡才需价值投资"。此处略有改动。

投机。

长期价值投资，就是通过价值判断寻找以等于或者低于其内在价值的价格标价的证券。这种投资可以一直持有，直到有足够的理由把它们卖掉。然而，当下国内投资人投机心理过重，希望投入的资金立即得到回报。尤其是2015年上半年我国股市进入牛市后，那些跟风进入股市的大量资金都以短期投机为目的。这直接导致大量资金追涨杀跌，被市场波动情绪所左右，从而在整体上放大了股市的不确定性。投机行为也许短期内能够获利，但难以像巴菲特那样保持利润的持续性。在巴菲特看来，"投资必须是理性的"。他对自己投资的企业，一直遵循长期持守的原则，大多持有七八年，有的企业甚至持守二十多年。巴菲特曾说："我当然不会只为一个诱人的价格，就把某个我喜欢或敬佩的人经营的好公司卖掉。"这种精神显然是当下中国股市投资者所缺失的。

事实上，伟大的企业都是经得住时间考验、慢慢熬出来的，只靠挣快钱是无法持久发展的。一些独具慧眼的投资人都在用行动告诉我们，投资要重视价值，要"放长线、钓大鱼"。

第二，对企业基本面的重视要甚于对市场情绪的关注。

巴菲特重视对市场的研究，但并不被市场所左右，因为他更看重目标企业的实际价值。他总是以公平合理的价格买入目标企业的股份，他的资本总是投资在精心挑选并且具有良好成长空间的公司里。而且，巴菲特在做出投资决策时，还非常重视被投企业管理人的素质和能力。他曾说过："我和伯克希尔－哈撒韦的副董事长，也是我的老伙计查理·芒格（Charlie Thomas Munger），一直致力于通过全部持股或部分持股来拥有一批竞争优势出众而且由杰出经理人领导的企业。"巴菲特曾在演讲中提及著名的投资人斯坦·波尔米塔，称"他对股票价格走向、成交量等指标一点也不感兴趣，他只关注一个问题：这个公司的价值是多少"。

股票市场上有两种重要理论，一种是市场有效理论，就是说市场会自动调节股价，使股价围绕均值波动，到低点的时候会由低走高，到高点的时候会由高走低，有一只"看不见的手"在调节。因此，进入股市应该密切关注数字的变化，并随之改变自己的投资组合和策略。另外一种是巴菲特的观点，认为市场不是完全理性的，是有情绪的。巴菲特以翔实的历史数据证明了1899—1998年，美国股市整体走势与GNP（国民生产总值）走势完全相背离。他还用实证研究证明，美国股市长期平均年复合回报率约7%，但短期投资回报率会受利率、投资者预期收益率和心理因素的综合影响而不断波动。投资者不能完全看市场趋势，还要看企业的基本面。

第三，购买一些自己看得懂的企业的股票，而不是"遍地撒网，见风使舵"。

中国投资人普遍喜欢跟风，在选择企业时随大溜，认为哪家要涨就跟哪家，大家都投我也投。这种不理性的投资方式导致股市的变化难得掌控，尤其是在还不够成熟的股票市场体制下，跟风只会加剧市场的波动。中国投资者的普遍情况是，专业与背景比较单一，知识结构比较单薄，很多人在投资选择时缺乏对相关企业运营状况的了解，投资选择具有较大的随机性。而巴菲特从11岁开始，就在其作为股票经纪人的父亲的熏陶下，开始进行股票交易；后来师从证券鼻祖格雷厄姆，全面学习相关知识理论；他还曾经营纺织厂十多年，也曾担任《华盛顿邮报》董事，甚至还经营过保险公司。这些经历也有助于他评估一家企业的真实价值。

第四，对看中的企业长期坚守。

巴菲特的导师格雷厄姆曾说，"投资，未必是天才之道""投资需要这样几种素质：第一，理性与智慧；第二，完善的经营之道；第三，也是最重要的一点，就是坚韧不拔的性格"。坚守信念，看淡个股涨跌，眼光长远才是真正的投资之道。正如巴菲特可以坚持持股一家企业20年，孙正义愿为阿里巴巴坚守15年一样，有时，坚持就是胜利。

对于目前中国股票市场的投资者来说，改变一些目光短浅的投资行为，深入了解一家企业的经营状况，关注市场但不被市场所左右，耐得住寂寞，守得住逆境，了解大众走向却不跟风而上，才是迫切的任务和明智的投资行为。

# 政策须有连续性，企业须有定力 [1]

2015 年 12 月 22 日，关于证监会暂停私募股权投资机构挂牌新三板的传言开始在网上流传。事后，有些媒体证实传言基本属实。消息一经传出，在市场上便造成了一石激起千层浪的局面。作为最早关注新三板的投资人之一，我对此想谈一些自己的观点。

新三板不仅是中国资本市场的一个创新，而且，也开了私募股权投资机构挂牌上市之先河。自从新三板开通以来，私募股权投资机构为市场所热捧。当然，也存在许多问题，比如，新三板挂牌企业定增可以一次审批，多次增发；对于定增价格、锁定期也没有限定，只是由买卖双方协商解决；在新三板目前流动性较差的状态下，这种价格永远只是浮盈，没有买方，不能落袋为安，更像是击鼓传花一样的游戏。例如，2015 年 12 月 23 日，当三板挂牌企业数量为 4961 家，总市值约 2.1 万亿元人民币，平均市盈率约 48 倍时，九鼎投资、中科招商、天星资本、硅谷天堂、同创伟业、联创永宣 6 家 PE（私募股权投资）公司估值近 1900 亿元。而中科招商市盈率接近 60 倍，九鼎高达 190 倍。这样的事例在成熟市场很少出现。在一波接一波的高估值定增、类似

---

[1] 本文发表于 2016 年的《中国新闻周刊》，此处略有改动。

"十锅九盖"的新奇做法下，投资人的利益难以得到保障。而当这类投资人并非专业人士或机构，而是缺乏专业知识的散户时，一旦发生风险，就可能引起社会动荡或系统性金融危机。

从监管层来看，能够及时发现新三板挂牌中的一些风险隐患是好事情，但是，我又不赞成政策上忽左忽右、忽高忽低、忽上忽下的做法，这种做法对市场会造成巨大伤害。作为政府机构，在最初顶层设计的时候，方方面面的因素都应该考虑到。既要考虑到中国的国情，也要吸取国际上多年来行之有效的经验和过往朝令夕改的教训，要把制度设计好，而不是政策出台后再大修大补。

我认为现有新三板挂牌中所存在的问题，包括私募机构挂牌新三板的问题以及实体企业挂牌的问题，是发展过程中的问题，是通过调整就能解决的。不要动不动就做"大手术"，就像一个可以通过喝板蓝根就解决的感冒而没必要去做手术一样；不要有点问题就搞暂停，甚至把政策彻底废了，这好比我们倒脏水的时候不能把婴儿一块儿倒掉一样。

有些对私募股权投资机构挂牌新三板持否定观点的人认为，私募机构是新三板市场的"抽水机"，其大量募资不利于实体企业融资。但持此观点的人应该看到，私募股权投资机构获得融资后主要还是投向实体企业，而且，基于私募股权投资机构相对于个人投资者具有更强的专业性的特点，它们的投资行为可能对于那些具有核心竞争力或巨大潜力与爆发力的实体企业更有利。专业的私募股权投资机构，也是科技企业、"互联网+"企业发展的重要推手，比如，华大、光启、中兴、BAT、京东。

除此之外，不容忽视的是，私募股权投资领域仍是中国经济和金融体系中的一个短板，中国所能吸引到的创业资金，甚至赶不上只有835万人口的以色列——以色列的人均创业资本是中国的80倍。这种状况与中国当下提倡的"大众创业、万众创新"的背景是极不相称的。没有资本的支持,"大众创业、万众创新"只能是一个动听的口号而已。因此,站在资本的角度讲,对私募股权投资领域的鼓励与支持,就是对实体经济的支持,就是对"大众创业、万众创新"政策的支持。

我非常认同对已经挂牌的私募股权投资企业进行规范与治理,但不能动不动就采取暂停挂牌的做法,这对那些没有挂牌的私募股权投资机构是极不公平的,而且,因为少数已经挂牌的私募股权投资机构需要治理或规范,就暂停整个私募股权投资机构的挂牌,更有可能被视为对该领域的歧视性对待!因此,建议政府机构在进行防控金融风险的工作时,尽量减少过分震荡疗法,能够个案处理的就个案处理,能够适度调整的就适度调整,而不要轻易地针对某一个领域"一刀切"。与此同时,政府有关部门也要积极疏导新三板市场的流动性。

从企业层面看,无论是私募股权投资企业,还是其他企业,一定要保持定力。核心内容就是:"打铁还需自身硬。"无论政策如何调整,都要做到"不管风吹浪打,胜似闲庭信步",要把企业自身的核心竞争力提升上去。而且,企业不要只盯着上市,更不能为了上市而上市。毕竟,上市只是企业做大做强的途径之一。像华为那样不求上市、专注于提升自身核心竞争力,同样也做成了世界 500 强的企业。同时,上市途径也有很多,正所谓"条条大路通罗马",不一定非要上新三板,也不一定非要在国内上市。

# 预见互联网金融的发展格局 <sup>①</sup>

P2P 网络借贷和众筹起源于英国，但是，在美国延续并发扬光大，最后到中国开花结果。其尤其是经过 2013 年，在中国发展得非常迅猛，以至于形成了所谓的"互联网金融"。其实，在美国也好，在英国也罢，根本不存在"互联网金融"这个说法，也不存在这个词。可在中国，互联网金融发展得非常迅速，上至国家领导人，下到我们老百姓，都非常重视互联网金融。

习近平总书记曾经说过，互联网对人类生产、生活的发展，具有很大的推动作用。李克强总理也讲过，要顺应全球新技术革命的大趋势，促进科技进步和人才培养，推动互联网等重要内容的新经济发展，占领未来发展制高点，提升产业和经济的竞争力。

对于互联网金融的概念，可谓仁者见仁，智者见智，众说纷纭。在这里，我引用《2014 年中国互联网金融报告》中的说法：互联网金融是运用大数据、云计算、社交网络和搜索引擎等互联网技术，实现资金融通的一种新型金融服务模式，包括 P2P、众筹支付、网贷、移动支付等。互联网金融的核心还是"金融"二字，而金融就是资金在两

① 本文于 2014 年 11 月发表于和讯网，此处略有删改。

个不同主体之间的移动，主要就是借贷和投资两种形式。所以，互联网金融就是借助互联网这个工具和平台，实现资金流通的一种方式。

互联网金融在中国发展之快，主要是在 2013 年和 2014 年。发展现状可以从以下几个方面来说：

首先，是 P2P 和网贷。截至 2014 年上半年，中国共有 1184 家 P2P 借贷平台，半年的成交金额接近 1000 亿元，而且，借款人数达到 18.9 万人，投资人数多达 44.3 万人。

其次，众筹也是互联网金融的一种重要形式。2014 年上半年，国内众筹领域共发生融资事件 1423 起，总金额高达 18000 多万元；其中，股权众筹完成集资 15563 万元，综合类众筹模式完成集资 1682.04 万元，垂直类众筹模式完成集资 1546.03 万元。

再次，是第三方支付。截至 2013 年底，国内共有 269 家企业获得了支付业务许可证，中国第三方支付市场规模达到 16 万亿元。2014 年上半年，互联网支付用户突破了 3 亿，其中，手机支付用户达到 2 亿。

最后，互联网基金的发展也很迅速，并暂时呈现余额宝一家独大的局面。余额宝在 2013 年上线，一年时间内资金的规模就超过 5000 亿元，成为全球第四大货币基金；用户数量突破 1 亿，超过了 A 股市场用 23 年时间发展起来的股民数量，速度惊人。

那么，在未来 10 年，互联网金融会呈现出什么样的发展格局呢？

对于这个问题，也有很多说法。在互联网人看来，互联网金融可以无限制地扩大，甚至很多人都用到"颠覆"这个词，好像从此就是互联网金融的时代，而传统金融就会全军覆没一般。我觉得，实际情况并非如此。至少有三个格局是可以与大家商榷的。

第一个格局，互联网金融分食传统金融，这是肯定的。但是，互联网金融不可能完全颠覆传统金融，两者只会相互补充，相得益彰。

就像电子商务一样，很多人说电子商务已经颠覆了传统商业，但实际情况并不是这样。2014年上半年，电商的业务只占到整个商业业务的7.8%，绝大部分还是传统商业，电商只不过提供了一个交易的通道和一个平台而已，并没有颠覆传统商业。同样，互联网金融虽然会在金融领域分得一杯羹，但是，它不可能——至少在未来10~15年——颠覆整个传统金融。

第二个格局，我用一句诗来说明："一将功成万骨枯。"一名将军立下赫赫战功，意味着有无数士卒牺牲倒下。同样，互联网金融也会经过"春秋战国"时期；经过这个时期之后，就会形成少数几家大的互联网金融企业并立、小的企业在垂直领域的夹缝中求生存的"众星捧月"的格局。

第三个格局，互联网金融目前放任自流的状态已经结束，逐渐得到充分而有效的监管，逐步规范化，迎来绿草茵茵和鲜花绽放的时期。

那么，作为一个投资人，在互联网金融领域投资需要注意什么呢？

互联网金融的投资与现代的传统企业投资，有着很大的差别。我认为有四个方面值得注意。

第一，投资互联网金融，要善于识别风险。怎么识别风险呢？以我过去多年投资的经验和教训，一定要先看一个企业领军人本身和企业团队的诚信；一个没有诚信的团队，一个没有诚信的领导人，哪怕能力再强，哪怕它的商业模式再好，也不能投资。

第二，投资互联网金融，要看大众的需求。一个创新型的商业模式，要看它怎样盈利，那首先就要看它未来的方向是否符合用户的需求。

第三，投资互联网金融，要符合金融监管的政策。

第四，投资互联网金融，要抛弃急功近利。罗杰斯也好，巴菲特也罢，所说的价值投资，就是看它在未来是否具有重大的潜在的价值。如果有，就要长期坚守。

# 我所经历的企业资本运作 [1]

什么叫资本运作呢？

其实，"资本运作"是中国大陆企业界创造的一个概念，如果翻译成英语就是 capital operation，然而，西方国家并没有这个词；而且，这样的翻译也远没有达到它应有的高度和境界。

以我 27 年摸爬滚打的工作经历来说，资本运作指的是企业以资本作为杠杆和纽带，充分利用社会资源，实现价值增值、效益增长的一种经营方式，包括：如何激活股权、如何整合沉淀的资产、如何利用好社会资本和其他资源等。资本运作就是围绕资本保值、增值进行的经营管理，把资本的收益作为管理的核心，实现资本盈利能力的最大化。

任何企业都存在着资本运作，不论我们是否意识到，而差别只在于其运作程度的深浅与规模的大小而已。一个企业的资本运作不是某一方面的，它的最高和终极形式是企业资源的整合与综合运用。而且，资本运作充斥于经济周期相对于企业发展的各个阶段。

市场经济周期分为萧条、复苏、繁荣、衰退四个阶段：在萧条阶段，

---

[1] 本文改编自作者在清华大学的一篇演讲稿。

并购的成本很低，存在很大的资本运作空间；在复苏阶段，企业需要上市、需要发行债券、需要股权和债券融资，也是资本运作的好时期；在繁荣阶段，宏观环境很宽松，更有利于资本运作；在衰退阶段，企业需求疲软，要减少投资，这也需要资本运作。所以说，在经济周期的每个阶段，都存在着资本运作。

下面，通过三个我亲身经历的案例，来看企业究竟该如何进行资本运作。

## 案例一：中国航油（新加坡）股份有限公司上市

中国航油（新加坡）股份有限公司（以下简称中国航油）成立于1993年5月26日，当时是我陪着两位航油总公司的领导去新加坡成立的。成立的初衷是利用新加坡这个世界主要炼油中心和运输枢纽的优越条件，以航油采购、进口和运输为主业，打破中国航空油料总公司进口航油都是由外国公司控制价格的局面。然而，公司经过两年的经营，并没有取得预期的成效。所以，1995年2月14日，航油总公司收购了另外两个股东的股权，把它变成了自己的全资海外子公司，中间又因为等待审批等原因，公司仍无力启动，处于休眠状态两年。到了1996年底，航油总公司任命我为中国航油第三任执行董事兼总裁，中国航油于1997年7月15日正式恢复经营。

当时，中国航油的业务主要是船务经纪业务。所谓的船务经纪业务指的是，公司没有任何的船舶，也没有业务，却把两者结合起来，中间赚取一个很小很小的佣金。我上任之后，觉得这个情况很难维持公司的持续经营；想要改变这种局面，就必须依托新加坡是国际第三大石油集散基地的这个天然条件，也必须根据当时航油总公司对外采购航油不招标而是议价、什么时候需要什么时候采购、需要多少采购多少的实际情况，改变公司格局，进行企业转型。所以，我就把船务经纪业务转变成了石油贸易业务。

但当时国家给我的资金只有 21.9 万美元，除去收购那两个合作伙伴股份等花销之后，实际上启动资金只有 17.6 万美元，而当时一船货需要 600 万~1000 万美元，光是运输费就要 30 多万美元。所以，肯定没有办法进行转型。在这种情况下，我们通过一个资本运作手段解决了这个问题，叫作过账贸易。所谓的过账贸易就是，上家有货，和我谈好要卖的数量和价格；下家要进口这船货，我和他谈好他要买的数量和价格；和买卖两家谈好后，中间有一个差价，我再委托另外一家公司（中间商），按照我所规定的价格、数量和质量，与上家签合同，由中间商给上家开信用证；然后再卖给我，由我再卖给下家。虽然我中间损失了一点利润，但是，我把贸易做起来了，这就是在没有资金的情况下所进行的资本运作，是当时想出来的一个方法。

公司发展形成规模、到了准备扩大贸易的时候，我们就开始进行 IPO（首次公开募股），准备让公司上市。当时正好遭遇了"9·11"事件，很多人问是不是要取消上市了。但是，我很清楚地知道，如果错过了这个机会，中国航油就永远不可能上市；并且，为上市做的很多前期准备工作就会泡汤。所以，我说服了航油总公司，说服了承销商。最终，中国航油冲破全球经济疲软和"9·11"事件的阴霾，于 2001年 12 月 6 日在新加坡交易所主板上市，成为第一家以海外自有资产上市的中国国有企业，也成为当年发行量最大、股票收益最好的一个上市公司。

## 案例二：中国航油收购西班牙 CLH 公司

"作为一个刚刚上市不久的公司，我们必须加强同国际大公司的合作，站在巨人的肩上发展自己。"中国航油上市之后，我在接受记者采访时曾经这样说过。

　　经过调查比较，我把第一个"巨人"锁定在 CLH 公司——西班牙最大的集输油管线、油品仓储、运输和分销于一体的油品设施公司。早在 2001 年，西班牙政府为了打破 CLH 的垄断地位，要求大股东出售少量股权给国际战略投资人。当时，我立即意识到这是一个可遇而不可求的机会，因为收购 CLH 的部分股权不仅可以提升中国航油的国际战略地位；同时，还可以为中国航油提供持续、稳定的分红和长期的投资回报。

　　然而，收购 CLH 股权操作起来并不容易：一方面，在此之前，阿曼国家石油公司已经以每股 21.6 欧元的价格收购了 CLH 公司 20% 的股权，而当时的国内航油总公司给我指定的目标，却是以不高于每股 19 欧元的价格收购 CLH 公司 5% 的股权；另一方面，同时参与竞标的还有 38 家跨国公司和国际财团，竞争非常激烈。

　　即使如此，经过谈判，中国航油最终于 2002 年以每股 17.1 欧元的价格成功完成了对 CLH 公司 5% 的股权收购。这种"天方夜谭"式的收购是如何实现的呢？关键靠的是双方达成的"对赌协议"。该协议的主要条款是：以 CLH 过往 3 年的平均净利润为基数，如果其 2002 年的年度净利润超过平均利润的 3%，则以超过部分的股东分红返还给出让股权的原股东，用来弥补每股 17.1 欧元与 21.6 欧元之间的差价；否则，将维持原定的每股 17.1 欧元的收购价格。"对赌协议"的运用，不仅降低了收购价格，也激励了 CLH 大股东支持 CLH 创造更好的经营业绩。

　　除了"对赌协议"，收购 CLH 案例还有一个值得借鉴之处：运用财务杠杆。按照协议，收购总价为 6000 万欧元，然而，中国航油在实际收购操作中，通过运用财务杠杆，仅使用了 1800 万欧元的自有资金；另外 4200 万欧元，从时任国际奥委会主席萨马兰奇先生所拥有的西班牙拉凯沙银行进行融资。这次融资，不仅大大提高了资金的利用率，更重要的是，萨马兰奇先生的影响力及其所拥有的银行对项目的熟悉程度，加上由其指导的当地市场操作的便利性，也使收购过程非常顺利，并在很大程度上降低了中国航油收购的风险。

进一步来说，收购资金上的杠杆操作，还为中国航油带来了更大的盈利空间。中国航油将原计划用于收购 CLH 的 4200 万欧元用于收购上海浦东机场航油公司 33% 的股权，从而大大提升了公司的盈利能力。而且，上海浦东机场航油公司至今仍是中国航油的主要利润来源之一。

此外，发挥好外汇汇率的作用，也是并购 CLH 的又一成功之处。2002 年，欧元与美元的汇率为 1 欧元兑换 0.9 美元。基于对欧元看涨的判断，在规避汇率风险上，中国航油使用账上现有的美元及时买入欧元，并使用欧元作为交易的支付货币，而未来收益也以欧元体现。最终，欧元与美元的汇率涨到 1 欧元兑换 1.6 美元，中国航油也因此获得可观的现汇收入。

2007 年，中国航油以 1.71 亿欧元的较高价格，出售 CLH 公司的 350 多万股有表决权股，脱售股权占 CLH 全部股权的 5%。在扣除相关税收和交易成本后，中国航油获纯收益 1.48 亿欧元。至此，中国航油收购 CLH 公司 5% 股权的交易，以 1800 万欧元的自有资金，通过这些资本运作，在 4 年 6 个月的时间里共计赚取约 20 亿元人民币的净利润（包括红利和股权退出收益），投资回报率高达 835%。

## 案例三：历尽波折收购 SPC 股权

2004 年 8 月 18 日。对！就是这一天，我完成了我人生中最艰难的一次收购——以 2.27 亿新加坡元（以下简称新元）现金以及发售 2.08 亿股中国航油股票凭单（凭单执行价格为每股 1.52 新元）的总值，从三个印度尼西亚木材商人手中，辗转收购了 8800 万股 SPC 的股权，平均价格为每股 4.12 新元。

对 SPC 的收购起于一个很偶然的机会。时间回到 2001 年底，我在同 SPC 一位董事吃饭闲聊的时候，第一次听到"SPC 股东准备出售 SPC 股权"的消息。作为同行，我非常清楚 SPC 的价值。SPC 由新加坡政联企业（相当于中国国有企业）吉宝集团持有 77% 的股份，公众持有其余 23% 的股份，是新加坡唯一的国家控股石油上市公司。SPC 经营石油天然气的开采、提炼和原油、成品油的销售，拥有大型油罐区和两个深水码头，从印度尼西亚过来的两条石油天然气管线连接所有东盟国家，长达 365 公里。SPC 业务遍及新加坡、越南、印度尼西亚、韩国以及中国内地和港台地区，产业链极其完整。这些，都深深地吸引着我，因为渗透石油行业上中下游的完整产业链，正是当时我和中国航油一直梦寐以求的目标。

所以，当听到 SPC 即将出售股权的消息时，我非常兴奋，当即表示要做积极论证，同时，也把情况报给了国内母公司——中国航油总公司。

从内心讲，我希望能够"全部吃下来"，并把它与中国航油的业务进行全球范围内的整合。

2002 年初，在先后获得董事会、集团公司和我国政府有关方面的正式批准之后，我向吉宝集团正式表达了收购意向，在市价为每股 0.8 新元时我们 6 人以每股 0.9 新元的价格报价，之后进入谈判阶段。但这才是一切艰难坎坷的开始。

谈判的最初阶段，我确实有一些不自信。因为当时中国航油的市值只有 2 亿多新元，要"吃下 SPC"，无异于"蛇吞象"。而且，我还有另外一个考虑——SPC 是一个有很强实业基础的公司，而中国航油从贸易起家，还没有积累那么多的实业管理经验。所以，一开始，我主动把情况通报给了国内一些有实力的专业公司，希望合作收购——

中国航油参股或者控股，交由合作的国内专业公司管理。然而，开始得到的反应并不积极。但是，当中国航油花了 50 万美元请美林银行把项目的可行性报告端上来之后，事情发生了截然不同的变化，大家开始觉得这个项目很不错了。于是，一场在国内几家中国公司之间的"明争暗斗"开始了。

当三家中国公司同时向外方表达了收购意愿时，局面马上变得对 SPC 有利了。由于我一开始抱定了压价的主意，而且，动用了一些关系给卖方施压，导致中国航油很快就出局了。事后总结，当时太失策了！虽然是为了省钱，但随后为挽回败局却付出了很大的代价。另外两家中国企业也没有得到渔翁之利，反而被吉宝集团好好利用了一把。当我们三家公司正在内讧中纷纷扰扰之时，不知如何让三个印度尼西亚木材商人钻了空子，以略高于国内某公司的报价（每股 1.57 新元，当时国内某公司的报价是每股 1.5 新元），买走了 SPC 28% 的股权。

这个消息给了我当头一击，那是在 2003 年 10 月初的一天。当时，我并不知道是谁买走了这些股权，只是觉得付给美林的 50 万美元和忙前忙后所做的大量工作都突然付诸东流。第一次收购 SPC 失败。

不过，当时我并没有放弃收购 SPC 剩余股权的梦想。我利用在新加坡开拓数年积累下来的政商两界资源，利用各种途径曲线接近吉宝集团决策层，试图通过努力找到一个突破口，把吉宝持有 SPC 的全部股权（包括已经签署意向书卖给印度尼西亚商人的那部分股份）都买过来，但是，事情还是没有丝毫进展。主要困难还是在价格上，我想以自己定的价格买，而吉宝集团则坚决不让步。

2003 年 11 月，时任新加坡总理的吴作栋访华，包括我在内有 16 位企业家随行。我惊喜地发现，吉宝集团的执行主席林子安也在其中，便马上意识到这是一个绝佳的机会。我大费周折安排了和林子安"共进早餐"的单独相处时间，然后对他进行了一场"艰难的游说"。所幸谈话的效果"非常好",林子安答应回新加坡之后就立即帮助中国航油进行协调,还告诉我行动的具体步骤。按照当时谈的那个程度,我以为这回是十拿九稳了。结果,在那之后不久,在经过了种种接洽之后,在一切看似都向好的方向转变的时候,有一天,我正在国外出差,突然接到秘书电话,说林子安来信"拒绝了",当时就像"晴天霹雳"一样让我难以置信。

此后不久,新加坡资政李光耀访问中国,我得知消息后,就事先打听好他回新加坡的航班,先飞回北京,买了和他同时返回新加坡的头等舱机票等着。然后,在那一天,"恰好"在机舱里"巧遇"了他,一番畅谈之后,他最后答应我回去看看"What I can do"(我能做些什么)。

不过,虽然经过李资政的热心推荐,让我进一步接触了吉宝的某位重要负责人,但结局同样是白忙了一场,随即再度乌云压顶。

而逼迫我在"高层路线"上及时"迷途知返"的,是随着全球石油价格迅速上涨,快速进入良性循环的SPC,很可能随时关上售卖股权这扇大门的危险。我终于死心塌地回过头来,把突破的希望全部押在买走了那28%股权的印度尼西亚木材商人身上。

其间我历经种种曲折,费尽九牛二虎之力,终于找到了那三个商人。为了说服他们把股权再转售给中国航油,我亲自带着他们南下北上,到北京、上海去看中国航油母公司的油库,使他们渐渐对我和中国航油增加了不少信任度,给随后的实质性接触和深入的谈判奠定了良好的基础。

经过近半年的游说、磋商、谈判,2004年6月26日,中国航油和印度尼西亚商人的私人公司Satya Capital Limited终于签署了一个框架性协议,对方答应出售手中的绝大部分SPC股权,同时保留一小部分继续获利。随后又经过多次谈判——谈判过程中曾几度出现变故——终于在 8 月 18 日凌晨，一切尘埃落定。

后来，在处理中国航油亏损危机时，航油集团违约放弃了收购 SPC。再之后，2009 年 9 月 4 日，中国石油以每股 6.25 新元的价格全部并购了 SPC。

我们于 2002 年开始并购 SPC 时，其股价为每股 0.8 新元，净利 2000 多万新元；2006 年前后，其股价为每股 9.25 新元，净利 7.5 亿新元。

# 资本运作的七大误区 ①

关于资本运作的理论，国内研究者为数不少，我在此也不想再做过多阐释。但在实践中，又确实感到了人们对资本运作的窄化、误读，甚至妖魔化。我将从企业经营与管理的角度，对时下盛行的几种有关资本运作的误区进行简要剖析，希望能够抛砖引玉、缩小误区、减少误解，还资本运作以真貌。

## 误区一：资本运作只是资金的运作

要谈资本运作，必须首先弄清什么叫作资本。在经济学中，资本指的是用于生产的基本生产要素。它包含资金，却又不局限于资金；企业的厂房建筑、设备设施、原材料等物质资源，也是资本。而且，从广义来说，资本不仅是有形资产，也包括可以创造财富的无形资产，比如，企业文化、人际关系、社会关系等。所以，不能把资本运作单纯地看作只是资金的运作。

当然，资金的合理与有效利用，确实是资本运作的主要方式。但

---

① 本文于 2012 年 3 月 7 日发表于《中国企业家》，此处略有修改。

把全部现金存入银行，从来不利用贷款，或者押宝似地把绝大部分资金投资于一个公司或一个项目，都是不懂得资本运作的基本表现。真正懂得资本运作的企业家，知道如何最大程度地利用手头的资金，也知道如何借用他人资金做好自己的事情，更懂得利用资金作为杠杆放大现有资源的价值并撬动其他资源为自己的企业服务。

## 误区二：资本运作只用纯金融手段

有人认为，资本运作纯粹是金融层面上的操作，是由经过专业金融训练的专业尖端人才进行的业务，企业家不必懂得资本运作。这也是一个误区。

在企业上市、融资、并购和整合等专业资本运作手法中，确实必须要金融专业人员来进行实际操作。如果企业缺乏这样的专业人才，可以外包给专业人士或机构；而且，有些工作也必须交给专业机构办理，比如，审计、尽职调查、资产评估、上市承销、财务疏理、法务治理、税务规划等。

但是，企业领导人必须懂得一些资本运作的常识，才能科学决策并防范风险。懂得越多，决策效率也就越高，成功的可能性也就越大。除去专业知识外，一些用于决策方面的资本运作知识，其实是可以很快学到的，比如，如何进行多元化投资以分散风险，如何从宏观角度进行企业估值，怎样读懂公司财务报表，以及如何在企业规划中预估资金使用量等。

资本运作是资源运作的终极方式。但是，资本运作绝不是纯金融的运作，而只是主要表现在金融手段上而已。

## 误区三：资本运作影响实业发展

有一种说法认为资本运作会影响实业发展，但实际情况正好相反，即资本运作是促进实业发展的重要手段。因此，在我们大力发展实业的同时，一定不要忘记资本运作。举例来说，我国许多企业都有良好的沉淀资产，但他们却"捧着金碗要饭吃"，因为他们不知道如何利用手中现有的资源，不知道如何将沉淀资产盘活、变现。其实，这些企业的领导人只需稍微懂些资本运作，企业便会走上截然不同的良好发展道路。

1999 年，埃克森石油和美孚石油通过合并迅速做大，一举成为世界上最大的企业，连续四年名列世界 500 强之首。沃尔玛原本只是一家发展缓慢的实体企业，30 年才开了 38 家分店，可上市之后 10 年内就开了 1160 家新店，公司连续多年蝉联世界 500 强企业之首。可见，资本运作操作得当，不仅不会阻碍实体经济的发展，反而会促进其快速发展。

## 误区四：当前的主要问题是资本运作过头而造成实体经济滞后

有人说，中国资本运作过了头，以致虚拟经济超过实体经济；这种局面很容易造成泡沫，会给中国经济带来巨大风险。我认为，这个判断是错误的。因为中国的实际情况恰恰是，资本运作是经济发展的一个短板。中国的绝大部分企业都是实体企业，只是许多实体企业因为不懂得资本运作而制约了自身发展。中国并没有出现像美国那样金融产品过多的情况；相反，金融垄断的局面却长期没有得到改善。因此，中国当前的问题是如何打破金融垄断而让地下资金阳光化，并不存在金融泡沫或者虚拟经济过度的情况。

我赞成马云的一个观点："全世界只有中国把实体经济和虚拟经济对立起来。实体和虚拟不应该对立起来，完美地结合起来才是未来真正的经济。"

## 误区五：金融危机情况下勿谈资本运作

最近，有一种声音：金融危机情况下谈资本运作不合时宜。我不认同这个观点。

商圣陶朱公（范蠡）曾说过："夏则资皮、冬则资绵、旱则资舟、水则资车。"同样，"股神"巴菲特也曾简单地把他的投资原则总结为："当别人都疯狂时要谨慎，当别人都谨慎时要疯狂。"经商乃至成就大业，须有自己独到的眼光，不能随波逐流；否则，就只能永远跟在别人的屁股后面。

在全球金融危机形势下，资本市场上大部分优质企业的价值都被严重低估，正是低价对外投资、收购兼并和业务重组的大好时机，这对于实体经济的发展大有裨益。沃尔玛虽然选择在美国通货膨胀严重的 1972 年上市，但上市之后仅仅用了 25 年时间，公司市值就增长了 4900 倍。中国航油是在 2001 年"9·11"事件不久之后上市的，也正是资本运作，促使其成为海外最大的中资企业。

的确，市场低迷时期，通过上市等手段筹集资金比较困难。但是，市场不景气时，并购资产的对价也相对便宜，更容易并购。这方面，需要根据企业和市场的具体情况去判断。以中国航油为例，当年，西班牙 CLH 项目和上海浦东机场航油并购项目都已谈妥。如果中国航油当时放弃上市，那两个项目也就不可能成功，其后的发展步伐也肯定不会这么快。

## 误区六：温州和鄂尔多斯的金融乱象源于资本运作

温州和鄂尔多斯接连出现民间借贷违约潮之后，有不少人认为，主要是因为当地资本运作过了头。这一观点确实是错误的。此次违约潮，恰恰是资本运作不到位的表现。

实体经济的发展离不开资金的支持。温州和鄂尔多斯都是民营经济发展十分迅猛的地方，然而，民营企业很难从国有金融机构取得贷款，只得转向民间借贷。可是，受全球性经济危机的影响，处于产业链中低端的中、小民营企业发展举步维艰，企业高成本经营导致资金链断裂，危机一触即发。

加强对民间借贷的监管力度，是解决当地中、小民营企业资金需求的一条重要途径；与此同时，通过资本运作，加快当地经济的转型和产业升级改造，也是未来当地企业发展的必然出路。如果成功地进行资本运作，企业不仅不会在金融危机时崩溃，反而会因为有了通畅的融资渠道和充足的资本储备，能够更好地抵御危机，度过寒冬。

## 误区七：资本运作是个潘多拉盒子

资本运作虽然具有广泛的内涵和外延性，但并不是说什么内容（尤其是那些导致企业亏损或经营失败的内容）都可以往里装。有个所谓的经济学家，在批评中国航油事件时，就曾将中国航油的石油期权贸易与资本运作混为一谈。其实，前者只是纯粹的石油贸易，是以国际石油作为基础产品的一种常用交易；而资本运作并非以某种特定产品作为基础，而是一种以金融为主要手段的资源整合行为。

那么，资本运作到底是什么呢？虽然还没有一个权威的定义，但是，基于企业实务方面的理解，我比较认同这样的说法：所谓资本运作或称资本运营，就是指企业将自己所拥有的一切有形和无形的存量资本，通过流动、裂变、组合、优化或整合等各种方式进行有效运作，使其变成可以增值的活化资本，以最大限度地实现资本增值的目标。资本运作包括上市、投资、融资、并购、重组、变现未来价值等金融手段，但也包括充分发挥资本杠杆的作用，以小博大、以弱博强、以少胜多，实现资源的优化和资本的增值。

我们甚至可以这样简单地归纳为：资本运作就是终极方式的资源运作或整合。

# 中国缺少真正懂得资本运作的企业家 [1]

前段时间，国内两位知名企业家进行的两桩投资案"闹得"可谓轰轰烈烈：一位是将上百亿资金，押宝似地通过二级市场分几十次投入一家企业；另一位则是在拥有并购标的选择的情况下花费巨资新建企业。虽然这是中国企业家在投资领域比较普遍的做法，但是，我并不赞成这样的投资方式。因为，这样的投资方式，没有体现出资本运作的智慧。

"不要将鸡蛋放在同一个篮子里！"这是诺贝尔经济学奖获得者马科维茨（Harry M. Markowitz）最推崇的投资格言。马科维茨还据此提出了投资组合理论，告诫人们在追求高收益的同时，一定要进行组合以分散投资风险。

上百亿的资金，通过二级市场投入一家企业，与赌博没有什么区别。暂且不说二级市场较高的收购价格增加了多少投资成本，单就该企业本身而言，如果其股票随股市大跌而长期不振呢？如果该企业破产了呢？或者该企业出现巨额亏损呢？把所有的鸡蛋放在同一个篮子

---

① 本文于 2011 年 11 月 15 日发表于《21 世纪经济报道》，原标题为《中国真正懂得资本运作的企业家寥寥无几》。

里，即使存在暴利的机会，万一出现损失也可能是致命的。而且，把巨额资金投入一个企业，也将失去对其他高增长企业的投资机会。

虽然并购与新建（又称"绿地投资"）是直接投资的两种主要方式，但随着经济一体化进程的加快，并购已成为发达国家最主要的直接投资方式。而且，这种方式正在以一种良好的发展趋势展现。鉴于目前全球资本市场都处于低谷时期，各类企业价值均被严重低估，并购的优势已经十分明显。反观中国的企业家们，在市场已经呈现出很好机遇的时候，有良好的并购机会却还在热衷于新建投资：盖新厂、招新人，重复着这种投资期长、收益率低的建设。在现有状况下，这等于是在热火朝天地浪费资源。

当然，在现实生活中，我看到更多的是一些企业只懂得埋头苦干，借用部分银行资金维持或者发展企业；有不少企业甚至只用100%的自有资金，"耕作"着100%的"自留地"。可以毫不客气地说，这类企业家是纯粹的"资本运作盲"。诺贝尔经济学奖获得者乔治·施蒂格勒（George Joseph Stigler）曾说过："综观著名大企业，几乎没有哪一家不是以某种方式，在某种程度上，应用了兼并收购而发展起来的。"可以想象，以上这类企业很难真正做大、做强。

总而言之，中国真正懂得资本运作的企业家太少了！造成这种状况的原因很多，主要有以下三点。

第一，中国能够真正称为"企业家"的人并不多，中国商人的个体素质参差不齐。许多商人不懂得资本运作，身边也没有成功的案例用来参考，因此，体会不到资本运作带来的甜头。这种先天不足需要很长时间来改善。

第二，不少商人从小本经营开始，特别看重所得到的每一分钱，因此，舍不得花费资金去聘请懂得资本运作的员工或者利用中介机构帮助进行资本运作，更何况他们还担心资本运作会稀释股权的事。

第三，中国的市场环境也影响了资本运作的进行。比如，无论是国有企业，还是私营企业，到海外并购都需经过许多机构的审批，所花时间成本太高，等到万事俱备时，时机早已错失，这样的教训不止一两次。而对国内上市企业而言，换股、定向增发、发行可转换债、发行股票凭单等资本运作手段，要想得到证券机构的批准，其难度有时堪比 IPO。

所以，要想解决上述这些问题，还需从内因和外因两方面着手。

首先，企业领导人必须建立和培养利用资本运作手段发展企业的意识。企业领导人们务必要懂得，资本运作是企业经营与发展的重要手段，尤其是企业发展到一定阶段之后。只知道埋头苦干而不懂得资本运作是不行的，这就好比跋涉千山万水，放着飞机不乘偏要徒步一样。认识到了资本运作的重要性之后，即使企业领导人自己不懂，也可以聘请懂得资本运作的员工或者借用中介机构来进行资本运作。

其次，中国政府要大力培育并改善中国资本市场的发展环境，减少各项审批环节，尤其是要减少对私营企业的限制。对上市企业，要从以审批为主逐步转变为以监管为主；对于非上市私有企业，则要在政策和信贷等方面提供大力支持；对国有企业，则可以考虑实施"确立审批标准、放松具体操作"的办法。举例来说，国家可以对资金投向、投资规模等预设审批权限，超出该权限的要求审批，在该权限之内的具体运作（包括各种资本运作方式），应交由企业做决定。

总之，资本运作是能够带来价值增值的重要手段，不懂得资本运作本身就是一种损失，甚至是比经营损失更大的无形损失。拥有资本运作思维的企业家，将在变幻莫测的市场环境中，抓住机遇，立于不败之地。

中国经济未来的发展离不开真正懂得资本运作的企业家！

第四章

# 企业管理与营商环境

**第四章为本书的第四条逻辑：修学好古，实事求是——企业管理和商业政策不能是空中楼阁。**如果说资本是企业的血液，那么，文化与价值观就是企业的灵魂，发展战略与理念便是企业的肉体，而这些都属于企业管理的范畴。党的十八届三中全会审议通过的《中共中央关于全面深化改革若干重大问题的决定》指出："经济体制改革是全面深化改革的重点，核心问题是处理好政府和市场的关系，使市场在资源配置中起决定性作用和更好地发挥政府作用。"这一决定为我国的市场环境指明了方向，关键在于落实。总而言之，无论是企业的管理还是政策的制定，都不能脱离实际，不能违背客观规律，这是企业发展过程中非常重要的逻辑！本章第六节、第九节、第十节将分别论述企业管理中的高薪制度、民间投资、"走出去"的风险与防范等问题，旨在让各位企业家重视企业管理，遵守游戏规则。

　　企业管理是一门科学，也是一门艺术，更是文化在企业行为中的一种体现。一个企业能否基业长青，取决于这个企业的企业管理和企业文化。

——《易理对现代企业管理的启示》

# 企训：创业隧道尽头的光亮 [①]

企训对于企业来说，可以起到引导的作用。因此，我认为约瑟也需要有一个企训，有一个属于我们的价值观。我想出来三条，分别是：滚雪球；自强不息，厚德载物；完善自己，成就别人。

第一条企训是"滚雪球"，其实是巴菲特的理念，也是伯克希尔－哈撒韦公司的核心理念。巴菲特授权出版过一本书，名为《滚雪球》，比尔·盖茨还曾帮着大力推广过。这本书从巴菲特自身的角度出发，记录了他几乎一生的经历。书中有段话我认为写得非常经典："创业就像穿越一段幽长黑暗的隧道，心中的理想就是那隧道尽头的光亮，只要光亮还在，就能支撑着走下去。"巴菲特也经历过困难时期，最艰难的时候甚至被客户拿着锄头、镰刀追着打。这种情形就像我认真而专注地做公司，结果却被新加坡当局送到新加坡的监牢里熬了1035天一样。巴菲特也摸爬滚打，煎熬了相当长的时间，经历了很多常人难以想象的磨难，最后才成功。巴菲特追求的不是一时的光环，而是持久的、长期的、最终的成功，"滚雪球"便是他在走向成功的过程中一直坚持遵循的理念。这也是我为何选择"滚雪球"作为约瑟第一

---

① 本文来自作者在北京约瑟投资有限公司一次内部会议上的讲话。

条企训的原因。

第二条企训是"自强不息，厚德载物"。这也是清华大学的校训，最早出自《周易》中的卦辞："天行健，君子以自强不息；地势坤，君子以厚德载物。"我之所以选这个作为约瑟的企训，也是结合对公司发展的认知。我们公司为什么叫作"约瑟"呢？其实，约瑟这个名字来源于《圣经》中的3个义人。耶稣死的时候，挂在十字架上，人们都把他当作罪犯，谁也不敢接近他。这时，以色列一个名叫约瑟的富人，找到与他关系很好的罗马总督彼得拉，表示要替耶稣收尸，然后就用他自己的棺木和墓穴把耶稣藏了起来，就这样耶稣才在3日后复活。再往前数，耶稣在世的养父是一位木匠，也叫约瑟，他为了耶稣的生存而带着年幼的耶稣逃到埃及去避难。再往前是雅各的第十一个儿子（雅各共有12个儿子）。因为他善良正直，不参加哥哥们的恶行，甚至还"将哥哥们的恶行，报给他们的父亲"，于是，就被兄弟设计陷害卖到了埃及，成为军长家的奴隶。埃及军长的夫人又陷害他，害他坐了3年牢，但他出狱后成了埃及的二号人物，拯救了饥苦的民众。他的名字也叫约瑟。所以，约瑟这个名字就代表着要"自强不息，厚德载物"。

第三条企训是"完善自己，成就别人"。虽然说投资的目的还是为了盈利，但是，我们投资的目的就是要带动别人发展。那么，为什么要先完善自己呢？大家都知道，在飞机上系安全带，都要先系好了自己的再去系孩子的，延伸一下就是说你只有自己先发展强大起来了，才有能力去帮助别人。从某种意义上说，这其实就是大乘佛教和小乘佛教的区别。大乘佛教要普度众生，小乘佛教则要先修炼自己，人人都修炼好自己的话，整个世界就一片光明。

我在新加坡最辉煌的时候，国内航油集团的一位老总曾跟我说过一句话，"实力决定一切"。2001年，在世界经济论坛上，我和马云同台演讲，没有几个人想要向他提问。现在，他有了这么大的影响力，见过特朗普，和普京交谈过，卡梅伦要专程拜访他，在中国领导人那里他也是重要的客人……这些首先得益于他自己的实力。所以，首先要自己有实力，然后才谈得上去帮助别人。

# 企业战略：不让企业无家可归 ①

随着经济全球化形势的不断发展和市场经济的不断完善，人们越来越重视宏观经济走势和战略问题。可以说，一个企业在市场上表现得好坏，宏观经济形势是外因，战略是内因。这是因为，发展战略是企业行动的指南，是企业经营活动行为所依据的基础，也是企业基业长青的灵魂与纲领。

清代陈澹然在《寤言二·迁都建藩议》中说："不谋万世者，不足谋一时；不谋全局者，不足谋一域。"在企业生存与发展方面，战术上的血拼不如战略上的布局。有一位管理大师做了一个形象的比喻：没有战略的企业，就像流浪汉一样，无家可归。

企业战略是大智慧，不是小聪明；是着眼于宏观的长远发展层面的，而不是拘泥于一个个具体交易的成败得失；是对企业整体性、长期性、基本性问题的谋划。企业战略看似迂阔辽远，实则关系重大。

为了说明问题，我们不妨来看一则小故事：两个朋友在森林里遇见了一头熊，于是，两人开始逃命。跑着跑着，其中的一个人停下来

---

① 本文于 2004 年 11 月发表于新加坡《联合早报》，原标题为《别让企业无家可归》，此处略有修改。

换上了网球鞋。另一个人十分不解地问道："你就是换上网球鞋，也没有熊跑得快呀？"这个人回答说："我只要跑得比你快就行了。"

在市场上，一家企业只要比自己的竞争对手强那么一点点就够了。企业战略的目的正在于此，再具体一点来说就是：找准并确定好公司在其市场领域中的位置，成功地同其竞争对手进行竞争，满足顾客的需求，获得卓越的公司业绩，给股东以最满意的回报。

世界上的任何事物都处在不断变化和发展之中。国际市场上的变化用"一日千里"来形容并不为过，企业战略就是为了帮助企业应对市场、技术、产品、供求、竞争对手、文化观念的万端变化。物竞天择，适者生存。企业要适应这些变化，就必须不断加强战略研究。

企业战略问题千头万绪。不过，归根结底也就是两个问题，企业的发展方向是什么？企业怎么向这个方向发展？许多企业家在错误的时间、错误的地点同错误的竞争对手进行了一场错误的商业战争，做了输不起的生意而遭到市场无情的惩罚，也就是因为没有回答好这两个问题。

要回答好这两个问题，光靠灵感、直觉或运气是绝对不行的。做企业是需要一点"赌"的勇气和魄力的，不能摇摆不定、畏首畏尾。但是，赌徒的"赌"，同企业家的"赌"，是两码事。前者是孤注一掷的匹夫之勇，后者是高瞻远瞩的通权达变。

孔子说："暴虎冯河，死而无悔者，吾不与也。必也临事而惧，好谋而成者也。"这句话的意思是，赤手空拳和老虎搏斗，不用船就去渡河，这样死了也不后悔的人，我是不和他共事的。和我合作的人，一定是面临任务便恐惧谨慎、善于谋略而且能完成的人。所以，真正的企业家，是制定企业发展战略的高手，看似举重若轻，实则深谋远虑。

企业家只有把企业战略定得正确、准确和高明，有具体措施、有定量目标并综合平衡才富有意义。要制定好企业战略，需要做扎实的工作，需要更为细化的战略分析。可以这样说，这些细化的战略，涉及企业活动的方方面面。其中，既包括竞争战略，也包括营销战略、品牌战略、融资战略、技术开发战略、人才开发战略、资源开发战略等。

企业战略虽然可以多种多样，但基本属性是相同的，都是对企业的谋略，都是对企业整体性、长期性、基本性问题的计谋，只不过关注的主题有所不同罢了。这些与企业在竞争、营销、品牌、融资、技术、人才、资源等方面的子战略一道，构成了企业战略的基础。而且，也正是在企业战略的指导下，这些子战略的制定与实施才能行得通。通过这种艰苦而细致的筹划过程，企业家的决策才是科学的，企业家的冒险才值得敬佩。

企业战略的制定与实施不是一蹴而就、一劳永逸的事，而要根据企业和市场的情况，不断地调整，不同阶段有不同的发展战略。

一个企业不仅应该分析它现存的环境，而且，应该预测未来的环境。企业家不仅要洞察先机并为己所用，不做"事后诸葛亮"，还必须密切关注经营环境中威胁企业生存的事件、趋势和力量。对于经营环境的战略评估，仅靠每年一次的经理人计划会议或管理年会来进行，是远远不够的。

那么，谁是企业战略的第一推动力呢？

原则上说，企业的所有成员都与企业战略的制定息息相关，然而，"家有千口，主事一人"，制定企业战略的责任自然落在企业家的身上。企业家是"商战"中的统帅，要把企业发展的战略问题放在首位。一个企业的兴衰成败，取决于企业家对企业战略思考的深度和广度。

# 老子与现代企业管理 [①]

两千多年前的战国时期，道家学派的始主老子（姓李，名耳，号老聃），从生活经验和个人感悟中探索世事与人生的意义，发现宇宙万物的变化规律，并将其著书立说，写成了千古流传的《老子》，后人称其为《道德经》。老子的思想体系包含着丰富、精妙的管理智慧，时至今日仍对现代企业管理有着非同一般的深远影响和启迪。

## 追求无为而治的境界

老子在其哲学思想中提到："太上，下知有之。其次，亲而誉之。其次，畏之。其次，侮之。信不足焉，有不信焉！悠兮，其贵言，功成事遂，百姓皆谓'我自然'。"将这些话翻译成现代文字，其含义就是：最好的领导者，部下与他无私交，人们仅仅知道他的存在；次一等的领导者，部下亲近他，而且，赞美他；再次一等的，则是让部属畏惧害怕；而最糟糕的领导者，则是处处被部属看不起，遭人轻视。而且，领导者最重诚信，没有诚信则得不到部属的信任与效忠。

---

① 本文于 2003 年 10 月发表于新加坡《联合早报》。

最好的领导者，态度是悠闲自然的，他不会轻易发号施令，对部属多鼓励、少责难。如此而为，则事事顺遂、功成业就。大家就会说："我们本来就是这样的。"

老子认为任何事物都要顺应它自身的情况去发展，不必施加外界的意志去制约，事物本身就具有潜在性和可能性。"自然"就是道，它就是规律，就是法则。我认为，老子的这些论述实际上反映了其学说的精髓和本质。简而言之，就是倡导一种"无为而治，道法自然"的思想。

事实上，如果从管理企业的角度去思考，这些思想与现代企业的管理理念和方法有着异曲同工之妙。老子的思想启示我们，在现代企业管理中，要使企业管理"功成事遂"，就必须追求一种"无为而治，道法自然"的境界。唯有如此，企业才能立于不败之地；而只有具备这种素质的企业管理者才是真正称职和优秀的领导者。

## 对付激荡社会的管理策略

现代社会，科技日新月异，信息层出不穷。商业竞争，已经演变到了一个新的阶段和层次，由单极转向多极，从区域遍及全球。在这种竞争日益激烈的情况下，老子的"无为而治，道法自然"的思维方式将是对付激荡社会巨变的一种行之有效、弹性柔化的管理策略。

随着企业生产规模的不断膨胀，部门不断增加，人员不断扩充，企业活动所涉及的层面也越来越广，越来越深。即使再精明能干、智慧不凡的领导者也无法做到面面俱到、事必躬亲，样样"有为"。所以，在现代企业管理中，领导者在决策上应"有所为，有所不为"。这就要求管理者能分辨轻重，分清主次，在有关全局和长远利益的"大事"上有所为，而在无关紧要的琐碎"小事"上则有所不为。

就现代企业而言，高明的管理者应该是领导和指挥众人的"导演"，而不是扮演什么具体角色的"演员"。当代管理学提倡科学管理，讲求管理效率，这实际上与老子"无为而治，道法自然"的想法相契合。法国著名管理学家法约尔，就极力反对上层领导者"在工作细节上耗费大量时间"，在小事上"总是忙忙碌碌"的作风。他一直主张"一个企业经理，应始终设法保持对重大事情的研究、领导和检查的思维自由和必要的行动自由"。也就是说：现代企业的管理者必须讲求管理策略，要善于"抓大事"而"舍小事"。

从另一个角度来看，推行"无为而治，道法自然"的管理原则，是企业顺应客观规律、尊重自然规律、走向成功的必然选择。

被誉为日本"经营之神"的松下幸之助，在回答"你的经营秘诀是什么"时，强调："我并没有什么秘诀，我经营的唯一方法是经常顺应自然的法则去做事。"松下幸之助的这种管理理念实际上已从另一方面对老子"无为而治，道法自然"一说进行了充分肯定。

## 在用贤上"有所不为"

我个人认为，若要达到"无为而治，道法自然"的境界，必须从以下几方面进行努力。

第一，企业管理者本身必须具备虚怀若谷、胸襟开阔的素质；必须有"容人、容事"的气度和风范；必须在识贤、求贤上要"有所为"，在用贤上"有所不为"。这就要求企业管理者在求贤上必须具备伯乐寻千里马，刘备三顾茅庐的精神；在用人上实行"君无为而臣有为"的管理方法，真正做到"用人不疑，疑人不用"，以充分调动企业各级管理者和全体员工的主动性和创造性，而不是处处设限，事事干预，更不要不懂瞎指挥。

第二，从企业管理的角度来讲，必须建立一套"道法自然"，适合本企业特点、有前瞻性、与时俱进的管理机制。只有这样，企业才能灵活自如，游刃有余地运作。

要实现这个目标，必须采取以下几个方面的措施。

第一，建立合理的组织结构，使部门与部门之间形成既相互协调，又相互制约的状态。

第二，根据现代企业的要求，结合公司的发展规划制定与之相符的管理理念。

第三，通过授权和分权的方式，提高工作效率，科学有效地管理企业。

事实上，任何一个能干的企业管理者的管理范围都是有限的，超过这一范围，就会造成自顾不暇，效率低下，并最终导致整个管理系统的紊乱和失衡；只有分级管理，才能使管理者摆脱烦琐事务的束缚，集中精力抓大局和战略。

美国管理学家 W.J. 鲍威尔在谈到企业家的素质和能力时，强调一个真正的企业家要"精于授权"，即"大权独揽，小权分散，主要抓战略决策，日常的生产经营管理活动，主要授权下属去办"。

美国纽约著名的贝尔实验室在研究工作方面成绩斐然，曾诞生过十多个世界第一的发明。在谈及治理之道时，该实验室负责人陈煜耀博士指着他办公室里挂着的老子的"无为而治"条幅解释说："领导者的责任在于既要做到你在领导别人，又要做到别人并不认为你在干预他。"陈煜耀博士的这番话可谓一语中的，贝尔实验室的成功正是老子"无为而治"管理思想在现代企业成功运用的证明。

事实上，只有分级管理，才能使管理者摆脱日常琐碎事务的干扰，集中精力做好自己分内的事；从另一个角度来看，如果一个企业过度依赖某个强势的领导，当有一天出现人事变动时，企业可能会因此而无法正常操作和运转，这将对企业的长远发展造成严重影响。

## 按选定的正确道路坚定前行

企业的规章和制度不能朝令夕改，一旦制定，就必须保持它的连续性和一贯性，不能乱作妄为。只要认定所选的事项是市场所需，也是根据自身特点和相关条件办得到的，认准了，选定了，就应"守中""抱一"，按照既定的道路，脚踏实地、坚定不移地前行。

如果我们"这山望着那山高"，贪大求变，过分"有为"，到头来恐怕只会乱作一团，一事无成。

美国管理学家约翰·海德十分推崇老子"清静无为"的思想，他所著的《领导之道——新时代的领导战略》，引用了不少老子的警句箴言。他还从管理学的角度对老子的思想做出了自己全新的诠释。他尤其欣赏老子"功成事遂百姓皆谓我自然"的见解，认为这是现代企业管理的重要原则。里根总统也在国情咨文中引述了老子"治大国若烹小鲜"的名句。

事实上，无论是在美国还是在日本，学习、研究与应用老子思想的热潮一直经久不衰。

# 易理对现代企业管理的启示 ①

　　企业管理是一门科学，也是一门艺术，更是文化在企业行为中的一种体现。一个企业能否基业长青，取决于这个企业的企业管理和企业文化。但由于东西方国家间历史文化渊源不同，东西方国家的企业在企业管理和企业文化方面也存在一定的差异。我认为，东方国家的企业在向现代化方向发展的过程中，一方面要学会借鉴西方现代企业的先进管理经验，另一方面不应忽视博大精深的传统文化。

　　事实上，传统文化对现代企业管理具有重要的启示和指导意义，其中包括最古老的哲学著作《周易》的易理思想。

　　《周易》是在人们对大自然缺乏抗拒力的情况下，为预测未来、趋吉避凶而写成的。整个《周易》的内容，是推演天地自然之道，来说明人的活动规律。《周易》中的许多卦和爻都讲到了为人处世的艰难。但《周易》中易理的核心是变易原则，具体体现在"不易""变易"和"易简"三易上。东汉大儒郑玄解释说："易一名而含三义：易简，一也；变易，二也；不易，三也。"

---

① 本文于 2004 年 10 月发表于新加坡《联合早报》。

## "易简"是简明地把握要领

"易简"是指对规律本质的简明把握和领悟。也就是说，要在不一样的事物中寻找出共性（unity），在复杂的事物中寻找出简单性（simplicity），在无序的事物中寻找出规律性（regularity），从而达到主体与客观、群体与个人、自然与社会等不同层面和不同阶段的相互变通融合。

我在经营和管理现代企业时常常得益于易理中"易简"的启发。有例为证：我在管理中国航油时，为收购一个前景十分看好的项目，费了两年的周折。曾经几度"柳暗"，又几度"花明"，其间的辛酸真可谓"船难载，海难测"。最后是易理助我跨过了"坎"。易理启迪我，在遇到"坎"时，一方面要根据普遍的管理原则和事物的客观规律，来选择和确定合适的管理策略和方法；另一方面要根据不断变化的形势而随时调整自己的策略，不能墨守成规，故步自封。

《周易》管理思想的核心是人，管理的本质是阴阳五行的相生相克、变化与平衡，其精髓就是启示管理者要"居常虑变，处易备卒"。因此，可以毫不夸张地说，掌握《周易》的管理之道，将为企业高层管理人员呈上管理之锦囊，为缔造基业长青的企业提供智慧的钥匙。

## "变易"指的是顺应规律，适时而变的道理

"变易"是指万物和人世间的不断变化，它告诫人们应该根据"变易"的时空和态势而不断改变管理方式和策略。笔者认为，面对"不易"的环境，《周易》的管理思想告诫人们要持恒守志、勇往直前。

《恒》卦讲："天地之道，恒久而不已也""君子以立不易方。"意思是说，天地运行，持久而没有休止。高尚的人应该学习天地运行的

精神，树立大志，而不轻易改变方向和原则。

对企业管理来说，可以理解为应该明确发展战略，把握前进方向，与时俱进，树立必胜信念，持之以恒、坚持到底。只有这样，才能抵达胜利的彼岸。

我认为，《周易》彰显"变易"，正如近代大儒梁启超在其名文《变法通议》中解释的："穷则变，变则通，通则久。"因此，从《周易》中演绎成企业管理思想也是一个动态、开放的系统。它要求管理者树立"变易"观，根据不断变化的社会环境，把管理视为动态过程，充分认识系统内各种联系，牢牢把握弹性原则、联系原则、繁中求简和以简驭繁原则、创新原则。与此同时，掌握《周易》中所强调的"时"的内涵，随时根据出现的新问题、新情况进行调控，修正错误，克服主观和客观矛盾，使管理系统始终保持良好的循环状态。

《周易》企业管理的"变易"原则不仅是一种科学的理性操作，更是一种"过来人"所创造的艺术境界。这种管理理想境界既是孔子的"从心所欲不逾矩"，也是老子的"无为而治"。

## "不易"是指"变中不易"

根据我的理解，"不易"是指"变中不易"的常理，也就是指面临的困难和挑战。现代市场经济条件下的企业管理，是万物和人世间不断变化中的内容，内含许多"不易"，需要人们不断地去认识和化解。

随着经济全球化和经济区域化两大趋势的不断发展，在现代科学技术发展日新月异的情况下，市场经济竞争非常激烈，企业经营面临着更多不确定性的风险：所有的企业都在为它们的产品在市场上能否卖个好价钱而担忧；所有的企业都不知道劳动者的工资、土地、机器和燃料的价格是上涨还是下滑；所有的企业都不知道它们的竞争对手将采取什么方式来赢得胜利。

每年，中国企业家联合会、中国企业家协会都会联手评选出年度中国企业 500 强。每年榜上都会出现很多新鲜的名字；而不少上年在榜的企业，这一年则名落孙山。这说明，企业正面临着一种"不易"的环境，特别是在中国尚处于市场经济发展的初级阶段，各个行业的竞争都非常激烈。大多数行业，特别是高度市场化行业中的企业并没有获得相对稳定的市场定位。在风云变幻的市场竞争中，企业的市场地位也在不断发生变化，这就导致年度 500 强排行榜上的中国企业大进大出。全球 500 强企业排行榜也一样。

# 客户、员工与股东究竟谁为先

2016 年 2 月 20 日，阿里巴巴集团董事局主席马云在亚布力论坛上回答 Club Med（地中海俱乐部）全球首席执行官亨利·吉斯卡·德斯坦所提出的问题时说道："阿里巴巴从第一天成立到上市再到今天，16 年来坚持客户第一，员工第二，股东第三。只有满足了客户的需求，员工快乐，才有可能创新；只要客户满意了，员工满意了，股东一定会满意。"

事实上，这并不是马云第一次提出"客户第一，员工第二，股东第三"这个观点了。这是阿里巴巴一以贯之的立场。在过去，尤其是在阿里巴巴面临重大选择的节点上，马云都曾提到这一点。

2014 年 5 月，在阿里巴巴正式上市前夕，马云通过内部邮件向全体员工宣布此事，并再次重申："上市后我们仍继续坚持'客户第一，员工第二，股东第三'的原则，我们相信做任何艰难的决定，不管是在过去还是将来，坚持原则才是对各方利益最大的尊重和保护。上市从某种意义上是让我们更有能力去帮助客户、支持员工、守护股东利益。"

马云的这一观点与华尔街盛行的"股东第一"的观点大相径庭。在华尔街看来，股东大于"天"，公司的战略决策要围绕股东利益这个大目标进行；公司的经营方针也要根据公司章程履行有关程序。华尔街认为，股东出资建立企业的根本目的就是赚钱，取得回报；企业就是为股东赚钱的机器，因此，企业应该把股东利益放在首位。

而马云认为，企业只有把客户和员工利益放在前面，"以客户为中心，以市场为中心，改变自己适应别人"，这样股东才能有机会赚到钱。因此，从"道"的层面看，马云的出发点与华尔街传统理论的根本目的并不矛盾。

至于如何排序客户、员工和股东这三者，事实上是"术"的层面的内容。马云把客户放在第一位，员工放在第二位，实际上只是实现股东利益的技术手段而已。在他看来，先有客户才能赚到钱，赚到钱才能回馈股东，而挖掘客户、维护客户关系的当然是员工，所以，员工排名第二位。但是，其最终的目的还是股东利益最大化。

马云自己也曾解释道，"客户第一"的观点主要是出于对"人"的考虑。他认为人将成为 21 世纪的核心要素，只要客户满意了，员工满意了，股东一定会满意。股东不一定总是对的，最终的决定还是要企业的运营者来做。他的观点很有道理。

的确，在当今社会，科技手段的辅助让人力逐渐摆脱传统的机械性劳动，人之所以为人的作用正逐步显现，人所具有的创造性也将发挥越来越大的影响力，因此，自然要重视人的作用。可是，无论股东、客户还是员工，他们都具有自身的能动性，相辅相成，难以划分哪类人具有更高的价值。况且，人非圣贤，孰能无过？作为企业的掌舵者也不能保证决策就一定是对的。因此，尊重人的要素，发挥人的作用，就应该让不同的人发挥不同的作用，因时而动，因势而变。企业要想保持盈利，就要具备在任何不同形势下都可以有效应对的一套体系。在这种情况下，细分客户、员工还是股东哪个因素最重要，就没有那么大的意义了。

在我看来，在企业发展的不同阶段，客户、员工和股东的重要性和优先程度是不一样的，不一定要被一成不变的观点所束缚。为什么这样说呢？因为从根本上讲，企业存在的目的就是盈利，这三者的重要性和出发点也应从盈利的角度出发，因时、因地、因势、因企而变。

我认为，有时候股东应该被放在优先位置，尤其是在企业起步阶段和企业创业融资时期。"巧妇难为无米之炊"，没有资本，没有股东投资，能够建立起企业吗？每个企业在融资之时，都是向股东展示企业会给股东带来多大回报。没人对股东说，"我向你融资就是为了客户和员工"。因此，在这个阶段，理所当然的就是股东第一，员工第二，客户第三了。

在获得融资之后，在企业创业初期，员工是最重要的资源，建立一支分工明确、高效运作的团队，是企业能够良好运营的重要条件。所以，很多企业会花大价钱聘任优秀人才。只有组织架构搭好了，才能保障公司的运行，才能为客户提供高质量的产品或优质的服务，可以完成原始的客户积累，这样，才能有足够的能力吸引股东的资金，做大做强。在这一阶段，自然就是员工第一，客户第二，股东第三了。

等到公司运营稳定，有了相对稳定的现金流和客户群体的时候，争取融资以扩大规模就成为企业发展的头等大事。在这一阶段，股东的重要性就自然地再次提到最高，企业必须满足股东要求，对企业进行一定的改制和完善，甚至得迁就股东关于上市、分红、回购等的要求。因此，这一时期，股东第一，客户第二，员工第三。

还有另一种情况，就是在股东大会投票决策时，为了获得股东的支持，自然也是股东第一，员工第二，客户第三。

获得融资后，公司规模扩大，现金流增加，公司想要做大做强，重点自然会放在全力维护及拓展客户关系上。这时候，就是客户第一，员工第二，股东第三了。

除此之外，因行业不同，各个要素的顺序也不一样。阿里巴巴作为中国电商的领军者自然是以维持稳定的客户市场为主。但作为投资与投行之类的企业，企业最核心的资产就是人才。因此，员工的重要性非常突出。大多数情况下应该是员工第一，客户第二，股东第三。作为基金类企业，其顺序应该是：LP（有限合伙人，可视为股东）第一，员工第二，客户（项目）第三。

综上所述，不同性质的企业，在企业发展的不同阶段面临不一样的资金、市场或者人才需求时，股东、员工和客户的重要性就会发生变化。所以，没有必要对这三者进行硬性排序。做企业最核心的内容就是创造财富、创造价值，其他的都是实现根本目的的方式和方法。因地制宜、因时制宜，充分考虑企业自身情况，活用各类资源，才是企业制胜的根本之道。

# 高薪制度不可伤及企业竞争力 ①

恩格斯曾说，"资本和劳动的关系，是我们现代社会体系所用以旋转的轴心"。处理好资本与劳动的关系，有利于最大限度地激发企业的发展活力，因此，如何有效地协调两者关系，是企业需要认真思考的问题。

在生产要素参与收入分配的过程中，资本所占比例最大，劳动次之，这是当下企业普遍采用的法则，以前更甚（即资本所占比例更大）。

正因为如此，华为总裁任正非的一句话在市场上"一石激起千层浪"。任正非在接受记者采访时说："华为这些年劳动与资本的分配比例是3:1，每年经营增值部分，按资本与劳动的贡献设定一个分配比例，劳动者的积极性就起来了。"华为把劳动要素的占比扩大为资本的三倍，为员工提供更具竞争力的薪酬的做法，事实上是将员工的重要性置于股东之上。

除了任正非，国内还有一些其他企业的领导人也持有同样观点。马云在2016年初的亚布力论坛上重申，"客户第一，员工第二，股东第三"；万科总裁郁亮也曾公开表示："二十多年前王石说了一句话，人才是万科的资本。后来上市了，我们发现有了一点钱之后，人才比

---

① 本文于2016年8月9日发表在新浪网《意见领袖》专栏。

钱更重要。"

他们认为，重视员工，并给予物质激励，将极大地调动员工的积极性，从而带动企业快速发展。但是，这种把人才的重要性置于资本之上的观点与做法，明显与华尔街一贯坚持的"股东至上"背道而驰。

随着经济的发展，中国正在告别资本短缺的阶段，进入创新驱动发展的新时期。劳动者的创新，成为企业发展更为稀缺的资源。在当前企业升级转型过程中，优秀员工无疑是企业最重要的资产。在金融行业，这一点现在变得尤为突出。一位优秀员工创造的价值远远超出三五个一般员工，这样的人所具有的能力和资源是企业发展不能缺少的。因此，应该给予这类优秀员工高薪酬待遇，这是其自身价值的体现。

然而，要正确理解和处理劳动和资本之间的关系，并非一味地提高劳动在分配中的占比。要正确处理这个关系，首先需要明确企业的本质是什么。企业不是慈善机构，而是由投资人和股东运用各种生产要素来赚钱的商业组织。因此，对企业而言，给股东带来利益依然是首要目标，这也是现代企业制度的根本原则。正是因为有着可期的回报，资本要素的流动才变得如此频繁，才可以带动更多要素的迸发。试想，如果没有资本的原始投入和持续驱动，哪里会有今天华为、阿里巴巴的成功呢？所以，从企业的本质出发，在收入分配时优先考虑资本回报也是天经地义的。从功利的角度看，给予劳动者高薪的目的在于激发劳动者的积极性，从而进一步做大企业这个"蛋糕"；在"蛋糕"做大的情况下，即使资本回报的占比降低，依然可以给股东带来更大的回报。

重视劳动的作用，并不意味着要抛弃企业自身的根本原则。高薪带来的高成本还可能伤及企业的竞争力。跨国企业过去之所以选择在中国设厂，正是因为看上了中国相对廉价的劳动力；而现在，这些企业不断"逃离"中国的重要原因之一，便是中国劳动力成本在不断上升。2016 年 5 月 30 日，全球照明市场第一品牌飞利浦深圳工厂宣布解散；同一天，全球最大的手机金属外壳加工厂商及成集团也宣布珠海工厂倒闭。不仅国外企业如此，国内企业也面临这种困境，连代工大户富士康都在筹划在印度建新厂。长期以来，低廉的劳动力、土地和资源成本，是中国的一大优势。而现在这一优势的丧失，让世界知名企业逐渐将阵地转移到东南亚和南亚国家。

连任正非这样一直坚持高薪酬的企业家，面临这一困境也心生迷茫。前段时间，华为搬离深圳的消息就让人震惊。与其说是深圳的高地价、高房价逼走了华为，倒不如说人的因素是关键。为了让员工能在深圳这样的高房价的城市过上相对舒适的生活，华为也不得不为员工提供有竞争力的薪酬。即便如此，很多员工仍然买不起住房。这种自下而上的压力也使华为的人力支出不断增加，为保持自身留住人才的优势。以目前3：1的"高劳低资"的分配比例仍然不能解决问题的话，华为还能继续提高劳动占比到哪里呢？所以，我们一方面看到华为"高劳低资"的模式，另一方面也注意到任正非因为企业高人力成本而表现出来的忧虑。

其实，仔细分析华为的劳资模式不难发现，任正非所谓的"华为这些年劳动与资本的分配比例是3：1"中的劳动者，有不少就是华为的股东（资方或职工持股者）；马云之所以两次让阿里上市，一是为了融资，二是为了给股东提供退出机制；万科今天股东与管理层之间矛盾突出的局面，就是因为在股东层面出了问题。由此可见，妥善处理劳资关系是必要的！

中国一直流传着"三十年河东，三十年河西"的说法。但是，在当代，有多少企业能够成功演绎三十年呢？即使是《基业长青》著作中那些为人称道、为人榜样的企业，其中有不少也只是昙花一现，更何况一些普通企业呢？不少倒下去的企业，与其高成本不是没有关系的。为了避免高薪酬成为压死企业的"最后一根稻草"，企业在选择是否一定要走高薪酬的模式时，要根据自己的企业实际和现实的宏观经济情况来理性决策。在当前"三去一降一补"（去产能、去库存、去杠杆、降成本、补短板）的大环境下，大谈特谈高薪酬会让很多企业家更加迷茫与无奈。

在我看来，平衡劳资关系，建立合理的薪酬体系，要注意以下三个方面的内容。

第一，不必"一刀切"地提倡高薪酬。如果不分优劣地吃"大锅饭"，让一般员工和优秀员工都一样拿到高薪，或是相差无几，那么，优秀员工的价值从何体现？所以，企业的薪酬体系应该突出绩效因素，让真正优秀的员工得到更高的收入，从而体现其价值。

第二，还需要对优秀员工进行合理界定。优秀员工实际上就是适合某一岗位并表现出众的员工。员工优不优秀很大程度上取决于岗位是否合适。而优秀员工的标准，必须要实现忠诚与才能的统一，一定要德为优先，德才兼备。正如俗语所说："有德有才是正品（或精品），有德无才是次品，无德无才是废品，无德有才是毒品。"

第三，即使是激励优秀员工，也不一定要千篇一律地使用高薪酬，还可以采取员工期权、利益分成、技能提升、岗位优化、奖励培训、精神鼓励以及人文关怀等多种形式。

总之，人才是企业最为宝贵的财富，紧紧抓住优秀人才，是企业制胜的法宝之一。但是，综合考虑，薪酬并不是越高越好，片面和过分地强调高薪，可能伤及企业竞争力甚至其生存能力。企业因为高薪酬、高成本而出现高负荷运行，甚至连生存都成问题的时候，高薪的员工也将面临"皮之不存，毛将焉附"的窘境，最终是股东和劳动者"两败俱伤"。平衡好劳资关系，处理好员工积极性与企业经营成本的关系，事关企业竞争力和长远发展，必须通盘考虑。华为和阿里巴巴今天的成功，并不完全是因为其高薪制度，资本对它们的支持也起到了非常重要的作用。

# 国企改革："1"出台，"N"
# 要抓紧细化落实 ①

国有企业是企业的一种特定组织形式或制度。1978 年 12 月，党的十一届三中全会，吹响了中国经济体制改革的号角，也拉开了国有企业改革的序幕。三十多年来，中国国企改革在不断地探索中前进，从初步发展、尝试改革、全面改革，到现如今的深化改革，政府、学者以及民间力量都在探索一种最适合中国市场背景的国企改革模式。

2015 年，国企改革进入新一轮实施阶段。令人关注的是，国资改革顶层设计方案以"1+N"的方式出台，其中，"1"即为深化国企改革指导意见；"N"是其他 34 个配套文件。2015 年 9 月 13 日正式印发的《关于深化国有企业改革的指导意见》（以下简称《指导意见》）是新时期指导和推进国企改革的纲领性文件，从总体要求到分类改革、发展混合所有制经济等方面，提出了国企改革的目标和措施。

《指导意见》提出了分类推进国企改革、支持国企整体改制上市、国企领导人实行差异化薪酬、加强国有资本管理、推进混合所有制改革、员工持股坚持试点先行政策等内容。

---

① 本文发表于《中国经济周刊》2015 年第 38 期，此处略有补充。

单从政策层面看，政府对国企改革的决心一直很大。但遗憾的是，许多好的政策走到执行层面，就被有意无意地刹车了，没有真正得到落实，最终成了一纸空文。

以下我基于自己二十多年来在国企工作与管理的经历，来谈谈对国企改革的一些看法。

第一，混合所有制改革推进迟缓。早在1986年，中国就进行国企股份制改革试点。这说明，中国早在这之前，就注意到国有独资或"一股独大"问题制约了国企发展。2003年，党的十六届三中全会指出，大力发展国有资本、集体资本和非公有资本等参股的混合所有制经济，实现投资主体多元化，使股份制成为公有制的主要形式。自2014年以来，6家央企被国资委纳入改革试点，主要推行交叉持股的混合所有制，以改善企业管理、进行资产重组。《指导意见》再次强调，混合所有制改革要引入非国有资本参与，比如，出资入股、收购股权、认购转债、股权置换、鼓励国有资本入股非国有企业、探索实行混合所有制企业员工持股。可以说，历次文件都可以看出政府对同一问题的重视，但现实情况是"稀释性股权多元化"成效不明显，小股东没能"当家做主"而无法形成"资本力量"。

第二，董事会制度未严格执行。推动建立规范的董事会制度，也是国资委成立十多年来最大的改革措施，首任国资委主任李荣融将其称为"国资委成立以来最大的新闻"。2003年，国资委挂牌后不久，就成立了国资委董事会试点工作领导小组，设立了试点办公室。2004年6月，国资委下发《关于中央企业建立和完善国有独资公司董事会试点工作的通知》，央企董事会试点工作正式拉开序幕。截至2012年底，有51家央企建立了董事会制度。

然而，当前国企股东监督机制仍不成熟，公司的控股股东过度使用甚至滥用其控股权，已成为较普遍的现象。即使在一些董事会建设较为规范的企业，董事会的作用也非常有限，起不到真正选聘经理层、决定企业高管薪酬、决策公司重大投资等作用。问题不是出在制度本身，而在于制度没有得到严格执行！

第三，企业负责人管理与激励制度仍未落实。早在1992年，国务院颁布的《全民所有制工业企业转换经营机制条例》就提出，要实现员工能进能出、干部能上能下、工资能高能低的制度。2000年，原国家经贸委颁布《国有大中型企业建立现代企业制度和加强管理基本规范（试行）》规定，取消企业行政级别，不再仿照党政机关干部的行政级别来确定企业经营管理者的待遇。

此次出台的文件，再次提到了国有企业领导人员，实行与选任方式相匹配、与企业功能性质相适应、与经营业绩相挂钩的差异化薪酬分配办法。

然而，二十多年来，这些问题没有得到根本性解决。任用人才方面过于行政化；在员工激励与监督方面，激励不足与激励过度共存；国企高管薪酬畸高且不透明等问题饱受诟病。而且，对由组织任命的企业负责人，如何严格规范薪酬结构，建立科学合理的薪酬机制；对市场化选聘的职业经理人，如何实现契约化任期制管理，都需要配套措施并有效执行。

第四，《指导意见》中还有几个难以厘清的悖论，需要在国企改革的细则中进一步明确，并在执行中得到有效落实。比如，《指导意见》提出"充分发挥企业党组织政治核心作用"，这与《指导意见》中"充分发挥董事会的决策作用、监事会的监督作用、经理层的经营管理作用"就可能出现一定程度上的冲突。虽然《指导意见》明确提出今后党组织书记和董事长原则上由一人担任，但是，加强党的领导与落实董事会的决策作用、调动经理人的积极性存在内在矛盾，还需要进一步完善，应在公司治理的设计上，协调处理好三者之间的关系。

此次《指导意见》提出"创造条件实现集团公司整体上市"。鼓励国企改制并整体上市，虽然可以减少控股股东通过关联交易损害中小投资者利益的做法，但是，这与之前的剥离不良资产、推动优良资产上市的做法相比，整体上市的国企可能会出现资产质量下降的问题，这也未必符合中小投资者的利益。

此次《指导意见》还提出，"改组组建国有资本投资、运营公司，探索有效的运营模式，通过开展投资融资、产业培育、资本整合，推动产业集聚和转型升级，优化国有资本布局结构"。成立国有资本投资运营公司的初衷是好的，政府可以通过市场化出资，扶持创新型企业和新兴产业的发展，并推动国资管理从管企业向管资本的转变，但是，国有资本投资运营公司的出现，也意味着国有资本的管理又多了一个"婆婆"，管理和决策的效率可能更加低下。而且，如何实现国有资本投资运营公司科学决策，并避免对利益关系人投资等关联交易行为，也需要国有资本投资和运营公司在实践中建立起良好的公司治理和监督机制。

在社会主义市场经济条件下，尤其是在一个人口众多的国家，要实行改革的确不容易。但是，系统性的改革不容易，并不等于分项分次逐步改革也具有同样的难度。俗话说，水滴石穿。只要是看准一点就实实在在地改革一点，切切实实地落到实处，聚集起来，一定会积小成而有大成。那么，造成现在"时常谈改革，谈来谈去都是老生常谈"的原因在哪里呢？最重要的就是国有企业被赋予过多的职能，既要以股东利益最大化为目标，又要保障国家经济社会安全，此外往往还要积极配合国家的宏观调控政策。而其真正的原有职能，即企业的职能却被淡化与边缘化了。

"行百里者半九十"，改革已经步入深水区，我们要做的就是知行合一，切不可虎头蛇尾，关键要落到实处。只有这样，我们才能看到国企的董事会运作更加规范、法人治理不断完善、效益水平和竞争力不断提升，国有经济的活力、控制力和影响力才能不断增强。

# 破解混合所有制经济的魔咒 ①

在当前政治经济形势下，发展混合所有制经济是一个重要选择。但是，即使是最好的政策，落不到实处也只不过是纸上谈兵。

其实，混合所有制经济这一概念并不新鲜，党的十五大报告中首次提出该概念，十六大报告再次提出发展混合所有制经济，十八届三中全会更是提出要"积极发展混合所有制经济"。十多年来，党和政府一直在探索发展混合所有制经济，但发展效果并不明显，国有经济比重在混合所有制中"一股独大"的魔咒并没有得到根本性的解除，民间资本参与混合所有制的积极性也没有得到有效提升，其结果是资本的利用效率始终没有得到改善。

我在央企工作 26 年，之后于 2012 年开始创业，组建北京约瑟投资有限公司。因为工作的原因，我接触了大量的国企与民企，经历了两种所有制经济，对两者的经营理念和企业文化有所了解，在此提出我个人对发展混合所有制经济的几点认识。

首先，混合所有制经济的本质是资本融合。美国人丹尼尔·耶金（Daniel Yergin）把中国改革开放史的实质，概括为"政府和市场不

---

① 本文于 2014 年 7 月发表于《中国经营报》，此处略有改动。

断争夺制高点的过程"。而在国内，也不断地围绕着"国退民进"还是"国进民退"展开争论。我曾经为此撰文指出，放弃这种争论，转而将政策导向放在创新与核心竞争力方面，即不分所有制，谁创新、谁的核心竞争力强，国家就支持谁。这是因为，在我看来，国有经济和民营经济都是中国经济的组成部分，都是纳税人，都提供就业机会。基于这一认识，通过混合所有制，把两种经济结合起来，充分发挥市场作用，通过资本的融合实现资本的最大效率，才是当前形势下的一个重要选择。

其次，发展混合所有制经济能形成优势互补。国企资本雄厚、资源充足、人才济济、技术先进，但包袱重、效率低、创新力不足；民企机制灵活、创新力强、效率高，但资金资源欠缺、技术薄弱、管理较落后。发展混合所有制经济，通过互靠双借、优势互补，国企资源得到高效、灵活的配置，民企得到强大的资金、人才和技术支持，将释放出"1+1>2"的组合正效益。

从资本市场参与者的角度来看，我认为只有解决了以下三个问题，混合所有制经济才有可能破除套在其身上的魔咒，从根本上得到发展。

## 资本市场需要完善

混合所有制经济的良性发展，必须以完善的资本市场为前提，让民企有足够的机会参与其中。但目前国内的资本市场并不完善，主要表现在以下两方面。

第一，直接融资滞后。在国际成熟的资本市场上，银行贷款归类为间接融资，只占整体融资的 20%；其余的股权、期权、债券等形式是直接融资，占比 80%。而中国恰好相反，形成了"千军万马走独木桥"的怪局，这座独木桥就是银行贷款。在银根紧缩的情况下，国企向银行融资尚且喊难，民企则更是难上加难。

第二，直接融资结构不合理。在成熟的国际资本市场上，总融资额的70%左右是债券融资，股权融资不到30%。但在中国，债券融资的比例还不到10%。A股上市企业2500多家，中国企业总数千万家，可以利用资本市场进行股权融资的企业连企业总数的零头都不到，因此，应该降低债券市场融资门槛，使更多的企业可以进行债券融资。

2014年5月9日，国务院针对资本市场发布了《关于进一步促进资本市场健康发展的若干意见》，市场称之为新国九条。新国九条对发展多层次股票市场、债券市场、期货市场和私募市场提出了多项意见，并对互联网金融等提出了明确的指导要求。然而，这只是一个纲领性的文件，目前还缺乏有效设计和实际操作路径，因此，多层次资本市场的构建，依然任重道远。

## 资源配置效率观念需要创新

2014年2月，中石化率先拉开国企混合所有制改革序幕：对油品销售板块进行重组，引入社会和民营资本参股。在资产评估之前，中石化的油品销售业务资产有3000亿元人民币，倘若按照30%股权放开的上限计算，投资者至少需要投入900亿元人民币。以中国大多数民营企业规模小、资金少的现状，又有多少民营企业能参与进来，分享到这轮国企改革和发展混合所有制经济的红利呢？

坦率地说，如果换成另一家国企参与收购，这笔资金一定可以得到解决。但是，对于任何一家民企而言，那就是"难于上青天"了。这不只是因为民企规模不够，更重要的是民企所受到的扶持远不如国企。仅以银行借贷为例，国有银行将钱借给国企形成了坏账，借款人压力并不大；但若借给民企而形成坏账，借款人可能要承受被调查甚至被免职的巨大风险。在这种情况下，没有银行愿意把钱轻易借给民企。

湖北民营经济研究院的一份研究资料显示，在资本的使用效率指标上，国企是1.02，民企是1.16，也就是说，每投入1元，国企的产出是1.02元，民企的产出是1.16元。但现实情况是，庞大的资源因为各种各样的原因，留置在少数国有企业手中，而占中国企业总数最多、资源效率最高、急需资源的民营企业，却只能分到一杯可怜之羹。这就需要进行观念上的改变：资源应该优先配置给高效率者，不论国企还是民企。从经济发展的历史来看，不管是什么性质的资本，最终都是留存在社会结构之中。哪一种企业利用资源效率更高，就应该得到更多的资源配置，享受到更多的支持。

## 市场化的配套政策是观念的衍生品

还以中石化销售公司进行混合所有制改革为例，虽然投入资金庞大，但是，在成熟的资本市场，民营企业依然可以轻易地参与进来。其中一个重要的途径便是以被收购的中石化销售公司股份份额作为参考，从银行或其他金融机构获得融资。而中国民营企业很难采取这一融资途径。一是中国资本市场总体上还不发达，各类金融产品并不充足；二是国有金融机构对民企的支持力度不够。

针对这一现状，大力发展混合所有制经济需要制定一系列配套政策，尤其是制定扶持民营经济快速发展的重要配套政策。比如，国内不仅存在"民间资本多投资难、中小企业多融资难"的矛盾对立局面，还存在"需要资本的企业没资格，有资格的企业不需要资本"的窘境。中国资本市场应该借鉴国外企业债的风险理念，降低中小企业发行企业债的门槛。只要投资者认可企业的成长性，愿意承担风险即可。再如，并购是企业快速发展的捷径。国内并购市场的总体表现活跃度高，但整体规模小、平均单笔并购额度较低，原因就是缺少金融工具和手段，不少企业的并购主要依靠自身积累。所以，中国应该采取有力的措施促进金融机构改革，让资本市场为企业实行并购提供更多的资金来源。

综上，资本市场的不完善、资源配置观念的滞后和配套政策的不足，是实施混合所有制经济的三大魔咒，只有采取强有力的措施破解这三大魔咒，混合所有制经济才能落到实处。

# 民营企业兴则中国经济兴 <sup>①</sup>

2016 年上半年，中国民间投资遭遇滑坡，增幅仅为 2.8%。其中，制造业领域投资同比增速，由 4 月的 5.3% 下降至 5 月的 1.3%；第三产业的民间投资增速仅有 1.6%。民间投资面临惨淡而严峻的考验。

民间投资的大幅下滑，不利于中国经济结构调整和企业经营方式的转变。要解决好民间投资下滑的问题，需要把准脉，才能开好方，治好病。虽然民间投资下滑的因素很多，但背后的主要原因有三。

第一，民间投资者信心不足。2006—2015 年，国内民间投资在社会总投资中的占比，从 49.8% 一路升至 64.2%，为国家经济输送了不少"血液"，拉动了就业、税收与投资，对 GDP 的贡献超过 60%。2015 年第三季度以后，汇率市场异常波动、金融市场动荡不安、国企改革举步维艰等诸多因素，严重地打击了企业家的信心，直接影响到民间投资幅度，以至于民间投资增速在 2016 年连续 6 个月下滑，创下 16 年来的增速最低纪录。

然而，国内民间投资的回落与中国民间对海外投资的火热，形成了鲜明的对比。2016 年上半年，中国境内投资者对境外企业的非金融

① 本文于 2016 年 8 月 16 日发表于新浪网《意见领袖》专栏。

类直接投资额累计 888.6 亿美元,同比增长接近 60%。2016 年,中国买家总计在美国购买了 29195 处房产,交易总值高达 270 亿美元,平均每套住宅成交价格为 93.66 万美元,高于 2015 年的 83.18 万美元;而且,远超所有海外买家交易均价 47.75 万美元。对于海外投资额,我们不能只看官方数据,还要看地下钱庄的交易量,这个数据其至更加庞大。2015 年,仅广东省就查处 83 宗地下钱庄案件,涉案金额超过了 2000 亿元人民币。这种"外热内冷"的现象,从侧面反映了投资者对国内经济发展的信心不足。

第二,伴随着"资产荒"时代的到来,大量资金找不到可供投资的高收益率资产。前一段时间,因"宝能系"数度举牌万科以及恒大成为"半路杀出来的程咬金"等,引发万科控制权之争,更是成为市场广泛关注的焦点话题。资本市场所掀起的上市公司举牌潮,反映了市场资金面的深刻变化:"钱荒"时代的终结和"资产荒"时代的来临。自 2015 年股灾以后,中国经济下行情况明显,利率持续走低,很多行业发展阻力变大,企业难以经营。这直接造成了优质的资产越来越少、劣质投资产品越来越多的局面。

第三,退出通道不畅。资金投出后,需要在预期内退出。当前,中国资金的退出渠道相对单一化,私募股权投资行业的"库存"(未退出项目)居高不下。据清科研究中心统计,2009—2013 年,中国私募股权投资市场共发生投资案例 7533 起,投资金额计计 1269.09 亿美元,平均单笔投资规模约 1684.70 万美元;而退出案例仅 2245 起,退出案例数量仅占投资案例数量的 1/3。由于二级市场不温不火的状态,以及场内市场的苛刻条件,阻挡了 99% 小微企业的脚步,让民间投资者被迫延长项目的退出周期。

近年来,即使企业上市成功,破发的现象也十分常见。截至 2016 年 8 月 4 日,已实施完成定向增发的上市公司共 632 家,其中,股价跌破定增发行价的有 92 家，约占 14.56%。这 92 家公司中，主板 40 家，中小板 30 家，创业板 22 家。2016 年 5 月，新三板挂牌公司已突破 7000 大关。在 2015 年初行情大好之时，只要有定增项目，各投资机构便会蜂拥而至。然而，从 2016 年下半年开始，新三板交易低迷、估值萎缩，破发层出不穷，企业定增频频遇冷，这一切都说明新三板并没有发挥出预期的政策效果。

民间资本是中国特有的概念。专家学者普遍将民间资本定义为非政府拥有的资本，即民营企业的流动资产和居民家庭的金融资产，主要是指私营、个体和集体企业的投资。有关数据显示，2004 年，中国民间资本有 12 万亿元人民币；2013 年，这一数字已经超过 40 万亿元人民币。2016 年上半年，民间投资 15.88 万亿元人民币，占全国固定资产投资的 61.5%。当前，中国正在进行供给侧改革和"三去一降一补"。其实，我国最应该补的投资与金融领域的短板，却被忽略甚至扭曲了。

要解决民间投资下行的问题，主要应该从以下三个方面入手。

首先，保持政策的连续性，增强民间投资的信心。政策上的频繁变化，会成为制约民间投资的重要瓶颈。例如，新三板紧急叫停私募股权投资和类金融企业，就让民间投资者感到困惑不解。曾几何时，这都是政策鼓励和支持的对象。虽然有关部门表示，叫停的主要原因是接二连三的金融骗局，但这种过多的行政干涉，让民间投资者很难形成对政策的有效预期。

其次，持续改革，激发市场活力，才能创造出越来越多的投资机会。社会各界曾热议学习新加坡"淡马锡模式"。但是，淡马锡模式不仅难以实现企业扁平化管理，反而会增加改革成本和管理环节。与此同时，PPP（政府和社会资本合作），混合所有制改革等也成效不彰。

最后，不断简政放权，完善与创新管理体制。从 2014 年起，简政放权就成为本届政府工作的重点。虽然，到 2014 年底，国务院提出的"将政府部门手中的行政审批权砍去 1/3"的目标已经基本完成，但放权仍然有很多不到位的地方。国务院总理李克强就曾表示："我到地方调研，听到基层反映，有的审批'明放暗不放'，名义上取消了，但换了'马甲'，又以备案的名目出现了。"简政放权，首先要简政。政不简，权难放，民间投资的水就不活。

# 中国企业"走出去"的风险与防范 ①

近年来，中国企业"走出去"的步子越来越大，所取得的成就大家也有目共睹。中国商务部公布的统计数据显示，2002 年，中国对外直接投资量为 27 亿美元；而到了 2014 年，这一数字已经增至 1231.2 亿美元，13 年间增长了 40 倍。2014 年，中国对外直接投资与吸收外资的规模首次接近平衡。这标志着中国已经从过去单向吸收引进，向"引进来""走出去"并举发展。

尤其值得关注的是，习近平总书记在 2013 年出访哈萨克斯坦和印度尼西亚期间，曾先后提出共建"丝绸之路经济带"和"21 世纪海上丝绸之路"的倡议。"一带一路"倡议的提出，更是标志着中国国际产能合作力度将越来越大，"走出去"将成为不少企业，特别是产能过剩行业的必然选择。近年来，从最初小心翼翼地试水到大胆"走出去"，无论是安营扎寨还是借船出海、品牌共享，中国的跨国企业开创出一个个数据神话。但不可否认的是，中国企业"走出去"，仍然面临诸多风险，失败率很高，"水土不服"的情况时有发生。"十一五"期间，中国海外矿业收购失败率超过 95%，这一数字令人触目惊心；

---

① 本文来自 2015 年 9 月作者在长江商学院所做的一个专题演讲。

中国企业在海外的并购成功率甚至只有 50%。这些表明，诸多企业在海外战略上，仍然需要进行调整和改进。

继 2004 年发生"中国航油事件"之后，"中海外"折戟波兰的事件，再次为中国企业"走出去"敲响了警钟。2009 年 9 月，"中海外"牵头联合中国隧道集团、上海建工以及波兰贝科玛有限公司，以低于波兰政府预算一半的报价，获得 A2 高速公路项目标的。2011 年 5 月中旬，项目因拖欠分包商工程费用而被迫停工，"中海外"于当年 6 月初决定放弃。整个项目因成本管理失控、无法获得合同外工程变更补偿等种种原因，出现了数亿美元的亏损。

为什么这么多"走出去"的企业都失败了呢？我认为，主要有以下三个原因。

第一个原因，中国企业"走出去"的时间比较短，本身就存在后发劣势。在改革开放初期，我们做得更多的是"引进来"，先是引进外资，再到引进人才和技术，企业"走出去"是以后的事情。在我们还没有改革开放时，欧美发达国家就已经大规模地"走出去"。20 世纪 70—80 年代，日本就已经开始创建跨国公司；90 年代，韩国紧跟而上。中国已经远远落在了后面。等到中国企业"走出去"时，大块国际市场已被瓜分完毕，行业内的"座次"已经排定。此外，这种后发劣势，也使我们受到了不少歧视。

我当年在新加坡经营中国航油的时候，净资产实现了 852 倍的增长、原始投资实现了 5022 倍的增长。最后出现期权问题时，尽管涉及多家企业，但新加坡当局直接把矛头对准了中国航油。为什么？因为当时新加坡政府有其自身的利益考量，他们不敢得罪与该案有关的美国高盛、德意志银行和澳大利亚政府，因此，就没有彻查提供交易咨询的美国高盛公司、配售股票的德意志银行、澳大利亚籍交易员和公司风险管理委员会。原因很简单，类似高盛这样早就进入新加坡的跨国企业，对新加坡的影响是巨大的，远远不是刚进入新加坡不久的中国航油可以比拟的。"两利相权取其重，两害相权取其轻"。中国航油和我就成为弃子甚至被落井下石，这就是跨国巨头的先发优势以及中资企业后发劣势的典型案例。

第二个原因，就是中国以大型国企为龙头推进"走出去"，但是，国企的经营体制与海外企业存在着不适应的地方。2014 年，中国"走出去"的前十大跨国公司仅有排在第十名的吉利是民营企业，前九名都是国企。中国的跨国企业，尤其是按照传统方式运营的国企，在海外很容易"水土不服"。从政府管理、金融机构的服务到企业架构、风险判断，它们的思维和决策都无法和对方市场"合拍"，在危机来临时尤为明显。再以 2004 年"中国航油事件"为例。从我向母公司汇报，到母公司最终决定斩仓、破产重组，用了将近两个月的时间；最终还是彻底改变既定方案而推倒重来。中国式的决策机制完全无法适应瞬息万变的市场，直接导致了在最高价位的斩仓，造成了 5.5 亿美元的巨额亏损。中国式的机制和模式入乡却不能随俗，更有甚者，在危机时自行其道，不适应当地状况，这不仅无助于解决危机，反而容易造成更大危机。此外，大型国企"走出去"，还容易遭到东道国误解，特别是对能源资源等领域的投资和并购，经常遭遇东道国的国家安全审查和阻挠。当年，中海油收购美国第九大石油公司优尼科公司时，就遭到了美国国会的反对。

第三个原因，就是中国还缺少优秀人才，尤其是适应市场机制的优秀人才。虽然当下"海归"数量不断增多，但同西方跨国企业相比，在国际化人才方面，我们还是相当落后的。人才是根本，企业最重要的资源便是人才。尤其是在"走出去"的过程中，能独当一面、熟悉当地情况的管理者，是极其缺乏的。在"中国航油事件"中，我犯的一个最主要错误就是用人错误。我在我的著作《地狱归来》中写过，事件发生后，"尽管我是极为诚实地实情实报，但是，事后我的同事的供词大多是虚假的，他们几乎都是怎么对自己有利，就怎么编造"。人心不齐，自然就有可乘之机，这是我得到的一个深刻教训。

当然，企业"走出去"面临的风险还有很多，比如，产品核心竞争力低、国际形势复杂、企业跨国经营经验不足、外国对华企业的歧视性待遇等。在此，我结合自己的经验与教训，针对风险防范和管控，提出一些建议。

第一，关键还是在人。要"走出去"，就必须具有国际化视野和思维，需要有精通外语、金融、法律等方面的复合型人才。无论是选派出去的人才，还是当地招聘的人才，都关系到企业海外项目的生死存亡。引进或培养人才，并通过合理配置实现人尽其才，是企业负责人管理海外项目首先要考虑的内容。

第二，要有制度，并且，要严格有效地执行制度。现在，中国企业都在讲求企业文化和企业理念，这些是精神层面软性的东西，可以更好地凝聚团队。但最根本的，还是要有一套完善的、可以和当地市场经济接轨的企业制度，并要保证制度得到刚性有效的执行。这样，在发生危机时，能一致对外，应对自如，而不是因为内耗，让外部竞争对手有可乘之机。

第三，要有好的形象。在中国企业"走出去"的过程中，还会不同程度地存在违反当地劳工保护法和环境保护法的不规范行为，一些企业甚至在海外还有行贿行为。这些不规范行为，不仅最终损害企业自身利益，也会破坏中资企业的整体形象，使其在海外面临的舆论环境和市场风险更加复杂。中国企业要想更好地融入当地，就必须更好地履行社会责任。

第四，危机处理。企业"走出去"，离开了自己如鱼得水的国内市场环境，面临的地缘风险、安全风险、经济风险、法律风险骤然增多。

特别是在法律风险方面，企业"走出去"面临的劳工、环境以及知识产权等方面的法律问题越来越多，使企业的经营成本不断提高。同时也要看到危机，危机处理好了便是转机。正如各级政府会有危机处理的预警方案一样，"走出去"的企业也同样需要。在危机来临时，高效、团结、及时地跟进市场变化、明确决策，才能化危机为转机。

第五，要有政府的护航。企业"走出去"，不仅需要海外领事保护，而且，简化对外投融资的审批也格外重要。中国的海外投融资政策与国际惯例存在不兼容的情况，中国企业融资审批时间过长、流程过于繁杂、融资利率高、融资期限短等，直接影响中国企业在投标过程中的竞争力。需要政府切实推进简政放权，为企业"走出去"松绑。

目前，中国综合实力不断增强，特别是"一带一路"倡议的实施，将进一步推动中国与其他国家的政策沟通、基础设施联通、贸易畅通、资金融通以及民心相通。"五通"的实现，将推动中国企业更加深入地嵌入国际市场，拥有更多更好的机会。随着中国企业国际化人才的培养和成长，加上"走出去"之后在海外的本土化经营经验的积累，中国企业在国际市场大舞台上的表现一定会越来越好！

第五章

# 他山之石

**第五章为本书的第五条逻辑：站在巨人的肩膀上——在模仿基础上的改进也是创新。**他山之石，可以攻玉。自从牛顿提出"站在巨人肩膀上可以看得更远"的论断以来，已经有无数的先贤和大师，在吸收前人和他人智慧的基础上，提升技术或改进商业模式，对经济发展和社会进步做出了巨大贡献。商业的逻辑之"站在巨人肩膀上"是商业成功的捷径。通过阅读本章第一节、第二节和第六节，我们会了解到为什么巴菲特不想别人把他视为"神"、李嘉诚有哪些"保守"的投资之道、孙正义有哪些人生经历与投资哲学。


　　巴菲特今天的财富是经年累月，逐步积累起来的。

——《"股神"是对巴菲特的曲解》

# "股神"是对巴菲特的曲解 [①]

陈九霖与巴菲特

2015 年 5 月，我应邀前往位于美国内布拉斯加州、人口不足 40 万的奥马哈小镇，参加沃伦·巴菲特旗下公司伯克希尔－哈撒韦公司

---

[①] 本文由作者的两篇文章融合而成：2015 年 11 月发表于《爱思想》的"'道'与'术'的结合"和 2015 年 5 月 20 日发表于《中国企业家》杂志的"'股神'是对巴菲特的曲解"。

50 周年股东年会。

而在此十五六年之前，我还在新加坡工作，中国航油公司战略投资部主任曾炜就曾在我面前提过巴菲特。他和许多人一样，称巴菲特为"股神"。记得有一次，他对我说："陈总，总有一天，你会成为巴菲特式的人物。"那时，我并不知道巴菲特是何方神圣，只是埋头展开国际大笔并购，希望像当时《中国企业家》杂志关于我的一篇封面人物采访报道中所说的那样，"买来个石油帝国"。因此，即使成为"神"，我也不希望变成一个"炒股票"的神。

后来，在我更多地了解巴菲特之后，才发现他并不是大众眼中顶礼膜拜的"神"，不是一个股票交易员，而是一个值得终身敬重与学习的人。

5 月 2 日的股东大会从早上 8 点半开始，一直持续到下午 3 点半。除了播放宣传片和午餐外，会议的主要内容是 85 岁的巴菲特先生以及他的搭档——91 岁的查理·芒格先生回答股东和其他与会者的提问。

会议一结束，巴菲特和芒格就不顾劳累，径直走到我们等候的209 小会议室，小范围地和我们交流。

我坐在第一排，巴菲特和芒格就坐在我的对面。交谈结束后，我们合影留念。当我把我的新书《地狱归来》送给巴菲特时，他亲笔签名并现场给了我一封事先准备好的贺函，表示"期待《地狱归来》英文版的问世"。芒格先生还特意摆好了姿势示意我拿着《地狱归来》与他合影留念。

在我与巴菲特近距离接触过后，我了解到他并不喜欢别人称他为"股神"。而当我面对面聆听他讲完自己的人生经历之后，我越发觉得，外界给巴菲特冠以"股神"称号，其实是对他的曲解，也是对他智慧的片面认识。

May 2, 2015

Dear Dr. Joseph Chen Jiulin,

Congratulations on the publishing of your new book, and I am looking forward to its English version.

Best Regards,

Warren Buffet

沃伦·巴菲特期待陈九霖博士新书《地狱归来》英文版问世

巴菲特出生于 1930 年 8 月 30 日。他的父亲曾是一个股票经纪人。在他 5 岁左右的时候，父亲就曾带他到纽约证券交易所参观，见到了很多做股票的人。受父亲的影响，巴菲特从小就格外具有投资意识，对股票和数字有着浓厚的兴趣。12 岁时，他购买了人生中的第一只股票，在该股票经历大幅下跌后开始回升的过程中，巴菲特卖出了该股票，并获得 5 美元的收益；但此后，该股票一路持续上涨。这一次的股票投资经历，使巴菲特获得了宝贵的教训：不要过于关注股票的蝇头小利与短期回报。

1947—1951 年，巴菲特先后进入宾夕法尼亚大学沃顿商学院、内布拉斯加大学和哥伦比亚大学学习。在 1950 年进入哥伦比亚大学学习时，他遇上了影响他投资生涯的老师——本杰明·格雷厄姆和戴维·多德（David L. Dodd），在老师们的影响下，他成为价值投资理论的坚定追随者和杰出实践者。[1]

## "股神"非神

不少人称巴菲特为"股神"的言外之意，似乎是把他看作一个"炒股票"的人，并认为他今天的成功有"神"一样的运气相助。事实上，巴菲特的经历并不是这样的。

他不仅在二级市场买卖股票，也在一级市场投资并购。比如，我那次所访问的伯克希尔－哈撒韦的全资子公司——商业资讯公司，就是巴菲特于2006年与原股东直接谈判而达成的并购交易。

我向公司CEO询问过当年的并购过程，得到的回答是："那次交易非常简单。"商业资讯公司的原股东年事已高，希望脱手，而巴菲特又看中了商业资讯公司充足的现金流，于是，买卖双方一拍即合，少了很多外界揣测的你来我往的拉锯式谈判。

此外，我还参观考察过被巴菲特并购的内布拉斯加家具商场。接待人员解释说，巴菲特看中了公司当时的规模，双方仅签署了一页纸的协议就完成了整个并购。而这个6000万美元的交易竟然是巴菲特第一笔并购交易。除此之外，巴菲特还拥有11家保险公司，他还亲自经营纺织厂十几年。所以，巴菲特实际上是"三位一体"：投资人＋企业家＋保险家。

如今，更多的人看到的都只是巴菲特成功的一面，却忽略了他艰苦创业的经历。深入了解巴菲特的人生经历才知道，他小时候送过报纸，买卖过土地，做过弹子球机的生意。他进行股票买卖是受做股票经纪人的父亲的影响（他的父亲后来通过竞选担任过参议员和众议员）。

似乎很少有人关注巴菲特成功背后财富积累的轨迹。他50岁时的财富是1亿美元，55岁时1.5亿美元，直到2008年78岁时资产才达到628亿美元，成为世界首富。所以说，巴菲特今天的财富是经年累月，逐步积累起来的。

在伯克希尔－哈撒韦公司成立 50 周年股东年会上，巴菲特用"滚雪球"来形容他今天的财富积累和其他成就："人生就像滚雪球，重要的是找到很湿的雪和很长的坡。"巴菲特还说："伯克希尔－哈撒韦公司的商业模式并不担心别人复制，因为它是历经长期艰难的发展历程才发展起来的。很多人没有耐心等那么长的时间。"

其实，巴菲特除了一开始受其恩师的影响而始终坚持价值投资理念外，他的商业模式也是不断摸索和完善的。他曾经很长时间把伯克希尔－哈撒韦公司当作一家纺织厂来经营，只是在经营过程中发现了机会才逐步转型发展成现在的投资控股集团。今天的伯克希尔－哈撒韦公司，资金充足，每天账上资金高达 200 多亿美元。但在创业初期，巴菲特也像现在的其他"创客"一样，四处募集资金，并屡遭挫折。1957 年，他还只是为几个亲戚朋友打理区区 30 万美元。当年，在泌尿科医生埃德温·戴维斯（Edwin Davids）等 5 个主要合伙人的帮助下才拿到 50 万美元的创业资金，其中，戴维斯医生拿出 10 万美元。1960 年，他又在心脏医生威廉·安格尔（William Ingres）的帮助下，通过多次演讲，进行类似我们今天所说的"众筹"，获得了 11 名医生的资金。

巴菲特也不是人们想象中的常胜将军，他也遭遇过多次重大的投资失败。他在 50 周年股东年会上说，他用股票收购过的一家英国公司，就曾损失了 60 亿美元。他也曾经历过几次股市下跌而导致的重大账面亏损。

巴菲特说，他不想别人把他视为"神"，希望他的精神能得以传承。巴菲特的智慧与人格魅力在全世界拥有万千拥趸，包括我在内。在我看来，学习巴菲特不能东施效颦，而是要学习他的精神内涵；不是学习如何达到他的财富高度，而是要触及甚至延伸他的思想深度。

## 巴菲特的"宏观"智慧

### 简单、低调的生活

巴菲特是个相当谦虚的人，大多数时间都过着简朴低调的生活，他形容自己的生活原则是"简单、老式"。我曾经参观过巴菲特位于奥马哈小镇的别墅，发现巴菲特的住宅很普通。有人说，如果折合成人民币，其实也就在 300 万元左右，比起其他美国千万、亿万富豪的富丽堂皇的居所，坐拥数百亿财富的巴菲特，实在是简朴至极。而且，巴菲特的别墅临街，实际上也就是一栋小楼，并不享有封闭道路、确保自身安全的特权。他的这种高调做事、低调做人的态度，促使他成为一个纯粹的人。[2] 几年前，一名中国大学生曾问他："如果 2012 年就是世界末日的话，你想怎么做？"巴菲特回答："我将依然和人们一起工作，我深深地热爱着现在的生活。"他常年承受着高强度的工作压力，但却看不出任何被工作摧残的痕迹；相反，他总是思维敏捷，精力充沛。他拥有"内部计分卡"，从来都是按照自己内心的做事标准和原则行动，他似乎是为独立而生的。[3]

### 不断学习，保持热情而积极的态度

巴菲特有一颗年轻的心，他总在不断地汲取新的知识。他的投资经验和知识体系，是通过"摸爬滚打"的"实战"不断积累而成的。在巴菲特没有确定自己的投资体系之前，他和其他绝大多数投资者一样，也是做技术分析、听内幕消息、看图表数据。在不到 20 岁时，巴菲特也炒"股票"。中学毕业后，巴菲特被劝说到宾州大学沃顿商学院念书，但却经常泡在费城的交易所里研究股票走势图和打听内幕消息。如果他继续那样，也许早已破产。但是，他并没有停下学习的脚步。在哥伦比亚大学学习期间，他开始逐步形成自己的投资体系。1957 年，著名的投资咨询专家菲利普·费雪（Philip A. Fisher）出版《普通股和不普通的利润》（*Common Stocks and Uncommon Profits*）一书，巴菲特读后曾亲自登门向费雪讨教。大概在 20 世纪 50 年代后期，巴菲特才逐步形成了自己的投资体系。[4]

### 博爱之心

巴菲特曾经告诉我们，他最崇拜的人是美国钢铁大王卡内基，他尤其喜欢卡内基的一句名言："人生最大的失败就是，死后还留有几百万美元的财富。"因此，巴菲特四处演讲，爱好写作，并散布财富。2006 年 6 月，巴菲特宣布将自己资产的 85% 捐给 5 个基金会，折合 310 亿美元；其中，在 2006—2015 年这 10 年间，巴菲特已经捐款约 173 亿美元。他在用实际行动践行佛教的"财布施、言布施、法布施"的传承与传经送宝之道，虽然他并没有佛教倾向。

每个人都应该有自己的人生感悟。我本人在走过天堂、地狱，经历成功、失败之后认为，我们每个人都应该认识到：送人玫瑰，手留余香。为人一世，要想得到别人的回报，必先想到自己做出什么样的付出；必须创造价值，自身拥有价值；生命不息，奋斗不止。在这些方面，巴菲特就是我们的榜样。

## 巴菲特的"微观"之道

### 股市投资

*1. 价值投资：着重关注企业的基本面，而非市场情绪*

正确的投资理念，对于在金融投资市场上取得良好投资回报非常重要。西方成熟证券市场上流行的主流投资理论有两种，一是市场有效理论，即市场会自动调节股价，使股价围绕均值波动，到低点的时候会由低走高，到高点的时候会由高走低，有一只"看不见的手"在调节。因此，进入股市应该紧密关注数字的变化，并随之改变自己的投资组合和策略。二是价值投资理论，即市场不是完全理性的，是有情绪的，投资应该注重企业的内在价值。巴菲特是典型的价值投资理论的践行者，而且，投资业绩享誉全球。

价值投资理念的核心，就是六个基本原则：竞争优势原则、内在价值原则、"市场先生"原则、安全边际原则、集中投资原则和长期持有原则。概括起来就是：只要公司的内在价值能够有令人满意的增长速度，那么，公司被认知成功的速度就并不那么重要；价值评估是价值投资的前提、基础和核心；要投资具有持续竞争优势的企业；买入股票价格的安全边际是投资成功的基石；集中投资于 5~10 家具有长期持续竞争优势且其价值被市场严重低估的企业股票。[5]

《巴菲特传》(*Buffett: The Making of an American Capitalist*) 一书的作者罗杰·洛温斯坦（Roger Lowenstein）说："巴菲特一生从未改变自己的投资模式，不论是 20 世纪 60 年代股市一派欣欣向荣的时候，还是杠杆投资盛行的 80 年代，抑或是金融衍生工具泛滥的 90 年代。巴菲特所寻找的一直是他的老师（格雷厄姆）所称的'内在价值'不会削减的投资真谛"。

巴菲特重视对市场的研究，但并不被市场所左右，他更重视目标企业的实际价值。他总是以公平合理的价格买入目标企业的股份。他的资本总是投资在精心挑选并具有良好成长性的公司里。而且，巴菲特在做出投资决策时，也非常看重被投企业管理人的素质和能力。他说："我和伯克希尔－哈撒韦的副董事长，也是我的老伙计查理·芒格，一直致力于通过全部持股或部分持股，来拥有一批竞争优势出众，且由杰出经理人领导的企业。"

从投资心理学来说，巴菲特的"投资而不投机"是出了名的。他购买一只股票，绝不在意来年就能赚多少钱，而是看重它是否有投资价值，更看重其未来 5~10 年能赚多少钱。他的一句口头禅是："拥有一只股票，期待它下个星期就上涨是十分愚蠢的想法。"巴菲特还说："我从不打算在买入股票的次日就赚钱，我买入股票时，总是先假设明天交易所就会关门，5 年之后才又重新开门，恢复交易。"

从投资对象方面来说，要投资那些始终把股东利益放在首位、前景看好的企业。与普通投资者只注重概念、板块、市盈率的投资方式不同，巴菲特总是青睐那些经营稳健、讲究诚信、分红回报高，且行业前景较好的企业，以此来最大限度地避免股价波动，确保投资的保值和增值。对于那些他不熟悉以及前途莫测的企业，即使说得天花乱坠，他也毫不动心。

巴菲特以翔实的历史数据证明了在 1899—1998 年的 100 年间，美国股市整体走势与 GNP 走势完全相背离。他还用实证研究证明，美国股市长期平均年复合回报率约 7%，但短期投资回报率会受利率、投资者预期收益率和心理因素的综合影响而不断波动。投资者不能完全看市场趋势，要看企业的基本面。这一观点继承和发扬了他的老师格雷厄姆的观点。

巴菲特的投资哲学是，寻找并利用企业内在价值与其股票价格之间的差异。这一理论的前提是，充分客观、正确地评估企业的真实价值，而非完全被市场所左右。

2. 稳健投资：长期持守，理智客观

长期持守是巴菲特的投资策略之一。只要他认为一家企业具有很强的价值增值能力，就会进行长期投资，即使这些企业的价值增值能力在短期内并不具有明显的优势，也不会影响其长期持守的态度。对此，巴菲特认为，以合理的价格买入并持有那些具有稳定且高水平收益率的资产，才是长期投资者应该做的。这是因为，具有长期竞争优势的投资对象，既能保持长期稳定、出色的经营业绩，使内在价值可以更容易地被识别与评估；而且，不断增长的价值，在长期内一定会被资本市场所认可。[6]

我十分认同巴菲特的理论：精心选择优质企业并做出投资之后，就长期持有。2009 年，我刚刚回国不久，就在中国平安股价为每股 30 元人民币（当时从每股 80 元人民币跌至 30 元人民币）的时候购入，并且，一直持有到今天。其结果至少至今是值得骄傲的！

可以说，巴菲特的长期股权投资思想，既是一种稳健获取合理回报的投资策略，同时，也提供了一种可持续发展的商业模式。

巴菲特在 2003 年购买中国石油的股票时，国际投资者对中国股票还不曾涉足；后来，在国际投资者对中国股票如痴如醉的时候，巴菲特早已经赚取了 2~3 倍的利润；而一直坚称不会卖掉中国石油股票的巴菲特，突然从 2007 年 7 月 26 日开始，多次减持其持有的中国石油 H 股股票，直至 2008 年 10 月中旬全部清仓。《华尔街日报》对巴菲特卖掉中国石油股票之举评论说："比起节节攀升的股价而言，将桌上看得见的钱装进腰包，总比天天看股价图来得实在。"

从一般意义上来说，长期价值投资，是在价值判断的基础上，分析所投资对象与股价的差异。在价值严重低于价格的基础上做出投资行为，并长期持守所投资的股票。在巴菲特看来，"投资必须是理性的"。他对其投资的企业，遵循长期持守的原则，大多持有 7~8 年，有的甚至持守超过 20 年。巴菲特曾说："我当然不会只为一个诱人的价格，就把某个由我喜欢和敬佩的人所经营的好公司卖掉。"这种精神显然是当下中国股市投资者所不具备的。

事实上，伟大的企业都是经得住时间考验，而慢慢熬出来的，只靠挣快钱是无法持久发展的。一些独具慧眼的投资人都在用行动告诉我们，投资要重视价值，要"放长线、钓大鱼"。李泽楷曾在 1999 年投入 220 万美元，买入腾讯两成股权。但不到两年，他就将这些股权以 1260 万美元的价格卖给了南非 MIH 集团。如果今天李泽楷手上仍持有腾讯两成股权，那么，李泽楷就是世界华人首富了。

此外，巴菲特对于不同类型的企业，持有期也各不相同。对于传统的重资产经营型企业，短期持有；他持股超过 10 年以上的企业，一般都是轻资产经营型企业。这些企业也是给巴菲特带来巨额利润的企业，比如，持有时间最长的《华盛顿邮报》，给巴菲特带来了 128 倍的收益。

3. 行业导向投资

巴菲特在明确自己能力范围的同时，还不断地扩大着自己的能力范围。我们可以看出，巴菲特对一些行业的了解，在于他本身就是一名行业的经营者。在股票投资方面，巴菲特的能力范围主要在保险、银行、传媒、消费品这四个方面。[7] 巴菲特早年主要是通过类似私募基金的形式募集资金，替别人管理财富，赚取盈利抽成。在发现很难找到明智、稳定、长期的合伙人等缺陷后，他于 1969 年解散合伙公司，转而主要利用保险公司的浮存金进行杠杆投资。巴菲特在2012 年度致股东的信中揭示了他偏爱保险公司的逻辑："保险公司先收后付，使我们持有大量的浮存金；浮存金在理论上最终要支付给投保人，但从远期看可以用于投资。"巴菲特的伯克希尔－哈撒韦位列"2016 年全球十大保险公司"的第六名。截至 2015 年，其在全球共有 11 家保险公司及 68 家非保险公司，员工共 36.1 万人。巴菲特很早就开始经营银行，银行之所以会成为他经营的目标，是因为在他看来，如果经营者做他该做的事，银行就能产生 20% 的净资产收益率。经营合伙投资公司时，巴菲特就开始投资报业。他持有时间最长的《华盛顿邮报》，30 年间为其带来了 128 倍的投资收益率。而对于消费品行业的投资，则是从喜诗糖果公司开始的。当时，喜诗糖果公司的净资产收益率是25%，巴菲特认为这一高收益率是由好声誉带来的。也正是基于这样的认识，巴菲特此后才能正确评估可口可乐的价格，以至于他于1988年购买了大量可口可乐的股票，而后他对于吉列的投资也同样是这个原因。[8]

巴菲特的行业投资理念，触发了我对互联网金融的一点感想。

近年来，互联网领域的投资风生水起，而对于互联网来说，投资也是关乎其成长与发展或者生死的重要桥梁。如果没有孙正义两笔共计8000万美元的巨额投资，马云不会取得今天巨大的成就；如果没有徐新当年3000万美元的投资，京东恐怕早已经灰飞烟灭；同样，如果不是在关键时刻李泽楷伸出援助之手，今天我们也就不知道QQ是什么东西了。

然而，互联网领域与传统企业领域的投资有着较大的差别，做法也不一样。我们在第一步选对行业进行投资的基础上，要敢于持守，学会持守。因为互联网企业不像传统企业几年之内就可能盈利，可能做大规模，所以，需要熬过一段时间。

总之，按照巴菲特的价值投资理念、长期持守理念和行业导向投资理念，投资人看一个企业，不是看它在市场上的近期表现，而是要看其内在价值。

巴菲特说："所选企业股票的售价要低于你所认为的价值，并且，企业要由诚实而有能力的人经营。你若能以低于一家企业目前所值的钱买进它的股份，对它的管理者有信心，同时，你又买进了一批类似该企业的股票，那么，你赚钱的机会就指日可待了。"巴菲特还说："如果你不愿意拥有一只股票10年，那就不要考虑拥有它10分钟。"

### 兼并与收购

在巴菲特看来，公司并购的动机十分简单，就是为了使企业的经济效益最大化，而不是盲目地扩大管理范围，或只是让账面数字看上去令人愉悦。

在经济效益最大化原则的驱使下，巴菲特所寻找的并购目标必须满足以下条件：至少是有 5000 万美元税后利润的大公司，并具备优良的管理条件；公司需要证明有持续盈利的能力；在少量举债或者不举债时，公司的净资产收益状况良好；公司从事易于其理解的业务；目标企业需要有明确的售价。[9]

受到巴菲特兼并理念的影响，我始终坚持以经济和社会效益最大化为导向，在担任中国航油（新加坡）股份有限公司执行董事兼总裁期间，除了使公司经营业绩大有起色并位列新加坡第四大上市公司之外，还策划和主导了一系列收购兼并活动，对中国能源企业在海外投资兼并，起到了借鉴与指导作用，探索出一条在不同文化背景下的投资并购之路。细数下来，我主导和参与的特大型投资并购项目总计 22 个，资本运作项目共计近 30 个。主要包括香港航煤供应财团、津京石油管线、天津国际石油储运有限公司、新加坡环球能源、阿联酋石油储备中心、华南蓝天航油有限公司、茂名水东油库等相关项目。

2002 年 7 月 23 日，浦东机场刚刚启用不久，在其未来效益还处于未知数时，中国航油便以 3.7 亿元人民币溢价收购上海浦东机场航油公司 33% 的股权，第二年便实现获利，平均年收益率为 26.46%。这项股权收益至今仍是中国航油最主要的利润来源。

2002 年 7 月 31 日，中国航油以约 1 亿新加坡元收购西班牙 CLH 公司 5% 的股权。截至 2007 年 1 月 24 日出售该股权时，中国航油共获得现值约 4 亿新加坡元的收益。年均收益率达到 40.89%，按实际出资额计算，投资总收益率高达 613%。

从这些亲身经历和操作的并购案例中，我对照巴菲特的并购案例与经验，总结出一个企业若要实现成功的投资并购，需要注意以下几点。

首先，熟悉环境，制订明确的收购计划。在并购谈判之初，中国企业应当制订明确的海外收购计划，包括战略评估和业务整合、交易结构、支付手段、支付节奏和风险防范的设计，以及并购后的经营方针、整合策略等。同时，还应该熟悉国际规则、国际惯例，了解和研究投资经营所在国的法律制度和文化。

其次，制定新的企业架构和发展战略。中国企业并购国际企业之后，面临诸多整合和管理问题。如果被并购企业的市场地位具有绝对优势，那么，并购方应当继续保持其独立发展和运作的格局，要在营销、品牌运作方面采取相对独立的模式，补充新的资源，使企业价值稳中有升，切忌将被并购的强势品牌纳入自身企业运作系统中，混淆品牌定位，甚至产生冲突，稀释强势品牌的价值。

最后，尊重被并购企业的文化差异。中国企业并购海外企业，不同的文化差异势必产生融合问题，如果处理不当就会影响双方的发展。并购方应该充分尊重被购企业的文化价值，在保持精神不变的基础上进行优化。如果并购方一味要求被并购企业文化融入其自身企业文化当中，难免会使被并购企业的价值受损。

## 公司治理

研究巴菲特的公司治理理念，有利于投资人选择优质企业及实行投后管理。我从以下两个主要方面说明巴菲特的公司治理理念。

1. 崇尚董事会制度，去中心化结构管理

根据伯克希尔－哈撒韦公司官网的披露，公司在选择董事时，会寻求那些十分正直、有商业头脑、以所有者为向导，并且真正对公司感兴趣的人。董事会可以根据需要随时成立不同的委员会。关于董事长和首席执行官的关系，巴菲特认为，董事会需要保证自身的客观性和公平性，并能在首席执行官缺席的情况下对其工作业绩进行考评。他甚至认为这是当今公司治理中最重要的环节。[10]

伯克希尔－哈撒韦公司的成功支柱之一便是去中心化。巴菲特所投资的每个公司，都由各自富有才华的管理团队负责日常工作，不需要巴菲特操心。这可以让巴菲特集中全部精力专注于资本配置的工作，这正是他的天才之处，也因此，伯克希尔－哈撒韦公司的组织结构比单一公司结构更加有力。威廉·桑代克（William N. Thorndike）在《商界局外人：巴菲特尤为看中的八项企业家特质》（*The Outsiders: Eight Unconventional CEOs and Their Radically Rational Blueprint for Success*）一书中指出："巴菲特发展了一种世界观，它的核心在于建立与优秀的人和企业的长期联系，避免不必要的频繁换手，以免打断复利增长的节奏，这对于价值创造至关重要。"[11]

2. 要求信息披露透明，职员具有坦诚的品质

在巴菲特的理念中，坦诚是最重要的品质之一。他认为，从公司的信息披露到员工个人，都需要具备坦诚的品质。公司主管的重要职责之一，就是看到公司出现不好行为时，尽可能提醒大家注意。此外，巴菲特高度赞扬那些能全面、真实反映公司财务状况的管理层，他们承认错误，也分享成功，对股东开诚布公。他尤其尊重那些充分沟通的管理层，并且，鼓励有勇气公开讨论失败的管理层。[12]

通过研究巴菲特，尤其是在 2015 年 5 月 2 日当面聆听他的教诲之后，我思考：除了在"术"的层面上学习巴菲特的"价值投资"理念、"长期持守"原则、不断完善的"股票投资＋实业并购＋保险金融"的商业模式外，还要在"道"的层面上学习巴菲特的"滚雪球"的心理、艰苦创业的思想、专注极致的作风、反哺社会的精神。最后也是最重要的是，创业也好，做人也罢，我们都要耐得住寂寞、孤独与冷落。在这个世界上，几乎 90% 以上的人都只看到眼前利益，却不会憧憬

未来的风景。殊不知，巴菲特熬过了多年的清苦才最终累积到今日的成就啊！

## 参考文献

[1] 李唯．巴菲特公司治理实践与思想研究 [D]．中国海洋大学，2012．

[2] 胡晓峰．巴菲特低调生活揭秘简朴的别墅豪宅 [EB/OL]．http://www.chinese-luxury.com/architecture/20110527/4159.html,2011-5-27．

[3] 时代周报（广州）．富豪巴菲特健康之道：简单而不装腔作势地生活 [EB/OL]．http://discovery.163.com/12/0304/07/7RO2DE1D000125LI_all.html, 2012-03-04．

[4] 巴菲特的投资哲学 [N]．招商周刊，2003-06-02．

[5] 陈长伟．巴菲特价值投资六原则 [J]．中国证券期货，2013（2）：17．

[6] 孟晓伟．沃伦·巴菲特投资实践研究 [D]．北京邮电大学，2010．

[7] 袁云松．试析巴菲特的股票选择 [D]．西南财经大学，2006．

[8] 同上。

[9] 李唯．巴菲特公司治理实践与思想研究 [D]．中国海洋大学，2012．

[10] 同上。

[11] 罗伯特．伯克希尔全球 80 多个子公司，总部却只有 23 人 [J]．中国机电工业，2015（6）：37-37．

[12] 罗伯特．巴菲特最看重公司管理层的哪三种特质 ?[J]．中国机电工业，2015（5）：76-79．

# 李嘉诚的"保守"投资之道[①]

陈九霖与李嘉诚

2015 年 8 月 19 日，胡润研究院发布了 2015 全球华人富豪榜。61 岁的大陆首富王健林首次超越 87 岁的李嘉诚，成为全球华人首富。尽管李嘉诚在华人富豪榜屈居第二，但这并不影响我对李嘉诚先生投资之道的推崇和敬仰。

李嘉诚少年逃难至香港，从做塑料花起家，打造了如今强大的商

---

① 本文于 2015 年 8 月发表于腾讯网，原标题为"'超人'李嘉诚的投资之道"。

业帝国；他纵横商海数十年，经历了互联网泡沫的破灭、2008年国际金融危机和随后的欧债危机，曾经连续15年蝉联全球华人首富，至今仍是华人企业家中的不朽传奇。

李嘉诚先生的成功绝非偶然。"运筹于帷幄之中，决胜于千里之外"，是他高屋建瓴式的投资风格；而其投资之道则可以从以下三个方面管窥一斑。

## 花90%的时间来考虑失败及应对之策

李嘉诚做事向来深谋远虑，三思而后行。李嘉诚说："当我着手进攻的时候，我要确信，有超过100%的能力。换句话说，即使本来有100%的力量足以成事，我也要储足200%的力量才去攻，而不是随便去赌一赌。"在谈到自己的决策过程时，李嘉诚说："抱最大的希望，为最大的努力，做最坏的打算。"

近两年来，李嘉诚在电信业务上步步为营，逐渐建立起欧洲电信王国。2015年初，李嘉诚斥资103亿英镑收购英国移动运营商，这是他迄今为止做出的最大手笔的收购。这家公司与和记黄埔旗下另一家英国移动运营商Three合并，成为英国最大的电信运营商。而在欧洲大陆南端，李嘉诚与俄罗斯VimpelCom公司达成协议，将两家公司的意大利电信业务合二为一，成为意大利用户数量最多的电信运营商。协议双方在谈判问题上花费了相当长的时间，以至于让关注者一度误以为该交易没有希望，但最终双方却达成了共识。据测算，合并后，李嘉诚的长江和记实业有限公司每股净资产价值增长9%。

一般来说，电信业的业务回报率只有5%，但一旦拥有了可观的市场占有率，电信公司的回报同样可观。20多年前，李嘉诚就投资了英国移动业务，1993年他为了收购移动网络Orange，前后共投资84亿港币。当时，很多人对此并不看好，但这个项目覆盖了英国 98% 的人口。如此庞大的市场占有率最后引来了买家——1999 年，德国曼内斯曼钢铁公司以 1180 亿港币买下了它。从 1993 年的 84 亿港币买入，到 1999 年的 1180 亿港币卖出，每年的回报率高达 39%，与李嘉诚在地产、基建等项目上的回报率不相上下。李嘉诚深谋远虑的企业战略由此可见一斑。

2003 年，郎咸平与李嘉诚举办了一期论坛，论坛上有人提问："李先生，您成功的关键是什么？"他的回答只有两个字——"保守"，令全场嘉宾感到震惊。李嘉诚一向善于谋篇布局，谋定而后动，是一个"花 90% 的时间来考虑失败及其应对之策"的卓越商人。

## 顺势而为，撤资内地房地产

我们要向李嘉诚学习做势。所谓做势，就是指认清形势，顺势而为。1997 年香港回归前后，李嘉诚抓住了时机，加大对中国内地的投资；同样，自 2014 年以来引发国人关注的撤资内地、投资欧洲、公司改组等，都是在做势。其多次出售内地物业，是多种因素综合的结果，而最终目的都是保证投资回报率。

那么，李嘉诚如何研判当前的中国市场形势呢？我们在此以房地产市场为例来进行分析。

首先，内地地价升高。近几年，李嘉诚基本上没有在内地拿地，主要原因之一就是地价太高。大型港资房地产企业，多年来一直布局一线城市和少数核心二线城市；但近几年这些城市的房价与地价持续快速上涨，而且，地价涨幅高于房价。尤其是在 2011 年之后，三四线城市持续低迷，大开发商被迫调整战略布局，重归一线城市，宅地竞争异常激烈，"面粉贵过面包"成为常态。

其次，囤地不易。李嘉诚在内地的投资项目多是"慢开发"模式，常常需要开发很多年，其开发周期远长于行业平均水平。近几年，内地的土地调控与管理趋严，项目久拖不建或久建不成，可能遭遇政府收回土地等严厉惩罚。相比之下，将土地出售所带来的收益却很可观。以2014年出售的东方汇经中心为例，71.6亿元人民币的售价是当初拿地价格的8倍多。

最后，港资企业优势不再。20世纪90年代，内地的城市建设与房地产开发，缺资金、缺经验、缺技术，当时港资开发商都是市长、书记的座上宾。因此，港企常常能以非常优惠的地价和其他条件，获得优质项目。而1998年房改之后，内地房地产市场快速发展，培育和催生了一批内地大型房企，尤其在近些年，万达、万科、绿地、恒大、中海、保利等迅猛发展，在如今的地产巨头俱乐部中，已经鲜见传统港商的身影，传统港企拥有的比较优势已经消失。

此外，中国经济进入新常态，经济由高速增长进入中高速增长，内地投资机会与价值相比过去20年减少了；政商关系格局发生重大变化，等等，都影响了李嘉诚对内地投资的决策。

在以上背景下，撤资则为李嘉诚的下一步投资预备了上千亿资金。那么，近期李嘉诚又为何选择英国等欧洲国家作为投资重点呢？仍然以房地产行业为例，与中国相比，如今欧洲具有更加有利的投资环境。

首先，永久产权。国内房产的产权仅有70年，而欧洲房产是永久产权，不受国家政策影响。若房产质量好，投资者买下房产后可以子孙代代相传，成为一笔真正意义上的"不动产"。

其次，有更加稳定的回报率。中国楼市存在泡沫化倾向，投资风险大并且回报率低，欧洲房产相对而言则投资稳定、门槛低、回报率高。

最后，欧债危机带来新契机。为了恢复经济，欧元区实行了量化宽松政策，欧元下跌，也造就了新一批的投资风潮。以葡萄牙、西班牙、意大利、塞浦路斯、希腊为首的购房移民，以匈牙利、英国为首的国债移民，受到了国内高净值人士的青睐。

除了房地产，李嘉诚投资的英国电网、天然气、水厂等基建项目，同样具有稳定的高回报率。作为一名精明老练的投资家，李嘉诚很清楚要时刻谋篇布局、顺势而为。

## 80% 的人认为是商机的，肯定不是商机

李嘉诚有一句名言："如果 80% 的人认为这件衣服漂亮，那么，我肯定会买这件衣服。但是，如果 80% 的人认为这是商机，那我肯定不认为它是商机，肯定不会做这方面的事情。"这就是他的独立思考精神。

此外，李嘉诚经营之道中还有很重要的一点，即降低企业负债，保证手中有充足的现金流。前面提到，李嘉诚自认为成功的关键在于"保守"，这也是他与众不同之处。

中国有不少地产企业资本负债比接近 100%，这一数字其实是非常危险的。一旦遭遇市场波动，就可能面临资金链断裂的风险。而李嘉诚，无论是欧洲电信业的巨额投资，还是全球房地产市场布局的调整，在他挥洒自如的大手笔中，无不显示出谨慎、稳健、谋定而后动、善于布局并步步为营的投资战略。

# 与诺贝尔奖得主费尔普斯谈中国经济 ①

陈九霖与费尔普斯

　　2013 年 9 月 24 日，我在美国纽约 Downtown Association 俱乐部与 2006 年诺贝尔经济学奖获得者埃德蒙·费尔普斯（Edmund Phelps）进行了一次谈话，提到了中国经济的发展现状与前景。

　　费尔普斯出生于 1933 年，现任哥伦比亚大学终身教授。费尔普

---

① 本文于 2013 年 11 月发表在《中国经营报》上。

斯最主要的贡献就是重新分析了宏观经济动态最优路径，他被誉为"现代宏观经济学的缔造者"。为了表彰他在经济增长理论方面和通货膨胀预期失业率上所做的突出贡献，瑞典皇家学院诺贝尔奖委员会于2006年授予他诺贝尔经济学奖。

费尔普斯说，中国经济确实取得了巨大成就。这些成就主要源于两大战略的设计与实施：一是将低成本的劳动力转移到东部比较发达的地区，创造了人口红利，促进了经济发展；二是从西方发达国家获得了技术转移，从而取得了先进的生产要素。中国经济发展到今天，面临着两个巨大的挑战：一是如何缩小贫富差距，二是如何将现有的经济体制转化为富有创新活力的体制。虽然中国目前有大量受过高等教育的人才，如清华、北大等高校毕业生，但是，他们并没有去创业，而是从事一般国有企业雇员或者公务员的工作，这是中国人才的极大浪费。

对于中国经济结构的调整，费尔普斯认为，中国一直徘徊在是"国进民退"还是"民进国退"的道路上。中国应该放弃以所有制划分企业的传统思路，转而走第三条路，即按照"现代价值"构建新型的经济关系。

他解释说，所谓"现代价值"，指的是创新、个体、追求新生活。现代商人应该具有企业家精神，而企业家精神的核心在于勇于创新，给社会提供就业机会，创造社会价值，而不是单纯追求经济收益。从这个意义上来说，中国应该支持思路开阔、观念新颖、富有创造性的人才和机构，并给予金融和政策等方面的扶持，尤其是要支持大学生创业。这样做，国有企业才不会受到大的冲击，而私营企业，尤其是创新型企业，也会得到较快发展。在欧美发达国家中，国有企业在企业总量中的占比均小于10%，其余的都是私营企业，这些私营企业是支撑国家经济增长最直接的动力。

一起参加对话的道格拉斯先生以印度 Infosis 公司的例子来支持费尔普斯的理论。Infosis 是世界著名的 IT 服务公司。根据道格拉斯的介绍，该公司的老板每年都拿出相当数量的利润，交给有创新能力的员工，让他们去自主创业。但要遵守以下三个原则：一是获得资金的创业者，必须在公司主营业务以外的新领域自行创业；二是脱离公司独立创业，业务不得与公司发生联系；三是创业资金超过额定 50 万美元的部分由创业者自己从市场融资。通过这种途径，Infosis 培养了大批创业人士。

Infosis 公司的老板在解释他为什么这么做的原因时说道，他家有 3 个儿子，大儿子的事业得到他充分的支持，甚至被他大包大揽；二儿子和三儿子，他都按照上述对待员工的方法，让他们自己探索创业。结果，二儿子和三儿子的事业都比大儿子成功得多。道格拉斯用这个例子做比喻说，国有企业就好比大儿子，而富有创新精神的私营企业就像是二儿子和三儿子。

费尔普斯认为，经济发展既不能画地为牢，刻意追求什么模式；更不能刻意反对什么西化，无论是中国经济的发展还是美国经济的进步，都必须根据不断发生变化的市场情况做出相应的调整。

他强调说，其实美国一路走来也从未有过一成不变的模式。因此，不要固守所有制的分野，应该更关注谁最有创新意识和创新精神。如果私营企业有创新精神，政府就应该支持私营企业；如果国有企业有创新精神，政府就支持国有企业。不管是国有企业还是私营企业，都是中国经济发展的重要支柱，两者都会对国家经济做出重要贡献。

参加对话的一位美国人士援引了当年英国、法国、西班牙等欧洲国家通过征服世界发展经济的史实，并认为两次世界大战同样促进了世界经济，因此，他不认为按"现代价值"构建新型的经济关系是一条出路。费尔普斯对此回应说，和平是世界的主流，战争是对世界和人类的摧残。在和平的环境下，按照"现代价值"构建新型的经济关系，顺应时势与市场，可以促进经济的持续发展。

在谈及中国的金融改革时，费尔普斯说，中国金融业只有增加透明度，才能获得世界的认可。中国政府在参与经济管理的时候要把握好"度"，要有所为而有所不为，国家在中小企业金融融资方面，应该给予更多的支持和帮助。

# 看"投资大鳄"罗杰斯如何获利 [1]

陈九霖与罗杰斯

2014 年 6 月 28 日，在北京大学的安排下，我和国际投资大师吉姆·罗杰斯（Jim Rogers）在上海进行了一次两人面对面为时一整天的公开对话。

1970 年，罗杰斯与索罗斯共同创立量子基金，10 年间年均收益率超 50%。1980 年，罗杰斯从量子基金退出后，开始了自己的全球投

---

[1]  本文于 2015 年 8 月发表于腾讯网"证券研究院"，原题为"货币贬值！看投资大鳄罗杰斯如何获利"；此处略有删减。

资，先后投资博茨瓦纳股票市场，创立罗杰斯国际商品指数（RICI），投资上海 B 股等。罗杰斯的每次出手都称得上是世界股市与投资领域的成功范例。

罗杰斯是个具有争议的投资人，他的投资战略和行为被很多人误认为是投机套利。但是，经过多次面对面的交流和了解之后，我发现他其实是一个谨慎、善于伺机而动的价值投资者。他不止一次地告诉其他投资人："你应该耐心等待时机，赚了钱就获利了结，然后等待下一次的机会。""做自己熟悉的事情，等到发现大好机会再投钱下去。"

巴菲特对罗杰斯的评价极高，称罗杰斯"对市场大趋势的把握无人能及"。

罗杰斯向来看多中国市场，认为中国正处在快速发展之中：城镇化建设方兴未艾，农村经济产业化步伐加快，中国西部正在释放出巨大的发展潜力，这些都将有力地拉动中国的投资和消费。罗杰斯多次表示，中国不仅自身具有无限的投资潜力，更会带动世界商品市场出现一轮大牛市。为此，他在历次访谈中均表示，自己从未卖出过任何在中国买入的股票，只会在恰当的时机增持。他会把这些股票留给女儿，等四五十年后再去验证这些股票的价值。即使在 2015 年遭遇中国股灾时，罗杰斯还是一如既往地表达了对中国股市的信心。他说："每当市场暴跌的时候，我就会在中国买进股票。我不知道股市是否已经见底，但历史证明，在市场恐慌时买进是不会错的。"恰在此时，罗杰斯不仅没有做空，更是从 7 月 8 日开始，又买入中国股票，"如果价格再下跌，我会买入更多"。

因为与中国有着不解之缘，罗杰斯的一言一行成了中国股民最常炒作的概念之一，受到广大中国投资人的追捧。此外，他还出版了《中国牛市》一书，向国外投资者推荐中国股市和股票。

## 罗杰斯的投资经验

罗杰斯的行动和言论往往成为市场的风向标和定心丸。有人把他视为和巴菲特、索罗斯齐名的全球三大投资家之一；但也有人说他制造共识，谋取个人利益，是个"大忽悠""大骗子"。但不管怎样，我个人认为罗杰斯的许多投资理念和经验依然值得借鉴，至少有以下几个方面值得我们学习。

### 独立思考，避免"羊群效应"的负面影响

"羊群效应"也被称为"从众效应"，是指个人的观念或行为受真实的或想象的群体影响，而向与多数人相一致的方向变化。这一效应在股票市场表现得尤为明显。罗杰斯认为投资不应该随波逐流，而应该根据自己的判断做出理性的选择。

1984年，奥地利股市暴跌至1961年的一半，但当时外界极少对其进行关注。罗杰斯注意到这一点，并亲往奥地利考察。经过缜密的调查之后，他购买了大量奥地利企业的股票与债券。1985年，奥地利股市绝地反弹，股市指数暴涨145%，罗杰斯斩获颇丰，他也因此被称为奥地利"股市之父"。

罗杰斯说："牛市是建立在翻越恐惧之墙的基础上的。需要每个人都有点恐惧，股市才会越升越高。但如果每个人都信心满满而且相信不会有任何问题时，那就真的有问题了。当市场触底后，股市就通过更加理性、更加温和的方式来上涨，这种上涨会更加持久。"

### 投资并非赌博，投资之前应做好充足的准备，三思而后行，谋定而后动

罗杰斯建议投资者不应轻信股评人或一些投资大佬的言论，而要

在深入了解一个市场后，在某一领域做好功课。一定在仔细分析公司的基本面、财务报表和政府政策之后，才能采取投资行为，而且，要强化自己的优势领域。他说："投资者要从他所了解的、感兴趣的行业入手，这样就可能会很早意识到相关市场的变化趋势，无论年轻的还是经验丰富的投资者，都必须在投资前做足功课。"

罗杰斯还同时归纳了成功投资者的特征："投资者的资金和精力要持续放在其所决定的事情上，哪怕意味着必须放弃一些东西，这些都是获得财富的代价，'坚持'是投资者必须具备的素质。"

### 投资战术应有侧重点

罗杰斯认为，在挑选股票时不应该只考虑这个企业在下一季度的盈利，还应考虑整体的社会经济环境对这个企业所在行业的宏观影响。因此，短线投资和长线投资的战术侧重点应有所不同，短线投资更看重盈利，长线投资应该更注重长期性的政策变化和经济趋势对企业所在行业的影响，一旦有利好趋势，就要抓住机会进行操作。

比如，1974 年，美国生产飞机和军用设备的洛克希德公司的利润大幅下降，坊间纷纷传言其即将破产。罗杰斯却看到在"冷战"期间，美国与苏联两大国军事技术的较量必将愈演愈烈，美国政府必定会将巨大的注意力放在生产最优良的国防设备上，洛克希德公司也将会得到美国政策性的大力支持。果然，洛克希德公司股票后来大涨，股价从 2 美元飙升到 120 美元，罗杰斯也因为做多洛克希德公司而赚取了丰厚利润。

### 跟着政府的方针政策走

在我与罗杰斯的公开对话中，他给我印象最深的一句话是："在中国投资，我一定会紧跟着政府走。中国政府比我聪明，比我有钱，它把钱投放在哪里，它愿意在哪个行业上花钱，我就把钱放在哪里。"

此外，罗杰斯也提倡发挥市场自身的作用。他说，中国政府对于股市可以起到一定的维稳作用，但市场最终会找到自身的平衡点。

### 格外懂得从失败中汲取教训

罗杰斯毫不讳言地说："我有过很多失败的经历。"

他自己列举的第一个例子发生在 1980 年。当时油价很高，罗杰斯预测两伊之间不会有战争，可不久伊朗和伊拉克就开火了，油价首次一举突破 30 美元 / 桶。罗杰斯当时是卖空，结果亏了不少钱。他回忆道："其实，如果我当时稍微注意研究一下，是可以提前预测到它们是要开战的，当时肯定会有人知道这方面的信息。后来我迅速平了仓，但这又是一个错误的决定，如果我能坚持下去，情况就不一样了。"

罗杰斯告诉大家，当股市投资遭遇挫折时，不要过于惧怕。"年轻时，我就知道失败并不是可怕的事情，有可能教会你了解自己、了解世界。当你失败了，你不要担心，这对你是一个非常好的经验。不过，经历失败绝对不是一件愉快的事情，我遭遇损失时也非常痛苦，但要记住，我们要从痛苦中学习。"

# 跟沙特王子学"炒股"①

　　和巴菲特一样，沙特王子阿勒·瓦利德（Al Waleed Bin Talal）也是一位成功的价值投资实践者。不过，瓦利德王子更擅长投资处于困境中且本身实力不凡的大公司，他也因此被称为"拯救者"和"白马骑士"。

　　价值投资理念，指的是通过对股票内在价值的分析，并与股票价格比较来决定股票买卖策略的一种投资理念，其核心依据是股票的内在价值。瓦利德王子进行价值投资的方法之一，就是找到那些遭遇"黑天鹅"事件但本身实力并没有什么大问题的公司，例如，发生了资金流动性问题、资产重组、管理层变动、品牌价值遭遇突发性危机的公司等。他最著名的投资案例是 20 世纪 90 年代初对美国花旗银行的投资。

　　1989 年秋，花旗银行在房地产贷款中损失惨重，被美国联邦储备委员会敦促增加资金储备，但它一时无法吸引高达十多亿美元的投资。人们对其产生可能破产的恐惧，导致花旗银行的股票连日暴跌。这时，

---

① 本文于 2015 年 7 月发表于腾讯网"证券研究院"，原题为"跟沙特王子学'炒股'，价值投资乃大势"；此处略有删减。

低调的瓦利德王子以每股 12.46 美元（总价 2.07 亿美元）买下了花旗银行 4.9% 的普通股。1991 年 2 月，他又斥资 5.9 亿美元购入花旗银行优先股。两次购股之后，他在花旗银行的股份上升到了 14.9%。随着资金危机的解除，花旗银行的股票价格扶摇直上，瓦利德王子一鸣惊人，名利双收。

除此之外，瓦利德也格外重视全球化背景下的新兴产业。比如，近年来，他开始对电子商务和科技企业进行投资。他投资的亚马逊、易贝（eBay）等网络公司，均为他带来了较高的收益。2011 年，瓦利德向美国社交网站巨头推特（Twitter）投资 3 亿美元；2013 年底，他表示其对推特的投资已赚了 3 倍，投资资产市值达 12 亿美元。

瓦利德还将投资范围拓展到亚太地区，而中国正是他的重点市场之一。比如，2013 年，瓦利德的王国控股公司对京东投资 1.25 亿美元，并积极推动京东上市。京东也未令瓦利德失望，上市第一年即 2014 年就实现交易额 2602 亿元人民币，同比增长 107%。与此同时，瓦利德的王国控股公司也是香港迪士尼乐园的投资方之一。瓦利德王子投资涉猎范围包括金融、地产、酒店、传媒、零售和互联网等。

有些人可能认为，瓦利德王子的成功主要得益于其良好的家庭条件。如果真的这么想，那就大错特错了。

瓦利德和沙特其他王子截然不同，他有着相对坎坷的童年。瓦利德王子的父亲塔拉尔王子是沙特开国国君伊本·沙特的儿子，曾担任沙特驻法国大使和沙特财政大臣。但是，塔拉尔王子年轻时不顾王室反对，娶了黎巴嫩共和国第一位总理里亚德·索勒赫的女儿莫娜。瓦利德 5 岁时，父亲因与王室闹翻，被"流放"埃及。后来，塔拉尔与莫娜离婚，瓦利德跟随母亲居住在黎巴嫩。瓦利德"不纯正"的血统，让他经常受到其他王子的嘲笑；他的出身也决定了他没有机会登上沙特的政坛。大学毕业之后，瓦利德王子从父亲那里获得 3 万美元，并抵押了父亲送给他的一栋房子。靠着这些资本他做起了贸易代理和承包生意。后来，他在利雅得买下大片土地，火爆的房地产市场让他大获成功。最终，他成立了王国控股公司，并将商业触角伸向众多领域。尽管瓦利德王子在成功之后可能获得王室的关照，但他无疑是靠个人奋斗取得其在商业上的成就的。

曾任花旗银行董事长的约翰·里德先生称赞瓦利德为"极有耐心的投资家"。而耐心，正是价值投资者必须具备的核心品质之一，因为价值投资一般都要忍受超长时间等待的煎熬。

当然，正确的价值投资还要求投资者具有敏锐而长远的眼光和超出常人的分析能力。巴菲特曾说："我当然不会只为一个诱人的价格，就把某个由我喜欢和敬佩的人所经营的好公司卖掉。"同样，瓦利德王子的投资也并不总是追求短期的回报。几年前互联网泡沫破灭之际，曾大举买入网络股的他也屡屡被套，瓦利德承认短期蒙受了损失，但他仍然很少抛出他看好的股票，并一再强调自己是一个"长期投资者"。

价值投资不仅仅是简单地长期持有某家公司；相反，它对投资者的投资能力提出了更高的要求。真正的价值投资者不但对公司的经营业务、管理层素质和财务状况非常熟悉，还对未来的行业趋势有准确的判断。所以，价值投资是一种积极投资，要求投资者积极地对一个企业的内在价值进行评估，从而判断出价格与价值是否发生了偏离。

# 看孙正义如何在股灾中逆袭 [1]

狄更斯在《双城记》中如此写道："这是最好的时代，这是最坏的时代；这是智慧的时代，这是愚蠢的时代；这是信仰的时期，这是怀疑的时期；这是光明的季节，这是黑暗的季节；这是希望之春，这是失望之冬；人们面前有着各样事物，人们面前一无所有；人们正在直登天堂，人们正在直下地狱。"如何理解狄更斯的这段话呢？也许看过以下这个人的人生经历，我们就会有所感悟。他就是孙正义，即投资了阿里巴巴、雅虎、盛大、新浪、网易以及人人网、携程网、PPTV 等知名互联网企业的日本投资人。

其实，在投资阿里巴巴之前，孙正义就已经是一名眼光卓著的互联网投资者了。当时，因为其投资了美国雅虎、UT 斯达康等企业，他的身家一度直逼比尔·盖茨，距离世界首富仅一步之遥。

然而，1999 年，美国互联网经济开始出现失控局面。2000 年，美国纳斯达克指数遭遇互联网泡沫的破灭；截至 2000 年 11 月底，纳斯达克指数跌破 2600 点，较 9 个月前 5132 点的历史高位下跌近

① 本文于 2015 年 8 月发表于腾讯网"证券研究院"，原题为"股灾中如何逆袭？或许可以看看孙正义"；此处略有删减。

50%。新浪网股价跌至 1.06 美元，搜狐跌至 60 美分，网易上市当天就跌破发行价，一度跌至 53 美分，思科的市值从 5792 亿美元急剧缩水至 1642 亿美元，亚马逊的市值从 228 亿美元跌至 42 亿美元，雅虎的市值更是从 937 亿美元跌至 97 亿美元。萧条过后，破产的互联网公司"尸横遍野"。孙正义自己的软银公司股价一度下跌至原来的 1%，孙正义本人也因此负债累累。创业 20 载，孙正义又回到了原点！

不仅如此，他身患严重肝炎，曾数次死里逃生；他在创业道路上也曾跌倒无数次，以至于连他自己都说："我所做的绝大部分事情都失败了，包括投资的公司。"

在看不清大势和方向之时，孙正义的同行纷纷撤离互联网行业，只有他毅然决然地选择了坚守。

"对于其他人来说，创业投资互联网可能是赌博，可是对我来说，这并不是赌博，而是一种信仰。我不光把一条腿站进去了，而且，还把两条腿都站进去了。未来虽有挑战，但定能打开未来之门！没有任何挑战就能面对未来者，要么是前人栽树，后人乘凉；要么是纯属运气，恐怕也不能长久。"总结自己的互联网投资生涯之时，孙正义这般说道。

对于自己的耐心，孙正义还说："我等果子长成熟了再摘，否则一是不好吃，二是吃了会消化不良，会拉肚子。"他还说："成功不会仅仅几年之后就降临，它需要多年的努力。"孙正义的话也印证了商界流传的一个说法：不管你在做什么，只要能坚持 8 年都会有收获。

2014 年 9 月 19 日，马云的阿里巴巴在美国纽约证券交易所上市。伴随钟声崛起的不只是马云的商业帝国，孙正义的财富也呈现了爆炸式增长，因为孙正义创建的软银集团是阿里巴巴最大的股东，持股 34.4%。15 年前，孙正义的软银集团对当时刚刚起步的阿里巴巴投下了 2000 万美元，而后在全球互联网冬季，孙正义雪中送炭，再次出手，追投 6000 万美元。阿里巴巴上市之日，这两笔共计 8000 万美元的投资所占的股份估值约 580 亿美元，孙正义因此一跃成为日本首富。

除了孙正义所说的"广撒网多捞鱼""等果子长成熟了再摘"的投资策略之外，软银还创立了这样一种投资模式：投资一家在某一方面领先的公司，然后把它推到资本市场上并少量套现，套现额以收回投资并有部分利润为度，此后再用投资收益实现再投资、再套现。这种做法既体现了他"长期投资互联网"的战略，又从总体上有效地控制了投资风险。

另外，孙正义的个人品质也在企业发展中起到了不可磨灭的作用，尤其是在举步维艰的创业初期。在 1981 年刚刚创立软银时，由于软件销售不佳，东芝和富士通等企业的投资面临遭受损失的危险。这时，孙正义一肩扛起了所有责任，把投资资金退回给了各大财团，因此，得到了事业伙伴的信任。后来，他创办的电脑杂志再次面临滞销困境，退货率高达 85%，谁也不曾想到，他反其道而行之，加印册数，大做宣传，最后 10 万册杂志售罄。正是这种敢于担当、坚韧不拔的意志，最终帮助孙正义渡过难关，取得巨大的成功。

美国《电子商务》杂志曾经这样形容孙正义："孙正义对电脑的情有独钟像比尔·盖茨；在风险投资领域，他重拳出击颇有乔治·索罗斯的风范；在选择出手的对象上，他又有点当今世界上最杰出的证券投资者沃伦·巴菲特的味道——制胜之道在于做足功课，然后果断采取行动。"

孙正义也曾说："我创建的软银，就是互联网世界里的伯克希尔-哈撒韦。"如同巴菲特一样，孙正义也绝对不是一个投机者。他集投资人和企业家于一身，坚持价值投资，并长期持股；他既有谨慎的投资风格，又敢于冒险，并能够抓住时机重拳出击。

总结孙正义的人生经历与投资哲学，至少有以下几点值得我们中国投资人借鉴与学习：

第一，把握好结构性趋势，即长期大趋势，看准有成长性的行业果断介入，并充分利用世界各地发展的差异性抢占先机；

第二，坚守自己投资的行业，坚持信仰而不被短期的市场震荡波动所动摇；

第三，坚持投资与实业相结合，有效地防控风险；

第四，要具有敢于担当、坚韧不拔的品质。

我们投资人若能秉承孙正义的投资理念，那么，这就是最好的时代，这就是智慧的时代；这就是光明的季节，这就是希望之春。

# 马云的"悲哀" ①

陈九霖与马云

　　北京时间 2014 年 5 月 7 日凌晨，阿里巴巴集团向美国证券交易委员会递交了 IPO 招股说明书。至此，中国排名前十的互联网公司——腾讯、阿里巴巴、百度、网易、搜狐、新浪、奇虎 360、盛大网络、

---

① 本文于 2014 年 5 月发表于新浪财经，此处略有删减。

巨人、完美世界——无一例外地都选择了在中国大陆以外的证券市场上市；而且，除腾讯选择在中国香港外，其余都选择了在美国上市。

中国排名前十的互联网公司以及其他不少优质企业，为何要远走他乡谋求异国上市呢？这一现象的背后又有着怎样的无奈与悲哀呢？

## 阿里巴巴是不是个好项目？

在此当口儿问及阿里巴巴是不是好项目，无异于评价沉鱼落雁闭月羞花的西施、王昭君、貂蝉和杨玉环是不是美女那样滑稽可笑。且不论其他，仅以阿里巴巴此次上市可能达到的市值而言——有关分析机构称，阿里巴巴集团估值在1500亿~2500亿美元——这样的企业，岂止良好！

然而，阿里巴巴背后的投资人却主要是外国人。1999年，马云创立阿里巴巴之后，第一笔天使投资500万美元是来自由高盛牵头，并联合美国、亚洲、欧洲一流的基金公司 Transpac Capital、Investor AB 和 Technology Development Fund 等组成的风险投资团。阿里巴巴集团最新的招股说明书显示，马云仅持股8.9%，日本软银集团持股34.4%，雅虎持股22.6%，这两家境外机构合计持股高达57%。其中，日本软银集团在阿里巴巴发展早期为其注入两笔风险投资：2000年2000万美元，2004年6000万美元。阿里巴巴上市之日，这两笔共计8000万美元的投资所占的股份估值约580亿美元。

阿里巴巴的情况并不是个例，中国互联网企业巨头中，腾讯如此，百度如此，新浪亦是如此，即都是由外国人或外国机构控股。在创立和成长过程中，它们没有得到国内投资人的多少支持，以致最后它们都不得不为外国人打工。

我时常听到国内投资人到处抱怨国内没有好企业可投。可是，为什么中国优秀的互联网企业里却鲜见他们的身影？国内投资人除了需要大力提升早期挖掘、中期培育、后期支持那些具有发展潜力的企业的专业能力之外，最需要调整的还是他们希望今天结婚明天就抱上金娃娃的急功近利的心态。而发达国家成熟的投资人则很懂得取得较高回报的投资大多需要耐心这一道理。著名投资人巴菲特一直奉行的六大投资原则之一就是"长期投资"，他的单个项目平均投资周期都在8年以上，最少的也有个三年五载。孙正义首笔对阿里巴巴的投资至今已经持守14年之久，其间经历了2001年和2003年两次互联网企业低谷期，阿里巴巴差点熬不过去。

## 法人治理结构就不能创新吗？

2013年10月10日，在与中国香港联交所就上市方案多次商谈而没有得到积极回应后，阿里巴巴集团CEO陆兆禧公开宣布："今天的香港市场，对新兴企业的治理结构创新，还需要时间研究和消化。我们决定不选择在香港上市。"

这里所说的治理结构，指的是香港股市坚持传统的"同股同权"的公司制和阿里巴巴集团创新的"合伙人制度"。"合伙人制度"的核心是企业管理权由选举出来的合伙人掌控而非资本层面的大股东掌控，其目的是上市后持股比例不高的优秀管理层仍然能很好地管理公司。阿里巴巴集团的两大股东美国雅虎和日本软银都已发声支持"合伙人制度"。但港交所始终认为这与中国香港股市所坚持的"同股同权"原则和维持公平的市场制度相背离，最终双方不欢而散。

其实，公司控制权掌握在优秀的管理团队手中，也是互联网公司的惯例，例如，谷歌在2004年IPO时创造了双重股票结构，给予创始人和 CEO 2/3 的投票表决权；Facebook（脸书）创始人兼 CEO 扎克伯格通过此类安排，拥有该公司 57.3% 的投票权，从而保持对 Facebook 公司的控制权。目前，无论是纽约证券交易所还是纳斯达克，都允许双重股权结构，从而使以单纯投资获利为目的对冲基金和活跃投资人无法影响公司的决策，以确保公司的长远发展。在双重股票结构之外，通过合伙人制度让优秀的管理团队掌握公司的控制权，在欧美公司中也较为常见。此次阿里巴巴引入"合伙人制度"，无形中也推动了中国互联网企业管理制度的一大创新与变革。

中国内地和中国香港一直强调大力加强法人治理结构的完善甚至是创新。然而，尚且不说接纳双重股权结构，即使在公司制的架构下引入"合伙人制度"，也不敢迈出小小的第一步，哪怕是控股股东已经同意这么做。其实，让优秀管理团队管理好企业，让所有股东实现利益最大化和最优化，才是对全体股东最大的公平。可见，中国（包括香港地区）法人治理结构的真正完善任重而道远。

## 中国的资本市场是怎样一个市场？

2013 年 10 月 23 日—11 月 1 日，在短短的 10 天里，马云受到了前任总理朱镕基和现任总理李克强的接见，并且，获得了一致"好评"。2013 年 12 月，英国首相卡梅伦在上海与马云有个短暂的"约会"。《泰晤士报》网站发表文章称，卡梅伦试图说服马云放弃在纳斯达克而选择在伦敦证券交易所上市，但马云婉拒了卡梅伦的邀请，最终选择赴美上市。

一个如此受到中国政府和英国政府重视，并以"让天下没有难做的生意"为使命，帮助中国众多中小企业成长壮大的阿里巴巴，最终却不能在中国资本市场上市，而是被迫远走他乡，在美国上市。

国内资本市场的现状，从商务部等六部（委）制定的10号文（《关于外国投资者并购境内的规定》）和银监会制定的8号文（《关于开展银行理财投资运作检查的通知》）就可窥一斑。10号文的立法初衷是让更多更好的国内企业在境内上市。然而，随着10号文起草负责人郭京毅的落马，10号文实施细则至今未出，反而催生出了各类规避10号文的立法模糊地带（甚至漏洞），以致境外红筹上市的新路径"野蛮生长"，并掀起了后10号文时代境外红筹上市的新高潮。而8号文的立法初衷是规范银行理财资金，防范与化解商业银行理财业务风险。然而，最终却导致银行理财的资金渠道被堵塞甚至被堵死，许多原本有可能获得低成本银行理财资金的企业，不得不寻求更高成本的融资方式，甚至"剑走偏锋"去借高利贷，并因此背上了沉重的财务负担。

类似10号文和8号文的例子比比皆是。这些都是国内资本市场现状的浓缩和剪影。由此形成的市场扭曲是：一边是感叹优秀企业的流失；另一边却是国内资本市场对优秀企业大门紧闭。

呜呼！我言"马云的悲哀"，真的是马云的悲哀吗？

# 我眼中的褚时健 [①]

陈九霖与褚时健

2012 年，在我告别 26 年央企职业生涯独自创业时，恰逢"褚橙"通过互联网销往北京等地大卖之际。当时，在出租车等很多地方都有这样的广告词——人生总有起落，精神终可传承！这让我印象尤其深刻。

---

[①] 本文于 2015 年 10 月发表于《中国企业家》，原文章标题"人生总有起落，精神终可传承——中秋拜访褚时健先生行"；此处有删减。

我比褚时健年轻 33 岁，我们都曾在国企工作过；他被称作"烟草大王"，我也做到了外界所称的"航油大王"；我们都坐过牢；他 75 岁重新创业种褚橙，我年过五旬开办投资公司。我们俩的人生轨迹何其相似！

2015 年，在我的新作《地狱归来》出版时，有朋友建议，可否让褚老帮忙写一个序言；之后，又有朋友提出建议，能不能由他来安排我与褚老做一个对话，这个对话一定会比当年北大安排我与国际投资大亨罗杰斯的对话更加火爆，更加引人注目。对于这两条建议，我欣然答应，但是，却一直苦于没有机会去拜见褚老爷子。

2015 年的中秋节之前，我的老朋友信诺传播的曹秀华董事长突然给我打了一个电话。她说："九霖哥，中秋之夜，要不要去云南和褚老爷子见个面？如果愿意，就带着夫人一起，去褚老爷子家过中秋。"我一听，欢呼雀跃。

这是一个令人难忘的夜晚。

中秋之夜，我们在褚老先生位于玉溪的别墅里共进晚餐。看完《新闻联播》之后，他和我聊起了当年的"中国航油事件"。

"当年的航油事件传得沸沸扬扬，但外界并不清楚内幕。"他略有感慨地说。

看到他有些不解的样子，我就简单地把"中国航油事件"的前因后果给他叙述了一遍。

"你当时也吃了很多苦啊！"褚老感叹道。后来，他又询问了我离开央企后创办北京约瑟投资有限公司的情况。我们相谈甚欢，有种相见恨晚的感觉。

在做企业方面，许多企业家都能从褚老那里学到经验。但是，在和褚老见面，并参观褚橙庄园之后，我发现，做得比褚老更好的企业家也有很多。而且，与其他很多成功的企业家相比，褚老在商业模式、资本运作等方面还略逊一筹。比如，褚老只知道企业以"滚雪球"的传统商业模式从小做大，只知道从银行借贷等间接融资，而没有现代企业发展中的连锁经营、复制迭代、资本运作等思想，他甚至还说："上市都是骗人的鬼把戏。"

但褚老身上的闪光点很多。王石自称是褚老的粉丝，称赞他是中国匠人精神的杰出代表；严介和说中国最稀缺的是像褚老那样的企业家；柳传志说褚老"就是一个下金蛋的母鸡"……我觉得，在褚老身上，最值得商人甚至其他各界人士学习的恰恰是他的企业家精神。

关于企业家精神，管理大师彼得·德鲁克等提出了创新、冒险、合作、敬业、学习、执着和诚信七大要素。褚老先生身上就具有许多这类品质。他曾经在辉煌中跌倒，但在跌倒后又一次创造了神话，这股不服输的劲儿不正是德鲁克所说的执着吗？

2010年5月20日，科学界传出这样一条爆炸性新闻：数十名科学家历时十余年，成功地制造出了世界上第一个人造生命"辛西娅"（Synthia，意为"人造儿"）。科学家向"辛西娅"注入了一列"水印"DNA，其中的一句话是："去活着，去犯错，去跌倒，去胜利，去从生命中创造新的生命。"这句话与司马迁对古之成大事者的慨叹如出一辙："西伯拘而演《周易》；仲尼厄而作《春秋》；屈原放逐，乃赋《离骚》；左丘失明，厥有《国语》；孙子膑脚，《兵法》修列；不韦迁蜀，世传《吕览》；韩非囚秦，《说难》《孤愤》；《诗》三百篇，大底圣贤发愤之所为作也。"褚时健跌倒过，而且，跌得头破血流。但是，可贵之处在于，他活下来了且创造了新的奇迹，他发愤了且有了新的创造！

巴顿将军说："衡量成功的标准，不在站立顶峰的高度，而在跌入低谷的反弹力。"做企业如同人生，注定要克服诸多困难。褚老能够从失败中崛起，能够从谷底再次攀上高峰，这种精神最值得敬佩。

著名经济学家张维迎曾经说过："商品经济＝价格＋企业家。企业家是市场的主体，无论是资源配置，还是技术进步，都来自企业家精神的发挥和应用。"在眼下这个大众创业、万众创新的年代，资金、技术等要素供给日益充裕，而企业家精神恰恰成为最珍贵的稀缺资源。人类社会已经进入一个遵循摩尔定律①的信息时代，技术与商业模式创新日新月异，企业家只有以夸父追日般的执着，咬定青山不放松，才能屹立于市场而处于不败之地。对一个企业家来说，不敢冒险是最大的风险，不能面临挑战和逆境是最大的弱点。化危为机，把逆境当作反弹前的历练，是褚老面对困境时的本能反应，而这也正是对企业家精神的完美诠释。

在褚橙庄园的中秋晚会上，褚橙庄园董事长、褚老的夫人马静芬女士邀请我上台讲几句话。我在台上将铭记于心的与褚老有关的两句话说了出来："人生总有起落，精神终可传承。"我指着当时挂在褚橙庄园上明朗而圆满的月亮说，我愿以这两句话祝愿褚老的企业家精神，就如同中秋皎洁的月亮，照亮世人，传承久远！

---

① 摩尔定律，最初指的是当价格不变时，集成电路上可容纳的元器件数量，每隔18~24个月便会增加一倍，性能也提高一倍。后指信息技术提升的速度。

# 与龙永图对话能源<sup>①</sup>

陈九霖与龙永图

我和龙永图副部长认识已久，我很荣幸他在公共场合或私下里常常称我为好朋友。众所周知，他是中国加入 WTO（世界贸易组织）的首席谈判代表，凭借自身的才智他赢得了全世界的尊敬，我对他非常仰慕。而他也评价我为"航油大王""企业界的传奇人物"，这着实

---

① 2016 年 2 月 18 日晚 10 点，贵州卫视播出陈九霖与龙永图的对话节目《论道》。

让我愧不敢当。

2016年开年，全球石油供应过剩，国际油价下行，创下了12年来的新低。在科威特、沙特、卡塔尔等国家，一升汽油的价格折合人民币还不到1元钱，油比水贱的情况已经从主要产油国扩大到美国等更多国家，给我们的生活和产业格局都带来了冲击。在这种情况下，龙部长邀请我一起参加贵州卫视的《论道》节目，给观众讲我的能源故事，分享我对中国能源产业发展的认识。龙部长和我一问一答，在互动中愉快地度过了一个多小时。

在第一个环节中，龙部长和我主要围绕石油价格的运行问题进行探讨。龙部长首先问我对石油价格下跌原因的看法，我认为主要从供求关系上来考虑。从供给侧这个层面上来讲，首先，美国页岩油和页岩气的技术提升，使大量页岩油气进入市场，减少了人们对传统石油和天然气的依赖。美国解禁了实行四十多年的石油出口禁令，使它从最大的石油进口国转变成为石油出口国。其次，以沙特为首的OPEC（石油输出国组织）国家又不肯像之前那样减产，因为如果这样做了，就可能动摇其市场地位。最后，从宏观经济运行层面来讲，自2008年金融危机以来，全球经济复苏缓慢，导致市场需求乏力。

龙部长对我的上述观点表示赞同，并进一步发问："石油30美元一桶的价格见底了吗？还有进一步的下跌空间吗？"我笑了笑，因为这个问题真的很难有肯定的答案，毕竟还是要看未来供需关系以及其他诸多因素，如美元的上涨和加息，股市的疲软，当然还有阴谋论。

龙部长以国际化的眼光看问题，对中国石油价格与国际石油价格变化不一致的现象表现出了极大的兴趣。他问："为什么中国的石油价格跟涨不跟跌，跌幅不如国际水平，这是不是合理呢？"我根据自己的观察，认为国内油价与国际油价保持着不一致的状态，原因有很多：第一，中国石油天然气资源禀赋不是那么好，开采成本比较高；

第二，国内石油对外依存度高达 65%~67%，进口运费成本高；第三，国内炼厂炼油成本比国际高；第四，税收方面，跟油价比较起来，税收占到 45%~55%，55% 是真正的油价，45% 左右是税收，包括增值税、消费税、城建税和教育税等。总之，国内税收与国际上比较起来相对较高。

龙部长不解，问我为什么一定要加税。我说："税有几个用途，一是节能环保，取之能源，用之能源；二是开发新能源，对中国来讲是个好事情。中国的煤用得很多。"针对龙部长问到的油价下跌对于环境产生的影响，我回答："油价下跌会减少还是增加环境污染程度，需要从多方面来分析。一方面，减少煤而使用油和气，可以在一定程度上缓解环境污染；但另一方面，油价下跌，对于太阳能、风能等新能源使用的动力会减弱一些。如果不是国家政策补贴，动力会大大降低，对于环境改善不是特别好。"

在第二个环节中，我们在第一个环节的基础上，从石油出发，从国际政治的视角，讨论国际博弈的问题。龙部长说，有人认为，此轮油价下调针对的是俄罗斯；也有人认为欧佩克故意让油价下跌，以此应对美国页岩油的开发。油价是一个政治价，掺杂很多政治因素。他问我，是不是这样。我说，虽然不完全是这样，但这方面的因素也的确存在。世界上很多战争都和石油有关，例如：第四次中东战争，"两伊"战争，即使是第一次世界大战和第二次世界大战也都与石油有关。

龙部长接着问："对俄罗斯来讲，最大的影响就是石油价格的变化。对于这种说法，你怎么看？"我回答说："俄罗斯的财政收入很大一部分，甚至绝大部分都来自石油。石油的价格达到 100 美元一桶，还能维持财政平衡，现在跌到这个程度，很难维持。一般认为，俄罗斯已经掉到了资源陷阱里，82% 的经济增长靠资源。俄罗斯的国力不是很强，但野心很大，想做世界大国。事实上，美国抓住了它的弱点，制裁它，也有人趁机推波助澜。"

"当然，这不仅是美国与俄罗斯的较劲，也是美国与以沙特为首的欧佩克之间的较劲。"我接着补充道，"以前，一旦有风吹草动，欧佩克就达成一致进行减产，为什么现在没有呢？因为这些国家认为，如果减产，就会让美国页岩油充斥市场，影响欧佩克在全球石油市场中的份额。"

在第三个环节中，龙部长和我都聚焦于中国能源，谈了新能源的发展、能源企业"走出去"和能源战略布局三个问题。龙部长认为，油价的下跌有利有弊。对此，我表示赞同，我认为，石油涉及衣食住行各个方面，用车、衣服、食物等，都与石油有关。油价下跌有利的方面，就是节省成本；但不利的方面，就是石油企业对开采、炼制技术的提升和有关企业对新能源的开发动力将会减弱。

对于新能源的未来发展，我认为，至少在未来 20 年内，新能源和传统能源将会交叉利用，并以传统能源为主，油和气仍将是十分重要的能源；而新能源技术需要几代人的努力才能突破。在中国实行政策补贴的情况下，新能源的开发不能只是冠上名号，甚至主要是为了捞取补贴。龙部长点头表示认可，并进一步补充："新能源要在自身技术和应用上取得突破和发展，不能只依靠补贴。"

聊完了新能源，龙部长又引导我将目光聚焦在企业"走出去"的问题上。他说："对于能源这种战略性的领域，不能以一时一事论英雄。不能因为价格低就不发展，因为我们的石油在全球能源开发战略上要有话语权。虽然石油价格下行，但中长期未必如此。所以，从战略上来说，中国能源企业也要占领高地。"龙部长说，要占领高地，就需要"走出去"。由于我有长期海外工作的经历，他想听听我的意见。我说："企业'走出去'要分类别，尤其要重视能源资源的并购与开发。能源市场瞬息万变，具有周期性。现在是暂时的低迷，保不准明天就会上涨。我比较崇尚巴菲特的价值投资，不要站在'市场先生'的角度思考与决策，因为它的情绪会发生变化，忽高忽低。能源资源有其内在价值；此外，还要看我们自己的需求，如果我们自己有这方面的需求，暂时买高一点也得买。我们通常无法买到最低点，卖到最高点。这就需要我们找到平衡点。"

虽然我们已经讨论很长时间了，但观众的热情依然很高，主持人因此仍要求我们继续谈一谈。龙部长说我对国内的石油战略提了很多重要建议，其中一条就是建立石油进口国组织，他认为这是一条非常好的提议。我非常感谢他对我的认可。除此之外，我认为我们要有石油金融的概念，因为到现在，中国还没有像样的石油交易所。新加坡是一个弹丸之地，却有世界第三大石油交易所，新加坡有普氏新加坡价格，为什么我们就不能有中国价格？

在谈话的最后，我还跟龙部长说了我的一点新想法：让开通克拉运河成为"一带一路"的项目，和马六甲海峡互赢共补，就像我们建立亚洲基础设施投资银行是为了补充亚洲开发银行一样。只有思路转变和调整了，才能在政治上减少阻碍。龙部长赞同我的想法。

第六章

# 国际风云

第六章为本书的第六条逻辑：会当凌绝顶，一览众山小——开放的年代应有国际眼光。尽管最近出现逆全球化的现象，但当今时代的主旋律仍是全球化。当全球经济和资本以及资源越来越紧密地连接在一起时，不具有国际眼光，就如同井底之蛙，不但不能做出一番开天辟地的成就，反而会被时代所淘汰。全球化的时代，全球化的视野；看国际风云变幻，警惕蝴蝶效应，是为商业的逻辑之六。通过阅读本章的第二节、第三节、第七节，您将找到以下问题的答案：特朗普的上台对中国经济来说意味着什么？为什么英国脱欧对中国利大于弊？中国要向以色列学习什么？

对于特朗普所说的一切，要透过现象看本质，其目的是博取利益。

——《如何对待美国商人总统特朗普》

# 从几个重点推动"一带一路"落地 ①

刚刚闭幕的"一带一路"国际合作高峰论坛受到国际社会高度关注和广泛参与。对于"一带一路"倡议的宗旨和意义,当然要从足够的高度和广阔的视角审视理解,而在推动倡议以一个个具体规划落地的过程中,则需要有一些侧重点。

## 不仅要"走出去",也需要"引进来"

"一带一路"倡议得到了 100 多个国家和国际组织的响应,带动了沿线国家的发展和全球贸易的提速,为中国企业"走出去"提供了不可多得的机会。2015 年与 2016 年,中国企业对"一带一路"相关国家直接投资额达 293.5 亿美元;截至 2016 年底,中国企业在"一带一路"沿线国家建立初具规模的合作区 56 家,入区企业 1082 家,为当地创造就业岗位近 18 万个……这些数字都充分证明了我国企业"走出去"所取得的成绩。然而,"一带一路"带来的还应该是资源、资金双向乃至多向的流通,而不只是单向的流动,"走出去"固然重要,

① 本文于 2017 年 5 月 17 日发表于《环球时报》和新浪网。

"引进来"也不容忽视，两者是我国对外开放的一体之两翼，驱动之双轮。

丝路沿线国家资源丰富，类型多样，既有以色列这样的技术强国，也有俄罗斯、沙特阿拉伯等能源大国。因此，我国一方面要积极引入外资，引入国外优势技术，以进一步助力我国经济的转型升级；另一方面要活用各方矿产资源、海洋资源等多种资源，做好基础后备支撑。类似中缅天然气管道项目、白俄罗斯钾肥公司合作项目、宁夏中阿产业园等"引进来"的项目应该更多地开展。同时，我们也要创造条件吸引外来资金长期"落户"我国，比如，可以设立珠海石油集散地，通过自贸区政策，招徕港湾国家充足的"石油美元"在珠海这个印度洋—太平洋航运沿线城市建设码头、管道、油库以及其他基础设施；并吸引这些产油国在此储油从而成为我国的另类战略石油储备。这种做法可以消化或转化我国石油及其相关产业的过剩产能。还可以利用珠海的独特优势，将其发展成为取代新加坡的亚洲最大的石油期货中心，形成中国价格，提升国际话语权。

## 国企带头向前，民企快步跟上

国企一直是中国企业走出去的"排头兵"，从巴基斯坦的瓜达尔港到埃塞俄比亚的亚吉铁路，国企在"一带一路"的建设中顶在前面，带来了中国质量与中国效率。事实上，"一带一路"带来的"蛋糕"足够大，在建设中也同样需要更多社会力量的投入，需要各类企业参与。对民营企业而言，把握发展红利，推动中国品牌国际化，乃至重新打造全球中小企业间的贸易规则，"一带一路"倡议都提供了难得的契机。从另一个角度而言，民营企业所具有的灵活、多样与非官方的属性，也让其具备了进入海外市场的特殊优势，更加有助于完善我国海外投资的立体布局。

事实上，包括阿里巴巴、华为在内的民营企业已经率先走出中国，布局海外，然而，更多的民企尤其是中小型民企在"走出去"的过程中仍然面临一些困难，民企更好地"走出去"离不开政府相关政策的倾斜以及资金支持，离不开政府在海外市场的保驾护航。政府要为民企创造更好的条件，让民企共享发展红利。

## 不是一家独奏，而是沿线合唱

"一带一路"倡议不应该只是建立中国和沿线国家之间的"单线"联系，更应该促进沿线国家彼此之间的合作，营造开放包容的环境。"一带一路"倡议秉持的是共商、共建、共享原则，需要相关国家共商合作大计，共建合作平台，共享合作成果，这就决定了"一带一路"倡议不是中国的独角戏，相关国家都大有可为，都可以登场表演，互相合作。

除此之外，这一倡议同时也强调多边合作机制的作用，诸如上海合作组织、亚洲会议、大湄公河次区域经济合作等现有的多边合作机制都可以在其中发挥更大作用，激发更多的活力因素。"一带一路"也可以促进这些相关国家之间的沟通合作，是一个开放包容的大平台。比如，我国可以通过大湄公河次区域经济合作机制中的投资、能源和贸易便利化的要求，共同促成克拉运河的开通。据测算，该运河开通后，从波斯湾到广州的航程相对于途经马六甲海峡而言可以缩短约1200公里，节省航程2~5天，每年可为我国节省至少110亿元人民币。更重要的是，可以为我国进口石油安全提供一个可供选择的通道。2016年，我国进口石油2.8亿吨，对外石油依存度高达65.4%，到2020年对外依存度可能升至75%。而我国目前进口石油的84%是通过马六甲单一海运通道。开通克拉运河，有利于提高我国石油和其他航运的安全。

## 不仅影响区域，也要辐射世界

"一带一路"不单单是一个覆盖沿线国家，带动区域发展的战略倡议，也是一个全球经济发展的"催化器"。在 2008 年全球金融危机后，世界经济一直在缓慢复苏，欧债危机以及难民危机带来的经济动荡也为世界经济的前景蒙上了一层阴影。在这一背景下，以政策沟通、设施联通、贸易畅通、资金融通、民心相通为主要内容的"一带一路"倡议，就为全球经济增长提供了新的动力。"五通"不仅提升了区域、次区域内部的软硬件条件，也为跨区域合作提供了便利。

世界互联互通是个大趋势，"一带一路"正是应时之举。例如，新亚欧大陆桥经济走廊连接东亚与欧洲，为构建高效畅通的欧亚大市场创造了可能；亚投行的成立更是打破地域边界，融合了全球资本。可以说，"一带一路"已经远远超出 65 个国家的范畴，正在打造"65+"的全球影响力。

## 关注风险控制，有效规避风险

一段时间以来，一些丝路沿线国家内部的政治动荡对我国在当地开展工程产生了不小影响，虽然"一带一路"带来了诸多资源与机遇，但是，我们仍然要保持警惕，要把风险控制摆在突出位置，不可操之过急。尤其是在做有关项目的规划时，要做好详细的风险评估，以规避可能出现的政治、经济乃至安全上的风险，在项目推进过程中也要加强管控，减少不稳定因素的影响。要加强对"一带一路"相关项目的审核与跟踪管理，尽量减少资源的浪费，做精品项目。

此外，海外市场的拓展也应与国内市场情况相适应，要以满足我国国内的需求（如消化与转化产能）为基本面，不应一味拓展，而忽视后方建设。同时，应该考虑珠海石油集散地和克拉运河这样"纲举目张""牵一发而动全身"的拉动型项目。要统筹国内国际两个大局，稳扎稳打，切实让"一带一路"建设益于国内公众，造福世界人民。

# 如何对待美国商人总统特朗普 [1]

美国东部时间 2017 年 1 月 20 日，美国新任总统唐纳德·特朗普（Donald Trump）正式入主白宫。

在中美关系上，特朗普此前的诸多言论与做法，给中国和国际社会都带来了焦虑与不安。比如，他打破了自 1979 年以来美国总统不与中国台湾领导人接触的禁忌，接听了中国台湾领导人、民进党党魁蔡英文的电话；在被《华尔街日报》问及"一中政策"时，他回答道："一切都在谈判之中，包括一个中国。"特朗普还曾说过，他要对中国进口商品征收 45% 的关税……

在这种情况下，有人说，中国要"丢掉幻想，做好准备，争取最好，不怕最差"。还有人预测，"中美之间必有一战"。但是，我从特朗普的商人性格及其所面临的环境判断，中美关系是可以把控的，合作大于冲突，甚至可以变不利为有利。因此，不管特朗普看上去如何"张狂"，我们还得以合作的思维与行动，来迎接这位商人总统。

第一，特朗普是个利益至上的商人。他在解释为什么与蔡英文通

---

[1] 本文于 2017 年 1 月 19 日发表于新浪财经《意见领袖》专栏。在此之前，作者曾投稿给一家知名的报纸，但遭退稿，理由是本文与时下政治氛围格格不入。该报有关人士告诉我："20 世纪 50 年代我们都敢与美国硬碰硬，当下为什么要怕它？"

话的质疑时，发推文说："美国卖给台湾数十亿美元的武器，我却不应该接个恭贺电话？真有趣！"2016年12月12日，他接受福克斯电视台专访时称："我完全理解'一个中国'政策，但我不知道，我们为何不得不受'一个中国'政策的约束，除非我们与中国就许多事情达成交易，包括贸易。"在上任之前，特朗普除了会见日本首相安倍晋三之外，几乎没有会见其他任何外国领导人。但是，会见了孙正义、马云等外国商人。而且，当这些商人向其承诺某种利益之后，他都表现得神气十足，踌躇满志。这都说明了特朗普十足的重利商人的特点。

第二，特朗普是个心直口快的"大嘴巴"商人。他的偏激言论不仅仅只针对中国，在竞选之前他就说过，美国的盟友必须交钱才能得到保护，包括日本。2017年1月17日，特朗普在接受欧洲媒体采访时说，北约已经过时了；德国总理默克尔在移民问题上"犯了灾难性错误"；欧盟成了"德国的工具"；英国脱欧是一件伟大的事情，其他国家将步英国后尘……对于这种"大嘴巴"，了解之后会更容易打交道。而且，特朗普的有些言论，实际上是为了博取利益而故作姿态，虚张声势，正如他的中国问题顾问白邦瑞所说的，为了"让中国政府觉得他是不可预测的人"。

第三，特朗普是一个爱国且重视民生的商人。特朗普一再强调，要使美国再次伟大，要实施美国优先的原则。他接见马云后对记者说："马云爱这个国家（美国），也爱中国。"他表示，上任后会分割他自己的商业利益，他拒绝了中东一个20亿美元的生意，在总统任期内只领取1美元的年薪。他一再强调要给个人减税，创造更多的就业机会。

在了解了特朗普这些商人特质之后，我们就知道他会如何处理中美关系，也就能够把握未来中美关系的走向。

中国作为世界第二大经济体，市场巨大，是美国最大的贸易伙伴。

而且，中国是美国最大的债权国，美国是中国对外直接投资的最大接受国。中美关系已经相互交融，难分难舍。中美关系的任何波动，不只影响中国，也会影响美国。中美之间的冲突，只会"让美国再次伟大"的目标大打折扣。正如白邦瑞最近讲话时提到的那样："特朗普想让美国再次伟大，而这条路通往北京，中美两国合作在未来会变得更加重要。"

《论语·公冶长》："今吾于人也，听其言而观其行。"对于特朗普所说的一切，要透过现象看本质，其目的是博取利益。其实，他也是一个理智的商人，据说，达赖喇嘛想见他，他拒绝了；蔡英文团队路过美国，特朗普团队本想接触，但后来放弃了。他上台之后，有些做法对中国还是有利的，比如，他有可能放弃奥巴马时代的"亚太再平衡"政策；他主动提出放弃对中国不利的《跨太平洋伙伴关系协定》（The Trans-Pacific Partnership，TPP）；他的减税计划对中国企业打开美国市场有利；他的基建计划为中国对美投资和设备出口带来机会；他的石油政策也会有利于中国……与此同时，即使特朗普不按套路出牌而无端对付中国，我们也是有底牌的，取消飞机和部分农产品进口订单就够他"喝一壶"的了；而且，美国也是有制衡机制的，美国对外战争受到国会的控制，国会中共和党人居多，正是共和党时期的尼克松打开了中美合作大门。

特朗普专注于国内发展，对中国所要求的不是意识形态方面的内容，而是实际利益，比如，汇率、贸易等。正如他自己所说的："因为中国，我们失去了5万个制造业工作机会，甚至是700万个工作机会。""我们与中国的贸易是非常不平衡的，今年我们对中国的贸易赤字是5050亿美元。"

因此，中国需要做的是以下几个方面：

第一，要用开放合作的心态迎接这么一个商人总统；

第二，中国要创造一些机会与美国合作，比如，在能源、就业、基础设施建设等方面；

第三，在不损害我们切身利益的前提下，在贸易、汇率等方面做出某种程度的让步。其实，有些让步对我们也是有利的；我们也可以谈判，比如，在贸易上要解决逆差的问题，我们可以要求美国对华输出高科技产品，甚至购买它的军火和先进技术。

# 英国脱欧在战略上利好中国 ①

北京时间 2016 年 6 月 24 日下午，英国官方宣布"脱欧"公投结果：51.9% 的投票支持英国脱欧。这一举世瞩目的公投，不仅影响着英国和欧盟整体的命运，也对全球带来诸多变化。虽然英国脱欧带来的全球经济动荡，短期内将影响人民币的坚挺和中国在英企业的发展，但是，从长期来讲，从战略高度看，英国脱欧对中国利大于弊。

## 遏制中国的整体力量将会被削弱

近年来，欧盟多国相继爆发主权债务危机，欧元体制存在的弊端日益凸显；在经济低迷时期，各国政府通过货币政策来刺激经济的手段日趋削弱，只能通过扩大债务和赤字的财政政策刺激经济，甚至不惜损伤自身的经济利益，来维持整个欧盟区尤其是债务国的平衡。

相比之下，英国的经济基本面要好于欧盟整体，同时，英国还是欧盟会员费的主要贡献国。这让英国民众普遍不满，更担心英国经济受到欧盟拖累。更不必说，自 2015 年开始不断发酵的欧洲难民潮事件，

---

① 本文于 2016 年 6 月 28 日发表于新浪网《意见领袖》专栏。

也对英国造成极大冲击。因此，对英国民众而言，本次公投本质上，是对欧盟前景投了不信任票。英国脱欧，无疑使欧盟在现有的困境雪上加霜。

除此之外，英国的离开可能引发欧盟其他成员的效仿，引发脱欧风潮；即使类似行动不会成功，这种观念的传播也足以给欧盟沉重一击。尤其在当前许多国家"极右"势力风起云涌的情势之下，反欧盟的民族主义政党（比如，意大利的"五星运动"和法国的"国民阵线"）之影响力不容小觑。未来，爱尔兰、意大利等国均不排除效仿英国的可能性。

再从英国内部看，此次公投进一步撕开了英国原有矛盾的裂痕。苏格兰32个行政区的投票结果是，62%的人支持"留欧"，且每个行政区的投票结果均为多数支持"留欧"。而伦敦市民对此结果也不满意，市民在请愿书中说："让我们面对事实，即国内其他地方不同意（留欧）。与其被动地在每一次选举中极力反对彼此，不如正式分离，加入我们在欧洲大陆的朋友。"即使不去预测英国内部苏格兰、北爱尔兰等地的独立风潮，就是脱欧的谈判与扯皮，最短也需要两年时间，很有可能会拖延10年。

在这种背景下，无论是英国还是欧洲，都不得不将更多的精力集中于解决自身问题上，而无暇配合美国或者自己单独对中国施加更多压力。美国也会重新谋划在欧洲和太平洋的布局。无怪乎时任美国副总统拜登说："我必须要说的是，我们期望的是不同的结果……但美国和英国友谊深厚，这特别的情结将会持续下去。我们绝对尊重他们（英国人）的决定。"

理论上讲，以往美国、欧盟和中国形成了一个"三足鼎立"、相互制衡的稳定局面。但实际上，因为欧盟与美国在意识形态和外交诉求上有着更多的一致性，在反倾销、南海问题、钓鱼岛问题等关系中国核心利益的问题上，过去和现在的欧盟总体上还是站在了美国那边，其立场并不利于中国。

从"二战"后美国推行的"马歇尔计划"中也可以看出，相对稳定和繁荣的欧洲，更符合美国的利益，而欧盟的分崩离析和经济衰退不利于美国，但这反过来却有利于削弱遏制中国的力量。从长远来看，"一带一路"倡议的推进，以及地缘政治的影响，将使欧洲和英国都越来越离不开中国，甚至不得不投入中国的怀抱。这无疑对中国是利好的。

在这样复杂的国际环境下，中国可以充分发挥自身巨大的市场优势，在与欧盟、美国、英国的博弈之中长袖善舞。同时，随着国际重心与视线的转移，中国在亚太地区面临的紧张局势，将会得到一定程度的缓和。中国一定要抓住这样的机会，集中于自身的经济改革和发展，走出当前相对低迷的经济状态。

## 英国脱欧带来的中国机遇

从经济发展的角度，英国脱欧对于伦敦和欧洲都不是一个好消息。一方面，由于欧盟的预算是根据成员国 GDP 的比例而定的，欧盟从此失去了一个重要的资金来源；各国货币政策和财政政策的协调将更加困难，欧盟地区经济的复苏将受到一定程度的影响。另一方面，欧盟是英国最大的贸易伙伴，占英国总体贸易的 50%，退欧可能导致英国贸易额下降。因为欧盟的保护主义等原因，致使外国企业被拒之门外的情况时有发生。而英国被视为欧盟内最积极主张贸易、投资自由化的国家，不少跨国企业将英国选为在整个欧洲的生产基地，将伦敦作为进入欧洲的通道。如今，英国不再是前往欧盟广袤市场的桥梁和跳板，外部投资可能会有所减少，在英的诸多跨国公司的核心业务可能转移至别处。

相应地，英国国内就业率也将降低。伦敦作为世界金融中心的地位可能下降，甚至可能引发经济衰退。将来英国能否进入欧盟的自由贸易单一市场，也面临着较大的不确定性。我们甚至可以猜测，由于英国在欧洲影响力降低，美国也可能撇开它，更多地选择与法国和德国等国开展合作。虽然这对中国也不是一个好消息，但是，利用得当这将成为中国的重大机遇。在英国、欧盟、美国、日本等各方关系出现变局，全球利益分布洗牌之时，中国可以充分利用这一契机，发挥资本优势，进行全球布局。

当前，中英关系正处于"蜜月期"，加上英国相对自由的投资环境，包括李嘉诚在内的企业家早就将眼光投向英国，大批中国企业也借机在英国布局，并准备以此为跳板，进入欧盟市场。虽然"跳板"不复存在，表面上看这些企业将遭受巨大的损失，但是，英国脱欧所带来的欧盟内部巨大贸易和市场空缺将给"走出去"意愿强烈的中国企业提供充足的空间。

从货币角度而言，短期内英镑走低，美元和日元作为避险货币将保持坚挺成为可预见趋势，人民币也存在贬值的可能，国际化进程将放缓。但短期内，人民币贬值对于中国经济来讲并不完全是坏事，反而符合当下经济规律，与其人为地高成本维系人民币的高位，不如借机发挥货币政策的调控作用，改变当下经济形势。

相反，英国的离开将给中国和欧盟、英国提供更加直接的对话机会，中国将无须就市场准入、贸易等问题同欧盟绕弯子。另外，英国国内在争论是否应当脱离欧盟的过程中，脱欧派已经提出，英国脱欧后可以单独跟中国、印度等商讨建立自由贸易区。欧盟实行共同的经济政策，英国作为欧盟的一员，至今无法与中国直接谈判，只能执行欧盟 28 国共同的经济政策。

　　此时，中国外交可考虑抓住机遇，与英国展开对话，互利互惠，促使英国承认中国市场经济地位，尝试达成中英自由贸易协定等。更为深远的意义在于，一旦中英能够取得成果，英国率先承认中国市场经济地位，就将构成对欧盟、美国、日本等众多关键国家和地区的强烈刺激，从而有利于打破中国目前陷入的僵局。

　　总而言之，英国脱欧对于中国而言，不是危机而是契机。只要这一因素在5~10年的战略发展机遇期内对中国利好，事实上就是对中国的长期利好。因为随着中国实力的不断增强，中国将有更强大的能力来从容应对国际格局的调整。此时，中国政府应抓住机会，积极与英、欧等分别展开对话，谋求对中国有利的外部环境。中国企业短期内应关注汇率市场的波动，灵活应对汇率风险，长期看则应静观其变，适时调整投资和贸易布局。

# TPP，谁是真正的始作俑者？！[①]

近年来，新加坡的日子颇不好过。2016 年上半年，新加坡货物出口下降 9.3%，进口下降 10.9%。到第三季度，新加坡经济更是呈断崖式下滑，国内生产总值环比下降 4.1%，成为自 2012 年第三季度以来表现最差的一次。未来趋势恐更加糟糕。

在这一状况下，新加坡将美国"重返亚太"和 TPP，视为手中的两根"救命稻草"，牢牢抓在手里。对于"重返亚太"，特朗普明确表示反对，他认为这对美国没有任何好处。在美国表现出对 TPP 的兴趣后，新加坡"押宝"式地卖力推进整个谈判进程。为推动美国国会批准，新加坡总理李显龙多次在不同场合喊话，督促美国尽快通过和实施 TPP，并称如果美国不通过 TPP，美国在亚洲的权威将受到严重削弱。新加坡工商联合总会更是在特朗普当选后，发表声明称："我们希望特朗普政府会专注于长期利益，重视 TPP 能够带给美国的利益。"

尽管新加坡极力推动美国国会批准 TPP，甚至拉上日本等国共同

---

① 本文的前半部分于 2016 年 11 月 12 日发表于《环球时报》，原标题为"'TPP 已死'，新加坡咋办？"。后半部分于 2015 年 10 月 16 日发表于《环球时报》，原题为"新加坡才是 TPP 始作俑者"；补充之后，于 2015 年 11 月 5 日发表于腾讯网《财经智库》，原题为"新加坡——TPP 背后的推手"。此处略有改动。

施压，但是，TPP 最终成为"一纸空文"。特朗普早在 2016 年 3 月就撰文称："TPP 是政客向美国工人兜售的一长串谎言中最大的背叛。"在他入主白宫后不久，就退出了 TPP，这无疑给新加坡当头一棒！

新加坡面临的挑战不止 TPP 一个。在美国就业机会外流问题上，新加坡更是被特朗普"点名批评"。在此前佛罗里达州的竞选集会上，特朗普指出，美国正在经历史上最大规模的工作掠夺，并将矛头指向新加坡，称美国百特医疗公司在美国当地裁退 199 名员工后，把工作地转移到了新加坡。在他看来，新加坡在自由贸易政策中的获益，正是以美国人民失业为代价的。在如此情形下，特朗普上台后，对新加坡的外交与贸易政策可能做出不利的调整。

## 推动 TPP "谈判"进程，新加坡"功不可没"

TPP 之所以能引起全球的关注，除了其有助于消除贸易和投资壁垒、推进区域一体化之外，"TPP 是美国遏制中国的工具""不要让中国书写全球贸易规则"等说法，也吸引了无数人的目光。

当所有人把目光投向美国这个 TPP 规则的主导者时，新加坡却悄无声息地遁了形。事实上，它才是 TPP 真正的始作俑者，并希望成为背后的渔翁得利者。对这一背景的了解，有助于我们进一步认识 TPP 的实质用心。

回到 2002 年，以新加坡为首的，包括新西兰、智利和文莱在内的四国，发起了亚太自由贸易区，而这正是 TPP 的前身。

可以说，没有新加坡带头 TPP 就没有诞生的可能。我曾在新加坡工作和生活 11 年之久，早于我在新加坡的时候，新加坡就已经提出了这样的倡议，因此，说新加坡是 TPP 的始作俑者无可厚非。而且，新加坡不仅是发起者，在过去十多年，它还一直在推动 TPP 的谈判进程。

在不少外交活动中都可以看出新加坡大力推动 TPP 进程的迹象。比如，2013 年 7 月，日本首相安倍晋三访问新加坡时，新加坡总理李显龙称，"欢迎日本加入 TPP 谈判"。2014 年 6 月，新加坡总理李显龙访问美国时，外交公告中提出，"双方认可 TPP 谈判所取得的进展，以及 TPP 对美国联系亚太地区所扮演的重要角色"，体现出新加坡对美国参与 TPP 的强烈期盼。

2015 年 6 月，新加坡外长尚穆根更是赤裸裸地说，"美国如果想继续和亚太地区维持交往并获严肃对待，美国能不能通过 TPP 至关重要"，甚至称，"如果不加入，唯一能形成架构或影响事件的手段，就是（美国）第七舰队，而那不是你们想动用的手段"。而在 2015 年 10 月 5 日 TPP 协议达成一致后，新加坡总理第一时间表态，"TPP 协议达成令人欣慰"，颇有"吾家有女初长成"的成就感。

可以说，从 2002 年仅有 4 个小国参与的松散协定，到 2015 年覆盖 12 个国家、占全球 40% 经济体量的跨太平洋协议，TPP 已经从一个非主流的贸易体系，变为全球重要的自贸协定。能造就这样的局面，新加坡"功不可没"。

## 贸易自由化对新加坡有利，且可以借美抑华

那么，"亚洲四小龙"之一、华人人口占 75% 的新加坡，为何会带头提出这样一个主张呢？我认为，新加坡主要基于以下几个因素的考量。

第一，新加坡是个岛国，是个城市国家。虽然扼守马六甲海峡，地理位置优越，但是，国家本身自然资源匮乏，甚至连淡水和砂石都要进口。可以说，新加坡经济严重依赖外来资源，因此，主张零关税和高度的开放，促进贸易自由化和投资便利化，对新加坡大有裨益。

而且，对新加坡这个开放型经济体而言，自由化和便利化更多的是别人对它的开放，别人对它的零关税，它无疑是更大限度开放的受益者。在WTO与APEC（亚太经济合作组织）无法实现其自身目的时，新加坡主动跳出来联络一些国家，提出符合自己需求的贸易规则，也是可行途径。

第二，新加坡自始至终秉持国家利益至上的原则，在中美两个大国之间走的是"平衡"路线，以维护自身的利益。虽然表面是所谓的"平衡"，但是，实际上，新加坡对中国一直抱有一定的敌视心态。

早在李光耀时代，新加坡就提出过"中国威胁论"；20世纪90年代，又提出制衡中国；近年来，又积极鼓吹美国重返亚太。加之中国的发展壮大，从开辟克拉运河到中国多个自贸区的建立，中国的一举一动都让新加坡担心自身地位难保，这一系列因素构成了新加坡对华的不安乃至敌视。

第三，TPP可以动用美国的力量来牵制中国。新加坡是以英语为主的国家，其以功利为主的价值观与美国相同。但是它被夹在了印度尼西亚和马来西亚这两个世界最大的伊斯兰国家之间。因此，新加坡一直把美国视为靠山。把美国引到亚太地区的目的也是保障新加坡自身的安全和利益。

表面上，新加坡并不是美国的盟国，但是，双方在军事上往来频繁，美国在新加坡建立了亚洲地区最大的海军和空军基地，双方关系远超中国和新加坡。而且，新加坡的主流观点认为，美国在较长时间内还是世界霸主，中国不可能挑战美国的霸主地位，因此，站在美国这边，拉拢美国对中国进行制衡，新加坡可以渔翁得利。

一直以来，新加坡表面上在中美之间走钢丝，玩平衡，而事实上，却始终站在美国一边。但"识时务者为俊杰"。如果一味抱残守缺，在美国已经退出TPP的情况下还死守TPP阴魂不散，新加坡经济的寒冬恐将更深。新加坡要想摆脱危机，就要转而更加重视区域全面经济伙伴关系（Regional Comprehensive Economic Partnership，RECP）的作用。RECP 由东盟发起，其标准更适合东亚、东南亚各国的国情，加之有中国的大力支持，新加坡可以借此加强与本区域自由贸易伙伴的关系，抑制下滑态势，重振经济。

## 避免被"踢屁屁"，中国打铁还需自身硬

面对由新加坡一手促成的 TPP 影响，中国应该见招拆招，积极而稳妥地应对和利用。

首先，中国作为亚太国家，对出现在本区域内的自贸区建设不应该敬而远之，也不应该谈之色变，而要充分予以重视。中国应该对 TPP 保持关注和开放态度，充分考虑 TPP 规则对中国全面深化改革、营造公平开放竞争环境的借鉴与促进作用。

其次，要把自身的事情做好。借鉴 TPP，对企业而言，要加强自主研发，避免知识产权纠纷；要加强环境保护和劳动者权利保护，适应更高的贸易和投资准则。

借鉴 TPP，政府首先要深化金融货币政策改革，积极稳妥地推进汇率市场化等改革。一定要遵循市场规律，人民币该贬值就贬值，该升值就升值，不要过多地人为干涉，要充分发挥市场的活力。货币政策对于当下中国经济至关重要。大家都知道，中国经济的"三驾马车"即消费、投资和出口。虽然现在出口对经济增长的贡献率略有下降，但它仍是国民经济发展的重要推动力，保持人民币汇率的灵活性仍是促进出口、稳定增长的重要因素，所以，要充分利用好货币这个强大的政策工具。

另外，要做好当前国有企业改革的文章，借鉴 TPP 对国企私有化

的有关要求。当下国企改革正在如火如荼地进行，整个改革中最重要的部分，其实就是国有企业的正确定位。一直以来，中央企业一直被看作"共和国的长子"，是国民经济的支柱。虽然国企的重要地位和作用毋庸置疑，但也要让各种所有制经济都得到蓬勃发展。在中国境内的所有企业，都是国家发展的重要推动力，也都是增加税收、解决居民就业等的重要载体，不是国有经济搞好了，整个国家经济就活了，自改革开放以来，正是因为在搞活国有企业的同时开放民间资本和外资的准入，国民经济才得以蓬勃发展。所以，我们不应过于强调国有企业的特殊地位和作用，而应尽量提供一个更加宽松和公平竞争的市场环境，按照十八届三中全会的决定，发挥市场在资源配置中的决定性作用，鼓励发展国有资本、集体资本、非公有资本等交叉持股、相互融合的混合所有制经济，也大力释放民营企业、外资企业等非公经济的生产力，让一切创造社会财富的源泉充分涌流。

做好经济外交方面的工作，主动出击，争夺全球贸易规则话语权。中国拥有丰富的外交资源，拥有良好的友邻关系，已加入上海合作组织、APEC 等成熟的政治、经济区域一体化组织。利用好中国的外交资源，充分发挥"一带一路"的联动作用，促进与周边和沿线国家的合作。不仅要避免被"踢屁屁"，而且还要把握局面，带头制定规则，展现大国风范。

# 新加坡"中金公司"的警示 ①

　　淡马锡控股公司（以下简称淡马锡）是新加坡财政部拥有 100%股权的政府投资国有控股的资本公司，管理着 23 家国联企业，类似中国的国务院国资委与中金公司的合体。其网站称："淡马锡是一家总部设在新加坡的亚洲投资公司。"淡马锡集监管和投资于一身，在新加坡经济中占据着举足轻重的地位。截至 2016 年第一季度末，淡马锡投资组合净值为 2420 亿新加坡元（约 11869 亿元人民币），比上一财年减少 240 亿新加坡元（约 1177 亿元人民币）。尽管 2016 财年的表现不甚令人满意，但是，在过去 10 年间，淡马锡的投资组合净值几近翻倍，令人瞩目。

　　一直以来，淡马锡以其傲人的成绩以及新加坡"华人国家"的特性，让人对其多了一份关注。我在新加坡工作、生活 11 年，也与淡马锡打过交道。淡马锡曾一度是我曾任职的中国航油（新加坡）股份有限公司的重要股东之一。在我看来，淡马锡在投资上的一些做法的确可圈可点，值得我们借鉴。当下，随着中国正在实施的"一带一

---

① 本文于 2016 年 9 月 5 日发表于《中国企业家》，原题为"新加坡'中金公司'的警示：大力发挥民企作用，慎用国企身份"。

路"倡议,中国企业"走出去"进行海外投资的步伐逐步加大,淡马锡的海外资本运作也可以为我国的企业提供启示。但是,淡马锡的成功有其特殊的历史条件和政策背景,无须过多地吹嘘其"回报神话"。尤其值得注意的是,淡马锡模式对中国"一带一路"倡议和中国企业"走出去"也提供了警示的一面。

## 只有实施投资目的的多元化才能削减国际风险

作为国有投资公司,淡马锡的盈亏极大地影响着新加坡经济的稳定性,这就要求淡马锡具备较强的抗风险能力。但不可恭维的是,其抗风险能力仍然偏弱,国际市场上的风吹草动都会极大地影响到淡马锡的盈利,甚至直接带来新加坡元的贬值。例如,在 2008 年美国金融危机的影响下,淡马锡 2009 财年投资组合净值便缩水 50 亿新加坡元;而中国等亚洲国家的经济增长放缓又直接导致淡马锡 2016 财年 240 亿新加坡元的亏损。相比之下,沃伦·巴菲特的伯克希尔-哈撒韦就不致如此。究其原因,淡马锡相对固化的投资结构使这一现象不可避免。在投资目的地的选择上,淡马锡将目光过多地集中于新加

图 6-1　2006—2016 年淡马锡投资的地理区域分布

坡和其他亚洲地区，这两者在淡马锡投资目的地的选择中所占比例高达 70%。截至 2016 年 3 月 31 日，淡马锡在新加坡和中国的资产分别占投资组合的 29% 和 25%，美国位居第三，占 10%。这三个国家也占据了淡马锡近七成的投资量。这样的投资市场选择就决定了中国或美国一旦出现经济波动，或者因为新加坡长期以来在中美之间"走钢丝"而导致的失衡，以致其中的任何一个国家对淡马锡采取抵制政策，淡马锡都将遭受重创。事实上，淡马锡自身也意识到了这一问题，正在有意识地降低亚洲地区在其投资中所占的比重，从 2000 年前后的 80% 逐步降至目前的 70%。

中国"一带一路"倡议以及中国企业"走出去"，也应注意这一问题。资产配置在成熟市场与发展中市场的比例，以及在"一带一路"各个国家中的比例，都要有科学而合理的布局，多元化的选择可以有效规避风险，避免"牵一发而动全身"。从国家角度来讲，应该吸取淡马锡的教训，高瞻远瞩地指导我国"走出去"企业的海外投资布局，尽可能多地覆盖不同地区，以有效地分散和化解风险。

## 分散投资领域，优化投资结构

"不要把鸡蛋放在同一个篮子里"是投资者奉为圭臬的话语。但是，在实际投资操作中淡马锡并没有做到，这显然值得我国企业警醒。截至 2016 年 3 月 31 日，电信、媒体与科技领域（所谓的 TMT），是淡马锡投资的最大领域，占其总投资组合的 25%，而新加坡电信又是其最大的单一投资，占投资组合的 13%。淡马锡作为国有的投资公司，单笔投资占据 13% 显然是一个比较危险的数字。从投资结构来看，淡马锡对前沿科技的关注和投入较大，基础性行业所占据的比例相对较小。这样的比例结构对我国而言不具有太大的借鉴意义。中国是一个大国，经济体量远非新加坡可比。在中国对外投资中，与国民经济相关的基础性行业要占据更加优势的地位，还要兼顾新兴行业和"朝阳产业"。

表 6-1　2014—2016 年淡马锡投资的行业领域分布

|  | 2016 | 2015 | 2014 |
| --- | --- | --- | --- |
| ● 电信、媒体与科技 | 25 | 24 | 23 |
| ● 金融服务 | 23 | 28 | 30 |
| ● 交通与工业 | 18 | 17 | 20 |
| ● 消费与房地产 | 17 | 15 | 12 |
| ● 生命科学与农业 | 4 | 3 | 2 |
| ● 能源与资源 | 3 | 5 | 6 |
| ● 多行业基金 | 7 | 5 | 5 |
| ● 其他（包括信贷） | 3 | 3 | 2 |

## 政商关系不是万能钥匙

一直以来，淡马锡特别重视发展良好的政商关系，并从中受益良多，但近年来有些失灵。淡马锡之前与印度尼西亚政府保持较好的关系，对包括印度尼西亚国际银行在内的多家企业进行了投资。但是，随着印度尼西亚政府的更迭，印度尼西亚宣布了反垄断法令。这一政策的调整，对淡马锡在印度尼西亚的布局造成了较大影响。虽然印度尼西亚财政部长宣称"并非针对本地的淡马锡控股"，但是，大众还是将其看作当局与淡马锡关系的破裂。在中国也是如此，新加坡当局通过在新加坡举办的总裁班、市长班，炫耀新加坡治国理念、推销淡马锡经验、搜挖中国富豪落户新加坡等做法，使淡马锡与中国建立了良好的政商关系，也获得了很多资源。但是，随着中国反腐力度的加强和程序的规范化，其在华的投资也会受到很大的影响。我国提出"一带一路"倡议和中国企业"走出去"一定要培养市场意识，把政商关系放到其次的地位。虽然良好的政商关系可以提供发展的捷径，但是，从长远来看，只有加强核心竞争力，以产品、技术、理念和品牌等服人，才能在海外丛林法则下的投资并购竞争中脱颖而出，让别有用心的人无话可说，从而为国家争取利益。

## 慎用国企身份，合作谋取共赢

在中国企业"走出去"的过程中，国企所具有的浓重的国家属性一直被一些国家所警惕，做工程而不是投资的模式也让中国企业"水土不服"，并因此丧失了一些机会。墨西哥高铁投资夭折的部分原因，就是国企的国家属性引起了当地民众的反感。当年中国海油收购优尼科也同样遭到美国政府的抵制。在这方面，淡马锡作为新加坡财政部独家控股的企业也同样提供了诸多教训。2006 年，泰国总理塔信家族控股的西那瓦集团与淡马锡达成协议，以约合 18.8 亿美元的价格将西那瓦集团 49.6% 的控股权出售给淡马锡。这一举动激起了泰国大规模的民族主义反弹，并引发了泰国的政治危机。

中资企业走出去要汲取淡马锡的教训，不能动不动就以国企的身份"走出去"，这样不仅会面临来自目标国政府和民众的质疑乃至抵制，更将耗费更高的成本以换取妥协。面对这一情况，我们可以有效地发挥民营企业的作用，融合国企、民企两者的优势以获取最大的利益。具体而言，可以促成国企和民企合作，以民企为主体开展海外的竞投标，负责前端的相关事宜。一旦做成之后，再引入国企作为战略伙伴，发挥国企的资源、人力优势，通力合作，共同运营。这样的良性循环将有助于快速地打开海外市场，也将增强中国市场经济的活力，有效地改善当下国企和民企过于"泾渭分明"的不良状况。

淡马锡已经走到了第 42 个年头，其在近半个世纪中保持较高的增长率。这其中有值得我们学习的一面，但也有其历史背景和独特地理优势的因素。中国和新加坡这个城市国家相比，始终存在着较大国情上的差异，"取其精华，去其糟粕"，对淡马锡进行批判性的研究和借鉴，而不是一味地追捧，方是中国和中国企业应有的态度。我们应该明白，淡马锡乃至新加坡当局吹嘘与放大淡马锡"经验"也有其赚取声誉资本，博得中国资源的重要考量！

# "看齐"新加坡
# 如此"管资本"能否行得通 [①]

淡马锡过去一定年份的收益增长较高，国内一些人就因此将其奉为中国国企改革的样板。新加坡也乐此不疲，借机宣传其经验。

十八届三中全会《中共中央关于全面深化改革若干重大问题的决定》提出："以管资本为主加强国有资产监管，改革国有资本授权经营体制，组建若干国有资本运营公司，支持有条件的国有企业改组为国有资本投资公司。"2015年9月颁布的《关于国有企业改革的指导意见》中出现五次"管资本"的提法。在这种情况下，国内学习淡马锡的呼声不断涌现。

但是，管资本是否就一定要学习淡马锡模式呢？

我一直认为不应该过度炒作淡马锡，它的成功有其特定的背景，中国不宜复制或移植这一模式。

## 淡马锡模式不适合中国

淡马锡成立于1974年，新加坡财政部拥有其100%的股权，是

---

① 本文刊载于《凤凰周刊》2016年第24期，总第589期；原题为"淡马锡模式不是大陆国企改革样板"。

一家以市场化方式运营的政府投资公司。淡马锡在爪哇语中是"海市"的意思，是新加坡的古称。

截至2015年第一季度末，淡马锡的投资涉及45家公司，投资组合净值2660亿新加坡元（约13060.60亿元人民币），是新加坡国民经济命脉的主宰者。其持有的企业股票市值占新加坡股市的47%，营业收入占国民生产总值的13%，一年期股东总回报率达19.2%。

超高的回报率、以华人为主的社会等因素，使一些人相信中国国企改革引入淡马锡模式是最佳选择，尤其是其法人治理结构、管理和运作方式等。但是，这些真的适合中国吗？

首先，淡马锡的法人治理结构不是淡马锡发明的，而是从欧美引进的，是现代企业普遍实行的公司治理制度。中国也早已引入，只是仍需进一步落实完善。

其次，淡马锡是依据授权对其所属公司（淡联企业）行使出资人职权的商业化主体，所谓不管人，不管资产，只管资本。中国的环境与新加坡大相径庭，中国有国资委，新加坡没有。在设有国资委的情况下，再去设立十几个资本运营公司，不是给国企增加新的"婆婆"吗？中国已经有工商局、外管局、国资委、财政部、发改委、工信部等监管部门，是否还需要再设立国有资本运营公司？之前国企已经是"戴着手铐跳舞"，如果再"戴上脚镣"，那还怎么跳？

同时，还有一些问题值得探讨。

新加坡只是个鸡犬相闻的弹丸之地，有城市、无农村，有中央、无地方。其国企的数量、体量、员工数、管理经营的复杂性等，都与中国不是一个量级。淡马锡持有40多家公司股权，中国的央企就有105家，更遑论一万多家地方国企。淡马锡总资产是万亿级，中国国企资产是百万亿级。

淡马锡某种意义上采用的是家族管理模式。李显龙是新加坡政府总理，李显龙夫人何晶是淡马锡 CEO。这使新加坡的国资、国企产权所有人缺失问题并不严重。但中国显然难以借助家族管理模式解决该问题。

最后，以中国的经济体量，仿效淡马锡更容易引起国际上的警觉。由于淡马锡的政府背景，其在海外投资中引发过不少民族主义问题。例如，2006 年，泰国总理他信家族控股的西那瓦集团与淡马锡达成协议，以约合 18.8 亿美元将西那瓦集团 49.6% 的控股权出售给淡马锡。这激起泰国大规模的民族主义反弹，并引发了泰国的政治危机。

中国若套用淡马锡模式，国资、国企"走出去"必会引起更多质疑，"一带一路"倡议也可能被扣上"海外扩张"的帽子。

总之，中国国企改革并不是一个淡马锡模式就可以简单套用的。

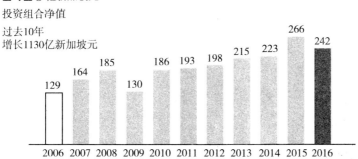

图 6-2　2006—2016 年淡马锡投资组合净值（截至 2016 年 3 月 31 日，10 亿新加坡元）

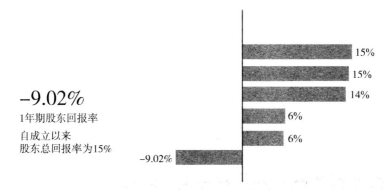

图 6-3　自 1974 年成立以来以新加坡元计算的股东总回报率（截至 2016 年 3 月 31 日）

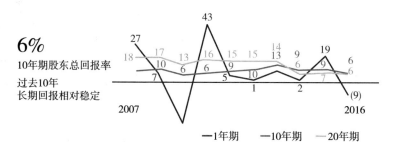

**图 6-4　以新加坡元计算的滚动股东总回报率（％）（截至 2016 年 3 月 31 日）**

资料来源：淡马锡年度报告 2016

## 淡马锡可能逐渐式微

有人说，淡马锡亏损是正常的，因为全球和亚洲经济都低迷。但是，为什么巴菲特的伯克希尔－哈撒韦公司多年来不管萧条或繁荣、战争或和平，都是盈利的？

我认为，淡马锡亏损不是偶然的，未来还会逐渐式微，因为它存在诸多内在问题。

截至 2016 年第一季度末，淡马锡在新加坡和中国的资产分别占投资组合的 29% 和 25%，美国位居第三，占 10%，欧洲占 8%。可见，其大部分投资都在新加坡和中国。

但是，新加坡市场在萎缩，因为周边国家起飞后，新加坡失去了很多生意。先前，东南亚国家动荡不安，中国也起步晚，新加坡就占得先机，获得大量投资机会。

另外，中国经济下行，会冲击新加坡的投资贸易。中国经济不下行，对其也是负面影响，因为中国现在选项多了，对新加坡的经济依赖程度大大降低。

事实上，淡马锡的投资回报已连续数年低于其财富增值标准。

2015 年，标准普尔甚至声称淡马锡控股的风险级别与希腊、牙买加相近，并要调整其信用评级。

或许有人会认为，新加坡投资团队的素质和管理机制是有竞争力的，完全可以调整投资布局。但其实很难。收购一家企业哪那么容易？哪看得那么准？我当时操刀收购新加坡石油公司就搞了三四年。淡马锡收购泰国和印度尼西亚的电信公司，均告失败。

而且，淡马锡的投资特别讲究政商关系。比如，把中国一些有背景的人挖到淡马锡；专门组织一群人在中国挖富豪到新加坡落户投资；组织各种总裁培训班、市长培训班；在一些具体项目的选址上，也会考虑政商关系。

随着中国市场化改革的深化，国内外的经贸往来越来越讲究法制和规则，尤其是现在反腐力度加大，中国政商关系日趋清明，淡马锡模式也因此而日趋式微。中国市场占其 25% 的份额，从某种意义上讲，淡马锡一直是吃华人、亚洲人这口饭的，所以，淡马锡的结构调整会很艰难。

| | 2016 | 2015 | 2014 |
|---|---|---|---|
| ● 新加坡以外的亚洲地区 | 40 | 42 | 41 |
| ◐ 新加坡 | 29 | 28 | 31 |
| 北美洲 | 10 | 09 | 08 |
| ● 澳大利亚及新西兰 | 09 | 09 | 10 |
| ◐ 欧洲 | 08 | 08 | 06 |
| 非洲、中亚及中东 | 02 | 02 | 02 |
| ● 拉丁美洲 | 02 | 02 | 02 |

2420 亿美元 投资组合

图 6-5　淡马锡的投资地区占比（%）

资料来源：淡马锡年度报告 2016

| | 2016 | 2015 | 2014 |
|---|---|---|---|
| ◦ 电信、媒体与科技 | 25 | 24 | 23 |
| ● 金融服务 | 23 | 28 | 30 |
| ● 交通与工业 | 18 | 17 | 20 |
| ◦ 消息与房地产 | 17 | 15 | 12 |
| ● 生命科学与农业 | 04 | 03 | 03 |
| ● 能源与资源 | 03 | 05 | 06 |
| ● 多行业基金 | 07 | 05 | 05 |
| ● 其他（包括信贷） | 03 | 03 | 02 |

图 6-6　淡马锡的投资行业占比（%）

资料来源：淡马锡年度报告 2016

## 中国国企的定位与改革方向

如果说淡马锡模式不能套用，那么，中国国企改革又该怎样进行呢？我认为最重要的是回到本源，明确国企的定位与改革方向。

关于国企的定位，应该明确两个方面。

第一，国企就是一个公司、一个企业、一个市场主体，不能把它定位成政府或政府机构。

现在，有些改革把国企的功能太过延伸和异化，弱化了其公司属性，赋予了其太多社会职能，这恰恰是几十年来费尽力气要剥离的。我曾参加一次讨论会，一位权威领导讲，国企有 18 个社会职能，如救灾、外交、军事等。这哪是企业职能，完全就是政府职能！相反，企业的真正职能却被淡化、边缘化。企业应给股东分红，但国企上缴利润的比例和金额仍然偏低。国企就该把税和利润交给政府，政府拿着钱去做军事、外交、救灾等。

第二，国企只是市场经济下的一种所有制形式，与民企、外企是平等的市场主体。

国企为什么要做共和国的长子？其他企业都是次子、三子、养子吗？国企不应享受特殊待遇。比如，国企现在占有大量信贷资金，但一些信贷资金的使用并不规范。国有银行也很乐意贷款给国企，因为贷款出了问题，银行的责任也不大；相反，如果贷给民企，出了事，就会被怀疑是否有私利，这就很不公平。

中国过去三十多年发展如此之快，靠的是什么？就是因为改革开放吸收了不同所有制形式。现在民营经济创造了 60% 左右的 GDP、80% 左右的就业、超过 50% 的财政税收。

围绕国企定位的意识形态障碍，其实是没有全局观，是过时的"狭隘视野综合征"。

维护社会主义和党的执政地位，关键不在于国企的比重，也不在于国企多么强大，而在于综合国力和执政党的把控能力。凡是在中国国土上设立的企业都是中国的法人，都要向中国政府缴税，都要创造财富，解决就业。只要把财富、税收、就业抓起来，中国的全球地位就会不断提高，执政党的地位就会更加稳固。

邓小平说，市场和计划只是工具，只要能解决好国富民强，就是社会主义的。同样，国企、民企、外企，只要能解决好国富民强，就是社会主义的，解决不好，那就不是。马克思的经典著作说，社会主义是在经济社会高度发达的基础上发展起来的。邓小平说，社会主义的本质是解放生产力，发展生产力，消灭剥削，消除两极分化，实现共同富裕。我们要从"道"而不是"术"的层面看问题。

国企的定位清晰了，改革方向自然就明确了。

第一，中共十八届三中全会公报写得很清楚，"使市场在资源配置中起决定性作用和更好发挥政府作用"。这是集体智慧的结晶，是全党、全民达成的共识。要牢牢把握住这一条，要知行合一。企业必须是市场上的独立主体，市场环境必须公平、公正。政府要承担起应该承担的责任，军事、外交、救灾等都是政府职能，不能让企业去承担。让企业承担也可以，但必须付费，而且，各种所有制企业间的机会要平等。

第二，国企改革就要解放和发展生产力。现在国企被束缚住了手脚，管得太多、太死。必须解放生产力，该放权的放权，该收权的收权，该倒闭的倒闭，该转型的转型，该"走出去"的"走出去"。一定要使企业在市场环境下发展，给国企更多的"硬预算约束"，让国企自主做出决策并承担相应责任。华为、阿里巴巴为什么做这么大、这么好？恰恰是政府管得少的结果，恰恰是市场经济的结果。

第三，去行政化。现在依旧把国企当作国家机关，一些国企自己也这么认为。国企的文件都是红头文件，和政府文件一样。国企经常开各种形式主义的会议，上面领导坐一排，下面是听众。这些都正常吗？中国国企目前的管理，在决策、用人、分配等方面，都沿用了长期以来的行政体系。比如，一项投资决策往往经过企业内多层决策后，还要经过有关主管部门甚至国务院的多层审批。这种审批和决策机制发挥不了企业的积极性，反而削弱了企业的责任心，极大地影响了决策效率，容易错失重大商机。国企若采取政企合一的方式，还会使政府既是制定法律与政策的"裁判员"，又是直接负责企业经营的"运动员"，容易引发腐败问题。

# 中国为什么要向以色列学习 ①

在人类发展的历史长河中，每一个创新之举都是一颗璀璨的明星，照亮来去的路。英语 innovation（创新）这个词起源于拉丁语。简单来说，创新即推出新事物，它有三个方面的含义：更新、创造和改变。意指以现有的知识和物质，在特定的环境中，遵循一定的规律，改进或创造新的事物，并能获得一定有益效果的行为。它要求人们形成创造性思维，做别人现在没有做过的事情或者提出别人没有想到的概念，从而有所改变，而这种改变可以带来良好的社会效益和经济效益。

创新是一个过程，即从新颖、创造、发明到创新，也是实现创造发明潜在的经济价值和社会价值的过程。前人的创新成果是后人创新的源泉和动力。每一个创新成果都是令人骄傲，让历史铭记的。那么，在这其中，什么是迄今为止最伟大的创新呢？我曾在一个重要场合参加过这样的讨论。

有人说是文字的发明。的确，文字系统的产生和发展，使传播的时间限制和空间限制被打破。只要有文字在，传播便永远不会停止。无论过去多少年，曾经的历史都可以用文字的形式留存下来。

---

① 本文于 2015 年 11 月发表于《识局智库》，原题为"创新与以色列"，此处略有改动。

有人说是印刷术的发明。印刷术不仅使传播更加精确快捷，也可以为很多文字作品提供副本，提高保存度。世界各地的人们通过文字印刷紧密地联系在一起，大大地提高了对外传播和全球传播的效率。

有人说是蒸汽机。的确，蒸汽机的发明，使英国成为世界上最早利用蒸汽推动铁制"海轮"的国家。随着它的推广普及，人类进入"蒸汽时代"，生产和生活的面貌被彻底改变，极大地推动了经济的发展。

也有人说，以3D打印技术为典型代表的新型制造技术，将成为引领未来制造业变革的重要创新技术之一，有可能从根本上改变生产组织方式。这些新型制造技术可以极大地释放人的创造力和想象力，使创新经济商业模式成为可能。

当然，不仅是一些技术或产品令人叹为观止，一种社会制度、一种法律体系、一个思想谱系，甚至是一家现代公司的诞生，都是伟大的创新。

然而，这一切的创新之举都源于人，是人的创造性思维起到了决定性的作用。所以，我认为世界上最伟大的创新是基因技术，因为它是提升和延续生命的创新，是本体，其他都是从属。试问：在这个世界上，还有什么比生命更加重要的呢？基因技术被誉为前沿创新的"蓝海"，随着这项技术的发展，人们对生命的认知日益深入。

2014年11月9日，在APEC工商领导人峰会上，国家主席习近平说："中国经济呈现出新常态。"在阐述中国经济增长新常态时，他认为有几个主要特点：速度——"从高速增长转为中高速增长"，结构——"经济结构不断优化升级"，动力——"从要素驱动、投资驱动转向创新驱动"。李克强总理自2014年起，提出了"大众创业，万众创新"的国家发展战略。自此之后，"创新"成为使用频率很高的词，已经成为社会各界十分关注的话题。中国正在通过科技的发展和模式的创新，努力建设创新型国家。但不可否认的是，中国当下的创新力相对较弱，需要较长时间才能逐步建立起来。在这个过程中，我们需要向那些具有创新精神和创新成果丰富的国家学习。在这方面，美国和以色列无疑走在前边，可以成为中国学习的榜样，其中，以色列更值得关注。

畅销书《创业的国度——以色列经济奇迹的启示》的作者美国人丹·塞诺（Dan Senor）和以色列人索尔·辛格（Saul Singer）在书中写道："在这个世界上，如果你想找到创新的关键所在，以色列是值得去的一个地方。世界需要创新，而以色列拥有创新。"他们所言的确不虚。

以色列仅有 2.5 万平方千米的国土面积，人口 835 万，约为全球人口的 0.2%，但有 162 位犹太人获得了诺贝尔奖，占诺贝尔奖总数的 20.2%；以色列企业在美国纳斯达克上市的数量超过欧洲所有国家在纳斯达克上市的公司总和；自 1995 年起，以色列的经济增长超过了世界发达国家的平均水平，2015 年 7 月 1 日，世界银行发布的人均 GNI（国民总收入）排名显示：以色列以人均 34990 美元在全球排名第 19 位。以色列在高科技产业领域的综合实力更是居于世界前列，科技对 GDP 的贡献高达 90% 以上。以色列的生命科学技术也处于全球领先地位，根据以色列高科技产业组织（IATI）在 2015 年 IATI 生物医药年会上发布的数据显示：以色列当年有 1380 家生命科学公司，其中，医疗器械类公司有 725 家，约占 53%；生物科技和制药类公司有 317 家，约占 23%；数字或移动医疗保健类公司有 285 家，约占 20%。

以下这些数据做了有力的说明：

以色列人均拥有创新企业数位居世界第一；

以色列人均拥有高科技公司数量位居世界第一，因而被称为"世界硅谷"；

以色列每万人在国际科学杂志上发表论文数在世界上居首位，人均科技论文数排名第三位，人均论文引用数据位列世界第四；

以色列劳动力中有 25% 是科技专业人员，远远高于美国和日本；

以色列每万人中就有近 150 名科学家和工程师，是世界上这一比例最高的国家；

以色列从事研发的全职人员占总人口的 9.1%，在世界上名列前茅。

那么，中国应在哪些方面学习以色列的创新呢？

首先，在国家战略上。以色列坚持科技与创新立国战略：它通过相关法律法规建立科技创新体系，对企业创新提供全方位支持；注重教育与研发投入，以色列的图书馆数量和人均阅读量位居全球第一；大力发展技术孵化器，鼓励人才资源开发、实现科技成果转化。此外，以色列政府提倡交叉学科研究，以政府作为担保人，引导公众进行风险投资，还于 1992 年成立国家基金，扶持高科技创业公司的发展。以色列的军事科技与人才资源对民用经济领域的"溢出"政策也很值得我国学习。近年来，我国注意到并十分重视创新发展战略，但相比以色列，我们要在创新体制机制、创新鼓励政策的落地等方面加大力度，尤其要避免"花架子""空口号""一阵风"。

其次，在税收和资金使用上。1985 年，以色列颁布的《鼓励工业研究与开发法》规定，经批准的研究与开发项目，由政府提供所需资金的 30%~66%，获得资助的标准是具有创新性、技术上的可行性和很好的出口前景。2002 年，《以色列税收改革法案》鼓励"主动性资本"（如风险投资、证券交易、直接投资等）推动高新技术产业发展。2011 年，以色列颁布了《天使法》（Angel Law），鼓励投资处于早期阶段的高技术公司，如果符合资格的行为主体投资以色列的高科技私营企业，可以从所有渠道的应纳税所得中减去它们的投资数额。同时，在民间，相对于中国老百姓一旦有了资金就可能炒房或炒股的行为不同，在以色列政府的长期鼓励下，老百姓将收入中的大部分投入创新、创业的领域中。在这个方面，我国还有很长的路要走，因为这既与社会保障体系有关，也涉及文化层面。

最后，在文化因素上。老子说："吾有三宝，一曰慈，二曰俭，三曰不敢为天下先。"中国的传统文化，大多告诫大家不要做第一个吃螃蟹的人，因为"枪打出头鸟""木秀于林，风必摧之"。不打破这些固有的观念，是不可能实现超越和创新的。中国现行的应试教育也阻碍了创新精神，孩子们从小被引导要关注课业成绩，而非自身的兴趣与能力的培养。此外，中国一直以来的权力文化和关系文化，也影响了创新。

对照一下以色列文化："以色列"一词的本义是"与上帝角力"；以色列各界达成共识，"除了发展别无选择""要么创造奇迹，要么走向地狱"。以色列前总统西蒙·佩雷斯说："以色列民族精神的本质就是'不满足'。"

当然，我们也不能把中华文化全盘否定，它博大精深，在五千年的历史长河中，不断推陈出新，也创造了很多不朽的文明，成为世界文明大家庭中的一颗明珠。我们要取其精华，去其糟粕，为中国的创新发展汲取养分。我们也要学习以色列的那种居安思危、敢于面对、接受挑战、敢作敢为的创新精神。

总而言之，以色列今天的成就主要在于它的创新。中国要向以色列学习的就是其创新精神！

# 日本大地震引发的思考

北京时间 2011 年 3 月 11 日 13 时 46 分，日本发生 7 级大地震，损失之惨重，震撼全球，引人深思。

美国四个国家级专业数据库有关地震的数据显示：从公元前 2150 年到公元元年，6 级以上地震（以下简称大地震）总共不到 10 次；自公元元年到 1900 年，大地震的次数为 500 多次；在 20 世纪的 100 年间，大地震猛增到 3600 多次或 4000 多次（不同数据库提取的结果存在差异）；而 2001—2008 年 5 月仅 7 年半的时间内，大地震的次数竟高达 1200 余次。几千年来的地震记录表明，大地震在单向加速递增，尤其是自 1967 年以来的 40 年，大地震的猛烈增加近乎指数曲线——在这 40 年中，发生大地震将近 5000 次，是从公元元年到 1967 年大地震总次数的近 3 倍。若按照年平均值来计算，2000—2007 年的 7 年间，大地震次数约为公元前 2150—1800 年近 4000 年间大地震次数的 4400 倍。

面对这些惊心动魄的统计数字，大家可能会产生这样的疑问：为什么地震会发生而且发生得越来越频繁呢？

不少人从科学角度把地震看作一种纯粹的自然现象。一种说法是"地壳运动说"，认为地震是地壳的一种运动形式。地球平均半径约

6372 千米，大致分为固态内核、液态外核、上下地幔、地壳四个层次。地壳的质量只占整个地球的 0.2%。地壳是地球表层的岩石结构，平均厚度约 17 千米，其中，大陆地壳平均厚度 33 千米，海洋地壳平均厚度 10 千米。比起地球半径，地壳十分单薄，就好像是鸡蛋的蛋壳之于整个鸡蛋一样。据说地壳原本是一个整体，后来破裂成为七大板块和七小板块。地球板块在地幔上极其缓慢地运动，各板块之间彼此碰撞、挤压、摩擦、错动和断裂，在板块边界的断层地带发生地震次数最多（这里没有涉及核爆炸所引发的地震以及火山爆发所引发的地震等）。这是现今主流学说对地震成因的大致解释。

最近有一种"地幔核变成因说"。安徽省宣城市溪口镇的李六四在《地球热核演变说》中认为：地震是由地幔中核裂变诱发核聚变的及时效应所造成的，并反映在地壳上的一种表象。

然而，现在占主流的地震成因学说，无法解释地震越来越频发的事实。以板块运动论为例，板块的运动速度为每百万年几十千米到一二百千米，平均每年几厘米到十几二十厘米。地震学和地球物理学并没有发现板块运动突变跃，增数十倍、数百倍甚至数千倍的情形，可是，为什么自 20 世纪以来，发生大地震的次数会加速递增数百倍甚至数千倍呢？

因此，依据人类目前所掌握的科学知识，我们还无法对地震频发的现象做出更好的解释。那么，能否换一个角度来思考呢？

基督教认为，《圣经》对地震频发的原因给出了完满的解释。其成因在于：大地震起源于人的罪；大地震是上帝的干预，是上帝对世人的警钟；大地震频发是末世逼近的重要预兆。基督教解释说，《圣经》预言的 1948 年以色列复国和 1967 年耶路撒冷回归以色列，是耶稣再来的标志性大事。可是，世人还不因此而警醒，不知道认罪悔改。于是，上帝就以猛烈增加的大地震向人类敲响警钟。所以，自 1967 年耶路撒冷回归以色列以来的 40 年间，大地震发生了将近 5000 次，约为从公元元年到 1967 年大地震总次数的 3 倍。

在佛教中，佛陀认为，地震的发生有八种因缘（《大般涅槃经》）；宣化上人① 则开示说，地震也可说是人震，因人与地震相通。地震存在着善恶两面的原因。细细分析和比较之后可以发现，佛教将地震最直接的原因也指向了人，即"天人"与"非天"之间的矛盾。佛教指出，人类的不善业，削弱了"天人"的力量，"非天"战胜天人，引发了地震。

《周易》的解释是，地震是阴阳失衡的结果。第五十一卦"震"卦——震上震下——内外卦都是上面二条阴爻，下面一条阳爻。这不仅在卦象上表现为地表表面断裂一分为二而深处依然一体的状况，而且更是对阴阳失衡的具体说明。

曾经有人提出"人定胜天"的理论，但面对大自然的各种灾害，人类显得如此脆弱和束手无策。科学越发达，物质文明越丰富，人类受到的损害反而越大。日本大地震所带来的核辐射就是明证。

频发的大地震等自然灾害，又带给人类什么样的启示呢？

《周易》说："君子以恐惧修身。"（第五十一卦）也就是说，君子应该知道畏惧天命，反省自己，修身养德。这个思想，在宗教方面也是毫无二致的。总之，人类必须从频发的地震中吸取教训，一是要认识到自己的渺小，随遇而安，顺势而为；二是要敬天畏地，去甚去泰，道法自然。

---

① 宣化上人，原是黑龙江五常市拉林人，俗姓白，在美国旧金山创立了万佛圣城。他是将佛教传入西方世界的先驱之一。

第七章

# 能源安全与投资

**第七章为本书的第七条逻辑：样样通不如一样精——做企业必须专注，企业家至少要精通一个领域。**企业家应专注他所熟悉或感兴趣的行业或领域，忌讳好高骛远、三心二意、一无所长。能源安全是关系国计民生甚至是国家长治久安的重大命题。二十多年来，笔者一直专注能源和能源投资领域。在此，笔者特意把自己有关能源安全与能源投资的思考单列成一条主线，单列章，以供参阅。本章第四节关于构建我国石油安全战略、第五节建立完善的石油金融体系，都是笔者的实战经验所得，有的还发表在《求是》杂志上并获得特等奖。

能源产业具有得天独厚的优势，是改变世界格局的重要力量。中国要想在新的世界竞争中脱颖而出，就需要大力支持能源产业，托起新时代新的朝阳产业。

——《房地产业之后应该托起的朝阳产业》

# 可燃冰或将引发第三次能源革命 [①]

　　2017 年 5 月 18 日，我国宣布在南海神狐海域成功试采可燃冰，成为世界上首个在海域连续稳定产气的国家。可燃冰又称天然气水合物（Natural Gas Hydrate，简称 Gas Hydrate）。它是由天然气与水在高压低温条件下形成的类冰状的结晶物质。因其外观像冰一样并遇火即可燃烧而俗称"可燃冰"。

　　可燃冰试采成功可谓能源领域的一场革命！

　　首先，可燃冰储藏量巨大。其广泛分布于全球大洋海域以及陆地冻土层、极地下层，全球总资源量估算将近 2100 万亿立方米，相当于已探知和使用过的煤、石油及天然气总资源量的两倍。

　　其次，可燃冰具有更高的燃烧热值。它是在高压下形成的，其甲烷含量占 80%~99.9%。1 立方米的可燃冰相当于 164 立方米的气态天然气，具备了能源密度大的特点。一旦投入商用，将会成为高效能源。

　　再次，可燃冰是清洁能源。有科学家认为，开采可燃冰会造成大气中甲烷气体的增加而加剧温室效应，且由于前期投入大，一旦不能量产将造成能源资源浪费。但是，从长期来看，可燃冰是清洁能源，

---

[①]　本文于 2017 年 5 月 23 日发表在《能源》杂志上。

不仅可以通过压缩、冷却处理成液化天然气的形式减少运输难度和所占空间；而且在燃烧后，可燃冰仅会产生较少的二氧化碳和水，从这个角度出发它是地道的洁净能源。

最后，可燃冰是可再生能源。尽管这个说法还存在一定争议，但是有科学家认为，可燃冰不是一次性的资源。可燃冰中的天然气来源有两种形式，一种是由微生物分解有机质生成甲烷等气体，类似沼气；另一种是热解成气，由较高温度和较大深度下的有机质热分解而成。全球244个可燃冰样品的分析数据显示，绝大多数海底可燃冰中的天然气以微生物气型为主，混合气型次之，热解气型较少。因此，按照微生物气型的生成方式，可燃冰还是一种可以再生的能源。

我国已探明，在南海海域和青藏高原冻土层含有极其丰富的可燃冰资源，储量处于世界前列，尤其是南海北坡、西沙海槽是可燃冰的富集区。此次我国使用自主研发的"蓝鲸一号"海上钻井平台，采用减压法试采取得成功。这一方法相对化学药剂激发法等方法，可以减少对环境的污染，处于世界领先水平。但是，这种方法也具有高成本和生产周期长的特点。因此，我国需要抓住时机，利用当前技术领先优势，继续加大研发、攻坚克难，从提升开采工艺到壮大配套装备，在可燃冰开采、运输、储藏和使用的全流程同时下手，还要在降低开采成本上争取突破，尽快实现可燃冰的商业化、规模化生产和利用。

与此同时，可燃冰的特殊形态及其储存位置，决定了在开采与使用这一能源的过程中需要注意一些问题。首先，最重要的是安全问题。在海底开采可燃冰仿佛在豆腐上放铁块，尤其是在神狐海域这样的陡坡上开采更是要谨防引起海床的崩塌和滑移。我国南海的可燃冰多为水合物泥质粉砂型储层类型，开采难度更大。因此，可燃冰开采过程需要谨慎，并做好安全防护工作，防止引发海啸、海底滑坡等次生地质灾害。可燃冰的主要成分是甲烷，甲烷是比二氧化碳危害更大的温室气体，一旦操作不慎将造成气体大量泄漏，加剧温室效应。更危险的是，"可燃冰喷射假说"认为，一旦触发可燃冰爆炸性的释放，由于溢出的甲烷会导致温度升高并搅动可燃冰，将会造成不可逆的爆炸过程。甚至有人认为，可燃冰爆炸威力是目前全球可用核武器爆炸的1万倍，这一状况很可能造成人类毁灭和物种灭绝。因此，如何实现规模化的安全开采，减少乃至避免环境污染，减少对开采海域及生物的影响，是探索可燃冰规模化生产和使用路上的一只"拦路虎"。

此外，就是外交问题。此次试采成功的神狐海域位于我国大陆架延伸的陆坡位置。虽然它位于我国专属经济区没有主权纷争，但是，随着中国南海资源探索脚步的加快，不排除有更多区域发现可燃冰。因此，我国需要提前布局，做好相应的外交工作与危机管理预案，以便更好地保护我国的利益不受侵害。

以可燃冰为起点，我个人对未来能源进行大胆的预测。

第一，可燃冰将会是一次重要的能源革命，也可能带来真正意义上的第三次工业革命！如前所述，与其他新能源相比，可燃冰蕴藏量大、燃烧热值高、清洁度好。更重要的是，目前全球天然气的运输网络和储存设施已经基本具备，一旦可燃冰投入商用，可以利用现有网络进行储运，同时可避免当今风能、太阳能等新能源面临的并网难题。所以，可燃冰一旦投入商用，将是一场名副其实的能源革命！依据杰里米·里夫金（Jeremy Rifkin）的观点，迄今为止，人类已经经历了两次工业革命，第一次是煤炭取代木炭；第二次是石油取代煤炭。杰里米·里夫金在其著作《第三次工业革命》中谈及，第三次工业革命是将互联网技术与可再生能源相结合的能源互联网。在讨论可再生能源时，他提到了光伏等新能源，却忽视了可燃冰巨大的利用潜力及其价值。而我认为，随着开采工艺的完善，可燃冰将大有作为。虽然不少人倾向于认为核聚变将是人类的终极能源，但这并不影响可燃冰在核聚变商业化之前，相对于传统石化能源的革命性作用与影响力。毕竟，人类的进步是渐进式和阶梯式的。能源的开发和发展也是如此。

第二，虽然可燃冰潜力无限，但其实现商业化、规模化可能还需要较长时期。依据比较乐观的预测，我国最早可能会在 2030 年实现商业化。但是，对于可燃冰这一新能源，我们应该稳立潮头，同时不失谨慎，让这场革命步履坚定，而不是徒有其名。

第三，可燃冰开发的经济性较强，同时作为传统化石能源的替代能源，其量产还会对传统的油气价格带来冲击。俄罗斯媒体预测，中国对可燃冰的成功开采，将令国际油气价格"崩溃"。可燃冰的量产，以及油气价格可能出现的下行，无疑将延长化石能源的使用年限，并扩大其使用规模。在可预见的将来，单一能源独占市场的局面难以出现，化石能源的主体地位仍然不可替代，化石能源与非化石能源将在较长时间内共荣共生。

# 房地产业之后应该托起的朝阳产业

房地产业可以说是当下中国最火爆的一个行业。对于它的发展前景，众说纷纭。有人认为，房地产业还有新的发展空间，仍然是中国经济加速发展的推动器；也有人认为，房地产业会硬着陆，下行，风光不再。但是，几乎所有人都持有一个共同观点——房地产业暴利的时代，已经一去不复返了。可以说，中国依靠房地产业拉动经济发展的境况，正在发生改变，这条路快走到尽头了。如果这一观点成立，那么，与房地产业相关联的诸多行业和领域，也将受到巨大冲击，它们又将何去何从？

当前，中央也认为，GDP 高速增长的时代即将出现转轨，今后中高速的增长将成为经济发展的新常态。在这种情况下，在房地产业逐步夕阳化的进程中，需要托起的太阳又是什么？

有人认为，新的"太阳"是以互联网为代表的高科技产业；有人认为，是文化、健康、医疗卫生领域；有人认为是教育。这些领域的共同点是：公众关注度高，与个人的切身利益相关。但是，从全局来看，互联网、健康、教育等领域，都没有足够长的产业链，对国民经济的影响远比不上能源。相反，能源是关系国家经济社会发展全局性、战略性的关键领域。以我在能源业从业 20 年的经验来看，我认为，包括传统能源和新能源在内的能源产业，将是未来新的"太阳"；而且，在今后几代人乃至几十代人的更迭变幻中，将是朝阳行业。

为什么这么说呢？主要基于以下几个方面的考量。

第一，能源是比房地产业涉及面更加广泛的产业。房地产业涉及或者没有涉及的领域，都需要能源的介入。百姓的衣食住行都离不开能源。另外，相对于房地产业来说，能源更具战略意义，是涉及国民经济根基的基础产业。而且，从地缘政治和国际利益角逐的角度来看，能源更是关系一国根本利益和国际地位的重要因素。从本身的重要性而言，能源产业远胜房地产业，所以，能源的时代即将到来。

第二，中国能源目前形势严峻。一方面，中国是世界上最大的能源生产国和消费国，但是，中国自己生产的能源资源"供不应求"，石油供需矛盾突出，对外依存度不断增加，使中国已经成为能源净进口国。2016年，中国进口原油3.81亿吨，占原油总需求量的65.4%。不仅是石油，铀矿、煤矿等也都需要依靠进口。由此可见，中国的能源依存度已经上升到了一个危险的程度。加之中国主要油田或增产难度大，或开发成本过高，在无形中加深了中国的能源危机。另一方面，新能源开发程度不高，光伏电能受到打击，风能并网存在困难，页岩气、秸秆发电等新的能源生产方式都面临各种困境。根据水桶理论，装水多少不是取决于水桶的长板，而是取决于水桶的短板，长板再长，短板的地方也会漏水。所以，对于中国来说，能源的总量不够便是影响中国经济发展壮大的短板。

第三，世界能源的格局正在悄然发生变化，新技术与新能源的开发利用，正在潜移默化地影响着国际形势。比如，美国曾经是世界上最大的石油消耗国和进口国，但是，由于页岩油气技术的提高和页岩油气田的开发利用，如今的美国已经成为石油的净出口国。再如，欧洲在开发风能、太阳能等新能源的领域已经有了新的突破，在世界能源的竞争中也必将处于更加有利的位置。而中国在自身资源供不应求、新能源发展又没有突破的情况下，随着世界格局的变化，必然会受到影响，甚至会处于劣势地位，受到其他国家的掣肘。

第四，能源具有长效性和需求无限性的特征。横向来看，能源涉及诸多领域，牵一发而动全身。纵向来看，能源更是贯穿于长久的时间维度，随时随地存在需求。能源不像房地产，时间长了，在满足需求之后，发展就开始放缓，房价就会出现下跌。能源在任何时候都存在需求。而且，从发展情况来看，中国很快就要成为世界第一大经济体，对能源的需求也会持续高涨。

第五，能源关系国计民生。能源同房地产一样涉及百姓最基本的生活需求，甚至与房地产相比有过之而无不及。老百姓的生活要靠它，生产的方方面面也都需要它，因此，保证能源安全是很重要的事情。另外，GDP 的拉动在很大程度上也取决于能源产业的发展。

综上所述，我认为，今后，能源产业可能取代房地产，成为推动国民经济发展的重要引擎。对于国家来说，要认识并牢牢把握住这个机会，使其成为促进经济发展的新活力。

具体应该怎么做呢？我认为要做好以下几个方面的工作。

第一，增强能源资源的多样性。在传统能源方面，要积极探查开发中国已有的资源，扩大中国自产能源的总量。同时，要积极开拓海外石油资源，使能源的来源地更加多元化，保证中国能源安全，降低被制约的风险。在新能源方面，要加大力度支持核能发展，推动开发页岩油、页岩气。通过政策倾斜和资金支持，争取短时间内突破技术壁垒。

第二，建立战略石油储备。中国的石油战略储备从 2006 年开始建立，目前，石油储备量仅仅达到 30 天进口量的标准，离国际能源机构成员通用的 90 天的要求，还存在较大的距离。根据中国石油战略储备建设计划，到 2020 年，三期项目全部完成，届时储备总量将达 100 天。当前，第一期项目已经完成，中国要做的是将原订计划落到实处。

第三，中国建立石油集散贸易基地。目前，中国没有一个与日益增强的国家实力和国际地位相符的石油集散贸易基地，以保障中国的石油供给和石油市场权益。在我看来，珠海具有得天独厚的优势。在珠海建设石油集散贸易中心，正好与珠海建设临港产业带和广东建设沿海化工产业带的规划相契合，与未来开发利用南海的油气资源相匹配，还可以吸引国际石油贸易与投资。

第四，支持开通克拉地峡（运河）。中国周边石油资源面临威胁，周边国家对于领土和主权的声索，很大程度上源于对石油资源的觊觎。而且，中国常用的石油运输线路——"印度洋—马六甲海峡—中国南海"，很容易受到威胁或封锁。所以，中国有必要扩大石油的来源地，丰富石油的运输途径，实现石油资源的多样性与稳定性。开通克拉运河，既可以降低海运成本，又可以减少国外势力对中国石油产业的干扰，是中国当前可行的选择。中国与泰国之间长期的友好关系和共同的利益诉求，将有利于克拉地峡在未来能源格局中发挥重要作用。

第五，扩大和完善中国石油交易机制。完善的交易机制不仅可以增强中国石油产业的活力和规范程度，更能发挥影响力，增强中国的石油话语权。当前，上海国际能源交易中心，正就原油期货相关交割、检验标准事宜，探讨研究首个"中国标准"，原油期货市场业已开始有序建设。可以说，石油交易机制正在不断的成形完善之中。但是，从速度和力度来说，中国要做的还很多，还需要加快步伐，应对随时可能出现的挑战。

第六，加强国际能源话语权。作为世界上最大的发展中国家和当前最具活力的经济体，中国的市场潜力得到了世界的认可。但是，在能源领域，中国仍然缺乏足够的话语权。随着石油供求和价格的对外依存度越来越高，中国也面临越来越大的风险。这是中国保持稳步发展的一大劣势。所以，加强国际能源话语权势在必行，而最好的方式就是牵头建立石油输入国组织（Organization of Petroleum Importing Countries，OPIC），以加强石油输入国之间的协调与合作。通过建立OPIC，可以有效地提高中国能源安全水平，建立石油供需平衡、协调与共享机制，维护国际油价的稳定，进而提升中国在能源问题上的话语权。

第七，节能环保。节能减排是当下中国的流行风尚，更是实现可持续发展的应时之举。2014 年 9 月 17 日，中国国家发展和改革委员会联合环境保护部、工业和信息化部共同发布了《清洁生产评价指标体系制（修）订计划（第一批）》；2016 年 4 月 8 日，上述三部（委）发布了该计划（第二批），对各大产业，尤其是石化产业为代表的能源产业，提出了更高要求。节能环保也不断内化为能源产业自身绩效的考核标准。所以，提高节能环保意识，改进技术、提升节能环保能力，是能源企业持续发展壮大的必然要求。

亨利·基辛格说："谁控制了石油，谁就控制了所有国家；谁控制了粮食，谁就控制了人类；谁控制了货币发行权，谁就控制了世界。"能源产业具有得天独厚的优势，是改变世界格局的重要力量。中国要想在新的世界竞争中脱颖而出，就需要大力支持能源产业，托起新时代新的朝阳产业。

# 当前经济下行，用能源投资
## 来拉起最靠谱[①]

在经济下行压力加大、结构调整艰难的当下，能源投资能否利用得当，是稳定经济增长、保障能源安全和改善生态环境的关键。

经济增长的动力不外乎"三驾马车"：出口、消费和投资。在日元、欧元等主要国际货币纷纷贬值而人民币保持坚挺的情况下，中国出口竞争力和出口市场份额短期内难以提升，国内消费一时也难以提振。因此，稳增长的关键仍然是投资。目前，中国近4万亿美元庞大的外汇储备，有待于进一步发挥作用，将其转化为投资不失为明智之举。

当前，国家大力推进"一带一路"倡议，除了外交、政治等战略考量外，对外投资刺激出口、加强国际产能合作，应是主要目的。在此过程中，加大对能源资源领域的投资，包括对国内外传统能源、新能源领域以及相关基础设施的投资，具有至关重要的作用。

如果中国对能源资源领域的投资在国家投资战略中能够占据重要位置，将对稳定中国经济增长、改善生态环境、保障国家经济和国防安全，产生深远的积极影响。

---

① 本文于2015年7月发表于《能源》杂志，此处数据有更新。

## 保障经济安全和可持续发展

能源安全是关系到国计民生甚至是国家长治久安的重大命题。有学者认为，两次世界大战、四次中东战争和三次海湾战争，都是因为能源而引起的。学者迈克尔·T. 克莱尔（Michael T. Klare）在《资源战争：全球冲突的新场景》（*Resource Wars: The New Landscape of Global Conflict*, 2001）一书中写道："未来的战争不是由于意识形态的分歧而爆发，而是为了确保最宝贵并且日益减少的自然资源的供应而爆发的。"

从近代全球历史演变来看，一个国家的兴衰与变化，主要基于国际能源权力结构的变化。美国前国务卿基辛格曾说："谁控制了石油，谁就控制了所有国家。"

杰里米·里夫金在《第三次工业革命》中指出，世界已经发生了两次工业革命。在 19 世纪，以煤炭来取代木炭引发了第一次工业革命，这次工业革命成就了英国，使英国成为当时世界上最发达的国家；在 20 世纪，以石油取代煤炭，引发了第二次工业革命，第二次工业革命造就了美国这个当今世界的霸主。里夫金认为，新能源取代石油可能引发第三次工业革命，如果中国抓住新能源兴起的契机，就可能崛起成为世界上最有影响力的国家。

中国是一个化石能源供给短缺的国家。以石油为例，近年中国石油对外依存度迅速提高，目前已升至 65.4%（2016 年底数据），能源安全问题日益凸显。数据显示，1990—2000 年，中国的石油消费需求年均增长 7.6%，而同期世界平均增长仅为 1.4%。2003 年，我国石油消费量同比增长 11.8%，超过日本，成为世界第二大石油消费国。2010 年，中国一次能源消费 24.32 亿吨标准油，超过美国 22.85 亿吨的消费量，成为全球第一大能源消费国。2013年9月，中国单月石油进口量与美国持平甚至略高，成为全球第一大石油进口国。

专家预计，到2020年，中国石油对外依存度将高达75%。国际能源署（IEA）预测，到2030年，这一比例可能激增至80%以上。与此同时，中国的石油进口来源地过于集中，近50%来自中东产油国，约30%来自非洲地区。这意味着，石油进口将途经霍尔木兹海峡和马六甲海峡等海上运输的咽喉要塞，因此，面临海盗袭击和军事威胁等隐患。美国当代著名地缘政治学家兹比格涅夫·布热津斯基（Zbigniew Kazimierz Brzeziński）说："美国具有随时切断中国油源的能力。在危机时期，美国可以随心所欲地封锁中国，这样就会完全阻断中国的对外贸易和石油进口。"

尤其值得注意的是，中国战略石油储备建设严重滞后。按照国际能源署规定的标准，一个国家石油储量要达到90天的消耗量，才有资格成为IEA成员国。而目前，中国战略石油储备只有30多天。相比之下，美国、日本、德国等国的储备都超过100天。即使是新加坡这样的弹丸之国，也拥有马六甲海峡这样得天独厚的进口便利，储备也达到了90天。

面对严峻的能源安全形势，中国需要同时在两条路上前进。一是继续开发海外能源资源，以及国内核能、化石能源，并加强能源基础设施建设；二是抓紧开发国内新能源，并加大新能源技术的开发与应用。

面对全球化石能源供应偏紧，美国加大了页岩油气等非常规化石能源开发的力度，目前油气产量均已位居世界第一。而化石能源供给不足的德国、法国等欧洲国家，则采取了加大太阳能、风能等新能源开发的举措。对于中国而言，无论采取哪一路径，都需要十分庞大的投资。但如果忽视能源领域的投资，无疑将削弱中国的能源安全基础，对中国的经济安全和国防建设带来较大的隐患。

## 投资空间巨大

为应对 2008 年国际金融危机，中国启动了 4 万亿人民币投资计划——有专家估算，实际投资可能远超这一数字。

那一轮的投资计划，主要是在地方政府主导下，投资"铁公机"等基础设施项目。启动这些项目建设，是基于当时的实际情况做出的战略考量。但事后看，这也在一定程度上产生了当前产能过剩和环境污染等负面影响。

现在，是调整中国投资战略和方向的时候了！中国应适时地把加强能源领域的投资摆在更加重要的地位上。加快能源项目开发及其基础设施建设，并把能源建设和节能环保紧密结合起来，成为当务之急、重中之重！

当前，中国化石能源供给偏紧，而需求刚性增长，需要未雨绸缪开工建设一批能源工程。

首先，应该大力发展核能。随着中国华龙一号、CAP1400 型压水堆核电机组等自主三代核电技术的成熟，中国核电项目运营安全系数再次提高，核电项目建设成本也不断下降，发展核电的经济性增强。基于核电安全性的提高及其经济性、相对环保的特征，甚至有观点认为人类的终极能源就是核能。

截至 2016 年 9 月，核能在全球电力消费中占比 14.8%，其中，美国、英国、西班牙、罗马尼亚占 20%，乌克兰、匈牙利、瑞典、瑞士占 33%，俄罗斯占 50%，法国占 78%。而中国占比仅约 2%，我国持续提升的空间巨大。中国能源"十二五"规划曾经提出，将核电的装机容量，从 2010 年的 1082 亿千瓦，提高到 2015 年的 4000 亿千瓦，年均增长 29.9%。后来，受到日本福岛核事故的冲击，中国的核电建设较规划有所放缓，2015 年重启，但加快发展核电的方向不会改变。根据"十三五"规划，到 2020 年我国的运行核电装机容量将达到 5800 万千瓦，在建机组达到 3000 万千瓦以上，机电总数达到世界第二。其实，这个规划还有很大的提升空间，所需投资巨大。

其次，要提高天然气的使用规模，扩大天然气进口。天然气作为相对清洁的化石能源，其污染排放比石油和煤炭要小得多。2013 年，天然气在全球一次能源消费中占比 23.7%，其中，欧盟占 24%，美国占 22%，而中国仅占 5.1%。2015 年，天然气在中国一次能源消费中的比例上升到 5.9%，但低于世界年均值的 23.8%。相关数据表明，中国非常规天然气的储量是美国天然气储量的 3 倍，但由于政策和技术等，中国并没有将其充分利用。

不管是进口天然气，还是开发中国自有天然气，抑或建设天然气管道和储存设施等，都需要大量的投资。此外，还要加大天然气价格市场化改革，鼓励企业增加天然气进口量。

在能源运输通道等基础设施方面，我曾多次倡议开通中泰克拉运河，并提出建立珠海石油集散贸易基地、加大战略石油储备建设等问题，而这些都需要大量资金的投入。例如，开通克拉运河需要 280 亿~400 亿美元。再如，中国目前油气管道总长约 12 万公里，仅为美国天然气管道长度的 1/5。修建油气管道也需要大量投资。

这些实例就足以证明能源领域投资的需求巨大，大有可为。而且，对能源领域的投资利当代更利长远。我们有充足的外汇储备，有能力加强这方面的投资。此外，中国应加快能源领域市场准入放开，让民间充裕的资金通过 PPP 等模式进入能源投资领域。

## 改善生态环境

能源是人类生存发展的重要物质基础。随着人类能源消费，特别是化石能源消费数量的增多，能源对经济社会发展的制约和对环境的影响日益明显。随着污染接近甚至已达到中国环境承载能力的极限，中国必须积极探索清洁能源、可再生能源的开发和应用。能源领域投资应该实现发展与环保兼顾，既能拉动经济增长又能改善环境，起到稳增长和调结构的双重功效。

当前，中国局部地区雾霾严重，且受影响区域不断扩大。我认为，这主要是由中国能源消费结构不合理造成的。2016年，中国总能源消费中，煤炭消费占62%，远超全球平均30%的水平。当年，非化石能源消费比例为13.3%，2017年将提升到14.3%左右，中国以煤为主的能源结构已不能适应经济社会的发展需要。面对落后的能源消费结构，中国必须加大投资力度，加强开发与应用新能源以及节能技术等。

里夫金在《第三次工业革命》一书中指出，分布式能源将是未来能源生产和消费方式发展的趋势。今后利用互联网技术，每个人不仅可以使用能源，还可以生产能源。能源的生产和消费，将是双向互动的交互式模式。分布式发电技术的应用，还需要智能电网和储能技术的开发和应用作为配套，这都需要巨额的投资。

随着中国太阳能、风能等新能源设备国产化水平的提高，设备价格正在快速下降。在国家既有的补贴政策下，新能源运营投资年回报率达到了7%左右，商业推广的条件逐渐成熟。今后国家可实行补贴逐年递减的政策，一方面，给市场稳定的政策预期；另一方面，激励企业不断降低设备和运营成本，提高新能源应用的市场化水平。

此外，节能已被称为"第五种能源"，加强节能技术的开发、提高能源利用效率十分重要。中国应在交通、建筑、工业等重点、高能耗领域，采用节能高效技术和能源替代技术，适当增加可再生能源的利用。

近年，中国提出了"一带一路"倡议。"一带一路"沿线国家与地区既有石油、天然气等化石能源的产出国，如沙特阿拉伯、哈萨克斯坦等；也有可再生资源潜力巨大的赤道和北极地区。与此同时，即使是化石能源丰富的中亚、中东地区，也有发展清洁能源的巨大空间。因此，在实施"一带一路"倡议的过程中，一定要与对能源领域的投资结合起来，获取更多海外能源资源，加强能源基础设施建设。

在实施"一带一路"倡议时，国家可对开通克拉运河，进一步开发瓜达尔港等国际通道建设给予更多支持。同时，加大对国内相关口岸，如珠海大小万山岛、新疆口岸等的建设支持，建立起有全球影响力的石油集散贸易基地，争夺中国能源定价的话语权。此外，要鼓励企业加大对中亚、非洲、南美等地区石油资源的开发。

总之，在过去相当长一段时间内，虽然中国能源对外依存度显著提高，国家也意识到能源安全存在的诸多隐患，但中国对能源安全问题的重视还远远不够，与欧盟、美国、日本、韩国等国家或地区，相去甚远。我们需要意识到，加强对能源领域的投资可以起到"纲举目张"的作用。

能源投资是稳增长、调结构、消化过剩产能、实施供给侧改革、创造就业机会，甚至是保障国家经济社会发展和国防建设的重要"阀门"，利用好这个"阀门"，就可以发挥好稳定经济增长、保障能源安全和改善生态环境"三位一体"的作用。

# 关于我国的石油安全战略 [①]

所谓石油安全，就是在数量和价格上能满足经济社会持续发展需要的石油供应保障能力。在我国经济社会快速发展的今天，石油安全已成为保障国家经济安全的重大战略课题。面对国际石油市场变幻莫测的形势，按照科学发展观的要求来探讨我国的石油安全战略，我认为应当主要思考和把握以下几个问题。

## 实施可持续发展的能源战略，贯彻"开发与节约并重，把节约放在首位"的方针

要实现可持续发展，必须把坚持以人为本与尊重自然规律相结合，努力为人类的长期生存和发展营造一个良好的环境。我国对资源的使用情况不尽如人意，与能源燃烧相关的空气污染使中国 40% 的国土面临酸雨的威胁，100 多个城市雨水的 pH 值都非常低。如果不采取有效措施，2020 年中国的二氧化硫和二氧化氮的排放量将分别超过4000 万吨和 3500 万吨。因此，对中国这样一个人口众多、资源相对

---

① 本文发表于《求是》杂志 2004 年第 16 期并获得当年度特别奖。

不足、生态环境承载力弱、能源利用率低的国家来说，大力节约能源、提高能源效率具有非常重要的经济意义和社会意义。

控制石油消费量增加的主要手段就是依靠技术进步和科学管理，积极调整产业结构，提高能源使用效率，使单位 GDP 的石油消耗减少，走资源节约型的可持续发展道路，把节约用油作为国家石油安全战略的重要组成部分，加快建立节约型的石油消费模式。为此，必须积极加快技术进步，节油降耗；改善产业结构和产品结构，压缩高耗油产业，淘汰高耗能设备，大力发展高附加值产品的生产，推广应用新工艺、新技术；加快制定优惠政策，引导、鼓励企业和消费者使用清洁能源。

要高度重视完善石油安全管理体系。面对石油需求的不断增长，我国有必要建立一个协调能源政策、主管能源的机构，也迫切需要出台一些协调一致、针对能源安全的法律法规，鼓励节油，抑制无效、低效的石油消费。西方国家的一些做法值得借鉴，如日本制定了《关于促进石油替代能源开发和利用法》，严格限制高耗油项目，鼓励采取节能措施，取得较好效果。中国应该学习和研究其他国家的先进经验，力争早日推出一部完善、缜密、具有一定可操作性的石油法，以克服石油工业监管中存在的各种弊端，实现依法监管石油工业。

## 努力使用多种能源，有效开发替代能源

石油安全战略并不是孤立的，而是国家整体能源战略中的一个组成部分。要从整个能源战略的角度出发，统筹兼顾石油与其他能源的比例关系，优化能源结构，降低能源结构中的石油比例，大力发展天然气和其他替代能源（如核能、风能、水能等），实现能源结构多元化，逐步减少国民经济对石油的依赖，以缓解石油供应紧张的局面。开发

替代能源，不仅可以增强中国能源系统的抗风险能力，还可以保证在未来的国际能源产业竞争中占得一席之地，甚至还可以满足广大农村地区人口的能源需求，减少森林过度开采和植被破坏。

目前，我国替代能源的开发发展还是薄弱环节。中国虽是水力资源大国，但目前的开发率仅为15%，远低于世界平均水平，落后于印度、巴西、越南等发展中国家，开发潜力巨大。核能是发达国家重要的替代能源，目前仅占中国能源结构的1.2%，而日本、法国都超过了30%。因此，我国应积极发展核电能源，力争到2020年使核电装机达到4000万千瓦，占全部发电量的比例提高到4%。中国的可再生能源（包括小水电、太阳能、风能和生物质能等）资源基础雄厚，但因成本高、规模小、缺乏激励政策而发展滞后。积极发展可再生能源，远期可以替代石化燃料，近期可以解决全面建设小康社会过程中边远和农村地区的用能问题。未来20年，中国应促使可再生能源初步形成规模，并为今后更大规模地替代石化燃料奠定基础。与此同时，中国还应大力推动海洋能、氢能、燃料电池、生物液体燃料等替代能源的开发。

## 尽快建立石油安全储备战略体系，增加安全系数

为减少石油不安全因素造成的影响，增强抵抗可能出现的石油危机的应对能力，建立石油战略储备体系将是保障中国石油市场供应和稳定价格的一个重要手段。这已被美国、日本、韩国等国家所证实。

目前，世界上有三种石油战略储备的方式，即国家储备、机构储备和企业储备。国家储备就是由国家支付储备预算，并对储备油实行绝对控制；机构储备是指储备义务由国有或私营的某一机构或组织承

担，经营者向这一机构缴纳一定比例的特殊权使用费，供其承担储备费用；企业储备是指石油经营者负责履行储备义务，或者经营者自己进行储备，或者通过书面保证的形式委托给另一经营者进行使用权储备。

美国建立石油战略储备的资金在开始阶段全部由国家财政承担，自1995年起开始商业化运作，储备设施向国内企业出租，同时也在国外寻求石油储备合作。法国一半以上的石油储备由"法国石油战略储备行业委员会"（CPSSP）通过特许经营承担，其余的储备为石油经营者进行的所有权储备或使用权储备。韩国则采用与采油国共同储备的制度，同时协议出租储油设备，这种做法不仅使韩国国内的储油设备最大限度地得到充分利用，获得租金，较好地解决储备资金不足的问题，还使韩国政府在没有任何财政负担的情况下优先获得石油供应。日本的石油战略储备分为政府的战略储备和民间的商业储备。目前，日本正在寻求灵活的储油方式，即首先将建在冲绳的储油基地供给愿意合作的中国或东盟国家，随后在经东盟同意的基础上，选择菲律宾的斯比克湾和泰国的某一合适地点，由日本提供技术和资金，合作新建储备基地。

中国建立石油战略储备体系可以借鉴国际经验，在起步阶段宜采用国家战略储备和企业商业储备相结合的方式，发挥国家、相关部门和企业三方面作用，实施以国家为主、企业共同参与，以国内石油储备为主、国外石油储备为辅的石油储备战略。国家石油战略储备的主要目的是确保在战争、自然灾害或其他突发事件发生时国家石油的不间断供给，同时，也能起到部分平抑国内油价异常波动的功能。而企业商业储备则不仅可以保证国家石油储备的平均库存，还能在关键时刻起到稳定市场供应、稳定人心、缓和国内油价异常波动的作用，况且，企业商业储备是在自筹资金的前提下进行的，因而能减轻国家在建立石油战略储备方面的巨额财政负担。

基于对中国石油安全问题的关注和认识，中国航油（新加坡）股份有限公司（以下简称中国航油）已着手进行企业储备的尝试，利用天时、地利，大胆提出"黄金通道"和"金三角"的石油发展战略。为实现这一战略目标，中国航油瞄准阿拉伯联合酋长国国家石油公司（ENOC），与其建立了战略联盟。2004 年 3 月 23 日，ENOC 及其子公司在新加坡签署两项《合作谅解备忘录》。根据备忘录，中国航油将收购 ENOC 的全资子公司——地平线储油有限公司位于中东迪拜的储油罐区 20% 的股权。与此同时，中国航油将与地平线公司成立合资公司，于 2006 年 1 月 1 日前在新加坡建成第一期 50 万立方米的储油罐区和两个配套的深水码头。中国航油与 ENOC 合作，并与地平线公司联合在新加坡投资建立超大型油库区，将使公司涉足石油仓储业务，逐步利用世界石油资源，协助稳定国内进口油源，在国外建立储油设施还可以分散储存风险、减少国家投资负担。这是中资企业积极走出国门、掌握更多海外石油资源、建立企业储备的一种新尝试。

中国的石油安全储备总量，须依据中国的实际国情和经济承受能力，借鉴各国成功经验，以循序渐进、逐步发展的方式来确定。资料显示，美国实际储备原油的能力已达 7.5 亿桶，可满足 158 天的消费。日本的石油储备相当于 160 天的进口量。欧盟国家则建立了相当于 90 天进口量的石油战略储备。结合我国的实际情况，中国至少需要建立 60 天石油消费量的石油战略储备体系。对此目标，可由小到大分阶段逐步实现。

石油储备是一个十分复杂的问题，涉及面广、投资巨大。根据测算，如按照一年 2 亿吨的加工量计算，15 天的起步储备至少需要 800 万吨的量，即使按每桶 35 美元到岸价格计算，也将耗费 230 多亿元人民币，加上配套系统工程 100 亿元人民币，总共至少需要 330 多亿元人民币的投资。因此，应以政府拨款为主，政府和民间多种渠道筹集，可借鉴日本、德国等国的方式，通过发行长期国债、财政拨款、建立储备金和设计新税种等方法予以解决。

## 充分利用国际石油市场，建立多元化海外石油供应体系

中国进口的原油大部分来自中东和非洲。预计未来几年从中东和非洲地区进口石油的比例将继续保持较高水平。然而，中东和非洲地区正是目前国际政治经济局势动荡的主要地区，武装冲突连绵不断、恐怖事件频繁发生，如此等等，不可避免地对石油市场产生了严重影响。目前，中国进口的原油大部分是通过海上运输的，海运量占进口量的 98% 左右。我国必须寻找和形成多元的石油供应市场，把从周边产油国进口能源提到一个更加重要的地位。美国兰德公司在题为《中国寻求能源安全》的研究报告中提到的一个基本结论是：中国不能把鸡蛋全部放在一个篮子里。中国石油的对外依存度目前应限制在 1/3 的范围之内，同时要努力从周边国家寻求进口石油。

应积极实行"走出去"战略，利用我们的技术、资金到非洲、南美等国家开发石油，赚取外汇然后拿这些外汇到运输风险比较小的石油产地购买石油。目前，中国对海外石油资源的利用，除由政府指定的企业在国际市场上进行现货和期货交易外，还应在勘探、开采等领域与外方加强合作。

我国要加强对国际石油价格波动的观察和预见，广泛收集信息，进行周密分析，做出正确判断和选择。从总体上看，世界在一定时期内并不缺油，问题的关键在于供需平衡关系的确定。当前中国在国际石油定价方面几乎没有发言权，因而石油供应的不安全系数居

高不下。为此，应适时建立自己的石油期货市场，努力谋求国际油价的定价权，从目前的防御型体系向主动出击型体系转变。一个价格不断波动的国际石油市场不符合中国的经济利益。作为一个经济大国，我国应承担起促进国际经济稳定发展的责任。

# 中国需要建立完善的石油金融体系 [1]

2016 年,我国石油表观消费量 [2] 为 5.56 亿吨,同比增长 2.8%;2017 年石油进口量累计约为 3.81 亿吨,同比上涨 13.56%,已成为全球最大石油进口国。然而,大量的石油消耗与进口,却未能提升中国在国际石油市场上的影响力,中国对国际石油定价的话语权依然很弱。2017 年 4 月 13 日,财联社采访中国证监会分管期货市场的副主席方星海时,方副主席说:"中国现在是全球最大的石油消费国,也是不小的生产国,但是,石油贸易、定价的中心,一个在纽约,另一个在伦敦。"在国际石油价格方面,中国只是一个被动的接受者,承受着石油价格波动带来的巨大风险。国际油价的暴涨或暴跌,通过石油进口途径传导到国内,给中国经济发展和企业运营带来了大量的不确定因素。建立和完善石油金融体系,是改变这种被动局面的重要举措之一。

---

① 本文于 2010 年 7 月发表于《中国企业家》杂志,此处数据有更新、部分地方有增减。

② 表观消费量(Apparent Consumption),是指当年产量 + 净进口量;而净进口量 = 当年进口量 – 出口量。这种统计做法是为了便于取得相关数据。

## 中国建立石油金融体系的必要性

首先，国际市场上石油与金融的结合日益紧密。

当今的国际石油市场已不仅是单纯的商品交易市场。自20世纪70年代以来，由于国际石油价格的变动更为频繁和剧烈，市场参与者产生了规避价格风险的强烈需求，对石油期货等金融工具的需求与日俱增。在这样的背景下，石油期货市场得到了迅速发展，远期、期权、掉期等其他衍生品，也开始推出和流行。同时，石油市场的参与者，不再仅局限于石油开采、冶炼、贸易等相关企业。对冲基金、私募基金、养老基金、投资银行、商业银行、保险公司等许多金融机构，也开始涉足石油领域，并且发挥着极其重要的作用。

随着各种金融机构的加入和参与，以及石油金融衍生品的开发和交易，国际石油市场的"金融属性"已经越来越明显，大量的石油交易通过金融市场得以完成，石油金融衍生产品已成为石油市场不可或缺的一部分。如今，国际油价并不仅仅由现货市场的供求关系来决定，还受到远期交割、期货交易等石油金融市场的影响。

其次，中国石油金融市场的缺位，对中国经济产生了负面影响。

在石油与金融的关系日益紧密的环境下，中国缺乏较具规模和比较完善的石油金融市场，不能主动而积极地参与国际石油的定价，而只能听命于国际石油和金融机构对市场的操纵。2009年，中国的原油进口量为20379万吨，折合约14亿桶。若油价每桶上涨10美元，则进口成本增加140亿美元，相当于吃掉了中国最大的石油企业——中国石油一年的净利润（2009年，中国石油的净利润为1031.73亿元人民币，折合151.28亿美元）。高油价除了对石油及其相关行业产生不利影响外，还会导致通货膨胀等一系列问题，并对中国整体经济造成伤害。

再次，中国企业石油衍生品亏损与中国缺乏石油金融市场有关。

近年来，虽有中国航油的前车之鉴，中国仍有不少大型企业重蹈覆辙，继续在国际石油金融衍生品市场上遭受重大损失。究其原因，既有企业自身交易不当、风险控制不足的内部原因，也与国内缺乏石油金融市场有关。这是因为，面对国际油价的频繁波动，利用金融衍生品进行风险管理，是复杂市场环境下企业的必然选择。中国的石油企业及其相关企业，特别是那些需要把握油品价格涨落风险的大型央企，必须利用石油金融工具及其衍生品进行套期保值、规避风险。然而，由于中国尚未建立起完善的石油金融市场，以及石油衍生品工具的缺乏，国内企业只能到海外市场上进行交易，而在诸如新加坡等石油金融市场上，活跃着高盛、三井等"江湖老手"的身影。它们恰恰利用中国企业缺乏经验的弱点，设计出结构复杂的高风险、高杠杆性的石油衍生品，并不惜采用欺诈性手段向中国企业兜售。

以中国航油为例，造成中国航油巨额亏损的期权交易，就是高盛的下属企业——杰瑞（J. Aron）公司推销给中国航油交易员纪瑞德（Gerard Rigby）的。当初，在出现账面亏损时，我要求立即斩仓。但是，高盛却建议挪盘。其建议让人觉得，似乎只有挪盘才是唯一最佳的选择。我的律师看到那份建议后评价说："任何管理者，看到这份建议只能选择挪盘！"而且，中国航油的两次挪盘建议，都是高盛在我本人出差在外时提出的。中国航油曾经将高盛告上了法庭，但在我入狱之后，这场官司就不了了之了。近期，我从媒体上看到长江商学院黄明教授的这样一段话："高盛在与中国航油（新加坡）的交易过程中涉及的问题，要远比在本土的问题严重得多。"黄明教授还说："中国航油控告高盛欺诈与误导的那场官司，其实是可以百分之百打赢的！"

当然，日本三井在中国航油事件中所起到的不良作用，与高盛比较起来，是有过之而无不及的。

最后，中国的石油金融市场还处于发展初期。

尽管石油金融市场在世界经济格局中发挥着越来越大的作用，但是，中国的参与程度和发展程度都微乎其微。

1993 年初，中国曾在上海石油交易所开展石油期货交易，到 1994 年，其日均交易量已超过世界第三大能源期货市场——新加坡国际金融交易所，在国际上引起了广泛的关注。然而，由于当时受到国内通货膨胀和经济过热的冲击，以及石油投机交易过热等的负面影响，中国于 1995 年停止了石油期货交易。在此后的 9 年里，中国的石油期货交易处于空白阶段。进入 21 世纪，中国开始逐步恢复石油相关产品的期货交易。2004 年，燃料油期货品种在上海期货交易所挂牌上市。尽管有这样或那样的交易所（或中心）从事成品油现货交易，但从中国证监会 2017 年 4 月 21 日公布的有关资料看，目前，中国只有 4 家期货市场：大连商品交易所、上海期货交易所、郑州期货交易所、中国金融期货交易所。其中，仅有上海期货交易所显示有微量燃料油和沥青两个与油有关的交易品种，任何一家期货交易所都没有进行原油交易。

即使是燃料油的重新上市交易，对中国的石油金融市场还是具有标志性的意义，这也进一步验证了在中国建立并完善石油金融体系的重要性。但是，与国际成熟市场相比，中国的石油金融体系还很不完善，产品种类较少，汽油、柴油等成品油期货还未推出，期权、掉期等其他衍生品市场还未建立，市场参与程度和国际化开放程度还较低。所以，加快建立和完善中国自身的石油金融体系是大势所趋。

## 石油与金融的融合是石油市场发展的必然趋势

中国境内拥有石油金融市场，会提高中国在国际石油市场上的影响力和定价权，从而有利于中国经济的发展。它至少会带来以下三个好处。

第一，为中国企业提供一个套期保值和风险对冲的平台，以规避石油价格波动风险。

第二，中国企业在境内从事金融衍生品的风险可控度，要比在境外大得多。

第三，中国政府和有关机构可以比较有效地监控与调节自己企业（尤其是国有企业）的石油衍生品交易。

## 如何完善我国石油金融体系

第一，整合中国石油交易市场，对进出口石油和在国内交易的石油一律实施以人民币计价，形成中国价格。

第二，完善石油金融衍生品种类。

以期货市场为核心的石油金融衍生品市场，是对石油现货市场的重要补充。在当前中国的石油期货市场上，产品还比较单一。

除了石油产品的品种需要丰富之外，金融衍生品的类别也需要进一步增加，以满足不同企业、不同层次的需求。例如，除了期货外，还可以开发更多标准化的期权、掉期等衍生品合约，以便为企业提供更多、更灵活的选择。如果中国的石油市场能够提供足够的标准化金融产品，中国企业就不必或者少到境外市场，特别是境外的场外交易市场上开展交易，这样将大大降低这些企业的交易风险。

第三，丰富石油金融市场参与主体。

由于金融衍生品市场的高风险性，中国对境内企业参与金融衍生品交易，做出了较为严格的规定。严格的审批制度，的确降低了中国企业参与金融衍生品交易的风险，但也使中国参与期货市场的企业数量受到限制。这不利于中国企业参与金融衍生品业务的经验的积累，也降低了中国在国际石油金融市场上的话语权。

因此，在严格控制风险的前提下，建议考虑逐步放宽对国内企业参与石油衍生品市场交易的限制，以丰富中国参与石油金融市场的主体，逐步积累从事石油金融业务的经验。除此之外，也可以仿效证券投资领域的 QFII（合格境外机构投资者）的规定，允许国外的套期保值者进入中国石油金融市场规避风险，提高中国石油衍生品市场的交易量和交易规模，这也利于中国与国际接轨。

第四，健全衍生品市场法律体系。

目前，许多国家都制定了专门的石油衍生品的相关法律。金融衍生品法律，对进一步规范衍生品市场、约束违法违规行为、降低交易所和经纪公司以及投资者的风险，都发挥了极其重要的作用。而中国还未制定专门的期货和金融衍生品法律，目前所实施的《期货交易管理暂行条例》及其配套管理办法的法律位阶过低，不能完全满足现代金融衍生品市场的需求。因此，加快出台期货交易法等金融衍生品法律，是十分必要和紧迫的。中国在制定相关法律时，应该修正国际上现行的一些不合理的交易规则。

第五，加强衍生品交易的风险监管。

在逐步放宽对国内外企业参与石油金融衍生品交易限制的同时，我们还要加强对衍生品交易的风险监管。对衍生品交易可以从企业、交易所、行业协会等不同角度加强监管。

监管的着力点应该放在国有企业和上市公司上。对其他企业，则可以通过行业协会等途径，进行引导与培训。对于参与衍生品交易的国有企业和上市公司，要从公司管理制度、财务制度、业绩考核制度和市场应对措施等方面入手，完善其投资管理和风险控制体系。

交易所是进行石油交易的重要场所，是衍生品市场最基本的管理和执行机构。交易所可以在会员管理、交易活动、经纪结算等方面加强管理。

行业协会是加强监管的重要方式和有益补充。目前，中国已经成立期货行业协会，但在完善石油金融衍生品种类后，可以成立石油衍生品行业协会，以发挥行业自律组织的作用。

第六，做大石油金融衍生品市场，提高石油定价的话语权。

中国石油消费大国的地位，决定了石油金融市场的巨大潜力，必须建立相应的市场平台，才能满足企业和社会的发展需要。

同样以上海期货交易所的燃料油期货品种为例。过去，燃料油的定价权在新加坡，中国企业只能以"普氏新加坡"报价作为进口结算参考。上海燃料油期货品种推出后，依托中国巨大的现货市场，逐渐形成了反映中国市场供求实际状况的"中国价格"和"中国标准"，在国际市场产生了较大影响。借鉴上海燃料油期货品种的成功案例，如果中国推出原油、汽油、柴油、煤油、沥青等多种产品的衍生品交易，必将有助于扩大中国市场对国际市场的影响力，甚至形成持久的、名副其实的"中国价格"。

# 石油战略储备机不可失 ①

从 2014 年 6 月开始，国际石油价格结束了自 2004 年以来持续上涨、高位震荡的行情。油价连续下跌，近期更是创下了近 5 年来的新低，且至今没有出现总体逆转的迹象。从整体上看，全球日均石油产量大约在 9000 万桶。按照 2014 年 6 月 27 日油价大幅下跌前的每桶 115 美元计算，总价值将近 3.8 万亿美元。如果价格维持在每桶 55 美元，总价值将跌至 1.8 万亿美元，这会为石油消费国带来 2 万亿美元左右的成本下降空间。

低油价无疑降低了资源进口成本，也降低了整个产业链的成本。这对于世界第二大石油消耗国和世界最大石油进口国的中国而言，总体利好。

在冬季达沃斯论坛上，李克强总理对外界担忧的中国经济下行这一问题做出了回应。他表示："中国经济增速放缓有世界大背景，也有内在规律；GDP 基数在增大，即使 7% 增长，年增长也要达到 8000 多亿美元，大于几年前 10% 的增量。"如此之大的 GDP 规模，势必需要相应的能源作为支撑。而根据中国国家能源局在《能源发展

---

① 本文于 2015 年 2 月发表于《中国经营报》，并受到中央领导的高度重视。

"十二五"规划》中的预期，截至 2015 年末，非化石能源在中国总能源消费中的占比仅为 11.4%。因此，中国的石油需求增长仍是长期而稳定的。

我在 2004 年 8 月出版的《求是》杂志上，曾发表过一篇名为《关于我国的石油安全战略》的文章。我提出："为减少石油不安全因素造成的影响，增强抵抗可能出现的石油危机的应对能力，建立石油战略储备体系将是保障中国石油市场供应和稳定价格的一个重要手段。"当时，我还提出，中国的石油安全战略应当主要思考和把握以下几个问题：

第一，实施可持续发展的能源战略，贯彻"开发与节约并重、把节约放在首位"的方针；

第二，努力使用多种能源，有效开发替代能源；

第三，尽快建立石油安全储备战略体系，增加安全系数；

第四，充分利用国际石油市场，建立多元化海外石油供应体系。

时隔 11 年，结合当前有利背景，我仅就中国战略石油储备，提出几点思考。

第一，价值投资导向。在中国巨大需求的支撑下，石油储备应以价值为衡量依据而非价格。2004 年，油价大幅变动并自此开始持续高价位运营，当年布伦特原油价格为 38.27 美元/桶。在此基础上考虑过去 10 年的复合通胀率和美元指数以及石油开采成本等因素，当下比较合理的石油市场价位应该在 51.74 美元/桶左右（布伦特原油）。商业"不可能总是买到低点，也不能永远卖出高点"。根据国际金融界通行的规则，基于价值规律和中国经济发展的需要，中国应当抓住现时低油价的机遇，逐步增加石油库存，并配以适当的套期保值以降低风险。

第二，国家、军队和企业三方参与。中国建立石油战略储备体系可以借鉴国际经验，采用国家战略储备和企业商业储备相结合的方式，发挥各方作用，实施以国家为主、军队和企业共同参与，以国内石油储备为主、国外石油储备为辅的石油储备战略。

国家石油战略储备的主要目的是确保在战争、自然灾害、断供与短供或其他突发事件发生时国家石油的不间断供给，同时，起到部分平抑国内油价异常波动的作用。而企业商业储备，不仅可以保证国家石油储备的平均库存，还能在关键时刻起到稳定市场供应、稳定人心、缓和国内油价异常波动的作用，况且，实行企业商业储备制度，可以减轻国家在建立石油战略储备方面的巨额财政负担。

第三，进一步对民营石油企业开放，让民营企业在石油市场中发挥更大的作用，正所谓"国富民强""富裕在民"。中国民营石油企业有一万多家，其中不少企业有能力、有意愿参加石油战略储备。让这些企业参与进来，中国的石油储备将会更加健康地发展。

2010年5月，国务院对外发布了《关于鼓励和引导民间投资健康发展的若干意见》，即"新36条"，首次提出鼓励民营资本进入石油行业的勘探、运输领域，鼓励民间资本参与石油天然气建设，支持民间资本进入油气勘探开发领域，与国有石油企业合作开展油气勘探开发。借此机会，应该进一步完善"新36条"，进一步放开相关政策，使中国民营企业参与到战略石油储备领域之中。

第四，建立系统化石油战略储备机制。这一机制应包括原油以及石油产品的买入与抛出原则、进出口渠道、参与主体、套期保值制度，甚至包括利用中国充足的外汇储备储油、国家战略石油储备中心"以油养油"等多方面内容，从而指导中国石油战略储备工作规范且有效进行。

# 开通克拉运河利大于弊 [①]

上海自贸区的建立无疑是中国改革开放进程中的里程碑事件，它不仅拉开了中国对外开放新阶段的序幕，也为当前国际经济领域增添了浓墨重彩的一笔，并将在诸多领域对中国、亚洲乃至世界产生积极影响。其中，值得一提的是，随着自由贸易区这一新身份的赋予，上海作为金融、物流中心的地位将得以确立，港口货物转运和吞吐能力也将显著提高，进而其货物中转港地位也将有所提升，筑巢引凤的能力也有待日益加强。正因如此，一些有识之士再度提及支持开凿泰国克拉运河的问题，期盼"东方巴拿马运河"的梦想能早日实现。对此，我也表示支持，并认为中国可以有所作为，而且应该主动促成。

## 克拉运河

在泰国南部马来半岛的狭窄地段——克拉地峡处，开掘一条沟通泰国湾与安达曼海的运河，使往来太平洋和印度洋的航船不必绕马六甲海峡。这一构想已酝酿了 400 年之久，泰国和日本的有关机构曾先

---

① 本文于 2013 年 11 月发表于香港《成报》，此处有修改。

后设计过 10 个河道方案，把两侧分属太平洋与印度洋的海域连接起来。比如，在 2003 年初，泰国政府曾授权一家香港公司对克拉地峡运河计划进行可行性研究，但据该公司估计，克拉运河工程费用将高达 250 亿美元，工期约需 10 年。最终，这个构想因耗资巨大、耗时长久等多种原因，迟迟未取得实质性进展，工程至今未付诸实施。

在目前的拟议方案中，最短运河方案长约 102 公里，宽 400 米，水深 25 米，但要穿过普吉山或銮山，工程难度很大。目前比较统一的意见是从克拉地峡南部地段开凿双向航道运河，穿过宋卡、沙敦两府地域。按照该方案，运河虽长达 112 公里，但由于地势平坦、居民点少、工程条件良好，可行性比较强。

克拉运河开通后，来往于印度洋和太平洋的船只不必绕远路穿越马六甲海峡，便可直接从印度洋的安达曼海进入太平洋的泰国湾。据测算，航程至少缩短约 1200 公里，航行时间节省 2~5 天，大型油轮每趟航程可节省约 30 万美元的费用。克拉运河虽然在缩短航距和节省时间以及费用方面不及巴拿马运河和苏伊士运河，但倘若开通，必将惠及大多数的亚太国家和过往船只。

## 开通克拉运河对中国颇有裨益

美国前总统安全顾问布热津斯基曾经公开声称，"马六甲海峡是控制亚太地区大国崛起的关键水域"，其矛头所指不言而喻。

目前，中国已是全球最大的石油进口国，超越日本，取代美国。2016 年，中国石油对外依存度高达 65.4%，这一数字还在不断提高，到 2020 年可能高达 75%，而中国进口原油的 80%（日本高达 90%）都要经过马六甲海峡。除此之外，全球近一半的邮轮经过马六甲海峡。因此，马六甲海峡已经成为世界上最重要的海上交通要道。

几十年前，中国经济尚未崛起，能源和贸易的对外依赖程度较低，通往西方的航线无关紧要。但当中国逐渐成为世界大国时，尤其是随着上海自贸区的建立，上海自贸区所蕴藏潜能的完整开发、其应有价值的充分发挥及其亚洲经济新中心地位的稳步确立，能源和贸易是否顺畅和安全可能成为决定成败的基本要素，中国要确保海上运输安全，就必须寻找一条比马六甲海峡更安全、更便捷和更便宜的水上通道，克拉运河对中国的经济与战略意义便日渐显露。

### 经济意义

克拉运河所具有的经济价值，将使亚洲多数国家普遍受益。如上所述，运河的开通使印度洋与太平洋间的航程较马六甲海峡至少缩短1200公里，航行时间节省2~5天。这背后隐藏着巨大的成本差价：基于上述数据，大型油轮每趟航程预估可节省30万美元，而现在每年经过马六甲海峡的船只（大多数为油轮）达10万艘之多，如此算来，开通克拉运河带来的收益将远远大于预估的巨额工程和管理耗资。

有人以中国为例进行过如下分析：假如中国油轮自波斯湾走马六甲海峡到广州，在运河开通后，航程将缩短约1200公里，按此计算燃油费（大多数油轮为10万吨级，每天燃油费约为30万元人民币）、资本折旧率（以价值约3亿元人民币的10万吨油轮，按6.5%利率计算）综合起来，每年可为中国节省至少110亿元人民币。如此看来，克拉运河开通能为中国带来十分巨大且立竿见影的经济利益。

如今，在上海自贸区建成这一背景下，克拉运河对中国的经济发展具有了更深层次的意义。当前亚洲第一大港新加坡的年吞吐量约为3000万标准集装箱，其距离中国大陆、日本、韩国、朝鲜、中国台湾、中国香港、中国澳门乃至俄罗斯的远东地区几乎全部等距，上述这些地区从非洲和欧洲来的货物都要经过马六甲海峡在新加坡停靠，运往不同目的地的货物一般还会在新加坡转船，长此以往，其自然而然地成为无可争议的国际货物中转港。这为新加坡带来了诸多有形和无形的利益，其他暂且不提，仅新加坡每年的期货交割金额就超过两万亿美元，并由此带动其成为物流中心和金融中心，派生出商业中心和服务中心等行业。

而对于中国而言，虽然中国大陆的期货交易在上海，但货物交割要在新加坡进行，这每年都造成大量资金的白白流失与浪费。上海自由贸易区建立后，大船可以停靠，货物可以在区内交割。更何况，上海地处中国大陆海岸线中心位置，具有堪称完美的地缘优势，不仅与日、韩、朝、俄远东和中国的港澳台地区等距离，而且，与中国国内南北港口也距离相近，还由长江辐射到内地，沟通东西，连接海、河运输。除此之外，上海自身的建设也需要大量货物。因此，上海远比新加坡的中转港职能更具内涵和活力。

长期以来，制约上海成为物流中心的因素有两个：一是上海没有深水港，二是上海非免税港。如今上海洋山深水港已建成几年，仅一期吞吐量就设计为 2000 万标准集装箱，加之其原有吞吐量 1000 万标准集装箱，其吞吐量事实上已超过了新加坡。随着自贸区的建成，上海将完全具备成为世界第一大港的资格，这对拉动中国经济的发展将产生极其深远的影响。

因此，促成克拉运河的开通，充分发挥上海港的巨大潜力，增强上海自贸区的活力与效益，必将为中国在亚洲乃至世界的经济地位产生积极而深远的影响。

### 战略意义

从地缘政治视角来看，克拉运河对中国所具有的战略意义并不亚于其经济意义。一方面，美国凭借其对新加坡的控制与在新军事基地的威慑力，对马六甲海峡拥有绝对控制权，这不仅威胁到中国的石油安全，更是中国国家安全的巨大隐患。另一方面，对于亚洲各国而言，一旦克拉运河建成，现有政治、经济格局必将改写，这将对中国产生利大于弊的深远影响。

第一，有利于保障我国石油能源安全。石油安全一直是制约中国经济发展与区域话语权的重要问题，尽管如今中国已修建多条油气管道，但仅凭管道运输毕竟能力有限，无法完全替代海上运输的主导作用。当前中国仍有 80% 的石油是靠水路运输，且其中大部分仍需经由被美国、新加坡掌控的马六甲海峡航运通道，这无疑是中国石油安全的一大隐患，而克拉运河的开通将为中国石油运输开辟一条新通道，从而为中国石油运输增大安全系数。

第二，有利于打破美国等势力对中国的围堵封锁。近年来，在新加坡当局的一再怂恿之下，美国的战略重心向亚洲转移，军事上不断加强在太平洋第一岛链和第二岛链上围堵和封锁中国的部署。地处马六甲海峡的新加坡是美国用以对付中国的战略链条上极为重要的一环，也是美国最大的海外军事基地，驻有美国最先进的战机战舰，构成了对中国的直接威胁。而同样位于马六甲海峡的另外两个国家——马来西亚和印度尼西亚，也与中国有领土争端。一旦战事发生，中国经马六甲海峡的一切航运都将被切断，这意味着我们将处于被钳制封堵的境地。正是基于这样的担忧，中国在对待海洋争端乃至台湾地区的问题上都极为谨慎，长期以来不得不忍受来自美国的牵制与威胁。可以说，马六甲海峡的安全隐患已成为中国海上实力的一大软肋，不仅深深地影响着中国的战略部署与军事利益，更构成了对中国国家安全的严重威胁。中国通过与泰国等相关国家的友好协商，参与共同开发和管理克拉运河，可起到减少对马六甲海峡的依赖，削减新加坡等军事基地对付中国的作用，使其成为打破美国等势力对我国围堵封锁、削弱美国海上对我国威胁的有效途径。

第三，推动亚洲格局改变。克拉运河一旦开通，原属马六甲海峡的战略地位自然会发生转移，泰国和马来西亚等国的国际地位将会上升。届时，上海作为最大的国际货物中转港、新兴物流中心和世界金融中心之一的地位会进一步巩固和加强，中国在本区域的影响力毫无疑问也将得到显著提升。另外，克拉运河开通之后，中国便可在克拉运河或者马六甲海峡的选择上游刃有余，形成有利的战略地位。

中国若能积极主动地参与克拉运河的开掘和管理，获得一定话语权，则有利于抗衡敌对势力在运河周边建立类似美国之于马六甲海峡那样的军事压力。届时，中国不仅能够更好地摆脱美国的压制，而且，也利于中国维护在印度洋地区的合法权益，削弱某些国家对中国的嚣张气焰与强硬态度。日、韩等东亚国家也不必再因马六甲海峡而受制于美国，且基于对新航道的共同需要，会寻求改善与中国的关系。

综上所述，开通克拉运河，会推动太平洋和印度洋战略格局的改变，甚至可能改写这两个地区各种力量之间的既有平衡，建立起更有利于中国的亚洲新格局。

## 中国在开通克拉运河过程中的作用

克拉运河是把价值无限的金钥匙，会使泰国成为世界上最重要的交通枢纽，中国也会因此获益颇丰，因此，我们必须尽早深度参与，运筹帷幄，持之以恒，取得成功。

泰国一直在争取其他国家合作共建克拉运河，尤其是中国的参与。我建议，中国以少量参股的形式参与运河的建设和管理之外，若泰国政府提供主权担保，中国的银行也可为泰国政府提供贷款，并可由国内的建设单位承建开发部分河道。此外，中国还可以竭力谋求在克拉运河附近租建军事基地，以保障中国西方航线，尤其是能源航线的安全通畅，同时，也将强有力地支持中国海军在印度洋的战略部署，加快中国的崛起进程。

# 关于在珠海建设世界级石油集散
# 贸易中心的建议

当今世界，能源决定世界经济版图的局面正在形成。在能源中占比高达三成的石油，由于产地与消费地区不同，贸易长盛不衰，形成了目前纽约、鹿特丹和新加坡三大石油交易中心控制全球石油市场的格局，努力寻找在世界石油版图上于己有利的新定位，已经成为全球各主要经济体的重大战略取向。

中国自 1993 年失去引以为傲的石油自给自足地位后，石油进口年增幅很长时期都在两位数以上。2009 年，原油和成品油对外依存度双双突破 50% 的"石油安全警戒线"；2012 年，中国原油进口 2.8 亿吨，石油对外依存度升高至 58%；2013 年 9 月，中国进口石油量首次超过美国，成为世界第一大石油进口国。2016 年，我国石油对外依存度高达 65.4%。有人估计，到 2020 年，中国石油对外依存度将飙升至 75%，甚至更多。

面对中国石油需求数量大、增长快、风险多、来源和消费都受制于人的严峻局面，如何改变世界石油市场于己不利的格局，掌握石油主动权，降低我国石油风险，满足中国经济和社会全面、协调和可持续发展对石油能源的需求，已经成为中国实现近期和长远社会经济发展目标的当务之急。

## 建设中国自己的世界级石油集散贸易中心势在必行

石油不仅是能源，也是当今蓬勃发展的化工产业的上游产品和主要原料来源。多年以来，在经济高速发展的带动下，中国的石油与成品油消费量及其进口量一直处于高位增长，对石油炼制、运输、仓储、贸易、金融等业务的需求，也在快速增长。石油企业市场化程度越来越高，在亚洲乃至世界石油市场中的分量越来越重。但是，这些需求大部分要经由纽约、鹿特丹和新加坡等国外石油贸易中心交易才能得以满足。这种石油市场格局制约了中国获取石油资源的渠道，加大了获取海外石油的资本支出，失去了对石油市场资源配置和定价等的话语权，增加了保障石油供给的风险，阻碍了中国石油和化工产业的发展。

中国没有一个可以影响世界石油市场的世界级石油集散贸易基地和贸易中心，与中国是世界第二大石油消费国和第一大石油进口国的地位极不相称。作为世界第二大经济体，中国在增加海外石油资产、推进石油进口渠道多元化的同时，必须致力于改变目前于己不利的世界石油市场格局，建立一个中国自己的、稳定的、安全的世界级石油集散贸易中心，以保障中国的石油供给和石油市场权益。

## 中国建设世界级石油集散贸易中心的可行性与风险因素

### 现实基础

中国改革开放三十多年来，不仅资本实力日益雄厚，还积累了丰富的与国际市场打交道的经验，有经济特区、保税区、科技园区等成功样板，在招商引资、企业管理、土地征用、税收征管、信息沟通和劳动政策等方面，都有积极的探索和成功的范例。换言之，立项建设石油集散中心有着坚实的基础，并非空中楼阁。

改革开放以来，中国石油产业迅猛发展，在大江南北、内陆沿海崛起了一批国内区域性的石油产业基地和贸易中心，已经为建设世界级石油集散基地走出了一条新路子。国际上已经建成纽约、鹿特丹和新加坡等世界级石油集散中心和东京等世界级石化产业基地，它们的经验可供借鉴。

珠海是中国最早对外开放的经济特区之一，目前，已经是华南主要的石油集散基地和化工产业基地。在珠海建设石油集散贸易中心，正好与在珠海建设临港重化产业带和在广东建设沿海化工产业带的规划相契合，也与未来开发中国南海石油天然气资源相匹配。

### 自然条件

珠海地处珠江出海口西岸，由海陆空通道向内地辐射。珠海有近150个岛屿，分散在3000多平方千米的海面上，海岸线长达600多千米，可建万吨级码头100多个，与此同时，也具备建设30万吨级码头的条件。

珠海海域最外侧的大、小万山岛的面积共约14平方千米，新加坡石油集散中心所在地裕廊岛的面积原来只有大约10平方千米，前者是后者的1.4倍。珠海海岸自然水深10~30米，具有优越的建港条件。大、小万山岛邻近中国香港和中国澳门，位于太平洋到印度洋航线两大咽喉——马六甲海峡和中国台湾海峡航线的中段，目前已有多条著名国际水道纵横其间，中心水域已经成为国际锚地。可以说，建设世界级炼油和石油集散、储存和配送基地，珠海大、小万山岛有着得天独厚的自然地理条件。

### 风险因素

构想和规划珠海世界级石油集散贸易中心时，我们必须考虑以下三大风险因素。

首先，环境污染。石油化工是污染严重的产业，对陆地、海洋和上空都会带来污染。但是，若从一开始就高度重视，积极采取环保措施，环境污染问题也是可以防范和克服的。近年来，国内外环保技术有了很大提高，只要增强环保意识、重视环保投入、采用先进技术、严格执行节能环保指标、开展清洁生产，就能有效控制污染物的排放，实现资源节约和环境友好的目标。大、小万山岛离珠海主城区香洲约40千米，隔着大片海域，环保问题比较容易处理，可以避免给市区和四周海域造成污染，不会影响市区和周边岛屿居民的生产生活。迄今为止，纽约、鹿特丹和新加坡三大世界石油中心，都没有发生过重大环境污染问题，仍是化工产业与蓝天碧海并存的滨海生产生活综合体。

其次，战争风险。人们担心，珠海建成世界石油集散贸易中心后，实力会增强，地位会上升，每逢局势紧张，首当其冲就会受到影响，一旦发生战争，就会成为主要目标。目前面临的现实问题是，美国重返亚洲战略、围堵中国的战略部署以及中国南海的主权争端，都使油路畅通存有隐患。这样的顾虑不是没有道理，但是，世界石油集散贸易中心是各国石油公司获取利润的共同平台，各国的利益交织其中，珠海石油贸易集散中心不仅有中国的石油公司入驻，还会邀集来自欧美、中东和包括日韩在内的东亚地区的石油公司入驻，尤其是大型跨国公司。鉴于巨额投资和利益交织在一起，从某种意义上说，战争的风险反而会降低。

最后，规划冲突。珠海是中国四个经济特区之一，其城市定位和发展规划已经国家确立或批准。建设珠海石油集散贸易中心，需经国家批准对原定位和规划进行修改或调整。例如，目前，大、小万山岛是国家生态海洋渔业示范区和国际滨海旅游示范区，若在岛上建设石油集散贸易中心，上述示范区的定位肯定要放弃或调整，原有的发展成果可能无法继续享用，世代在岛上生息繁衍的数千居民可能也要搬迁或重新安置。从以往的经验来看，这些工作都非常艰巨。但是，如果能够争取到中央和广东省机关各部门的支持和帮助，给予特殊政策和特别优待，这些问题也不难解决。

## 新加坡的经验可供借鉴

新加坡是一个弹丸之地的城市岛国，石油化工及其相关产业集中在西南部的裕廊岛。

20世纪60年代，面对资源缺乏、工业基础落后和失业率极高的艰难处境，新加坡政府抓住了国际石油开发和亚洲化工市场蓬勃发展的机会，利用其地处马六甲海峡东端的有利位置，大力发展石油贸易，并在距市区十多千米的7个荒芜小岛上填泽平地，填海扩地，辟出一个面积约14.5平方千米的裕廊岛工业园区，拨出巨资进行港口、码头、铁路、公路、电力、供水等各种基础设施建设，把其发展成为以劳动密集型产业为主导的港口服务和生产加工基地，为了吸引国内外资本到裕廊岛投资，政府对投资厂商提供贷款和统一的税收优惠。

起步阶段，由于政治不稳、规划短视、建设零乱、效率不高，来岛投资的企业很少，而且，绝大多数是规模不大的国内企业。进入20世纪70年代后期，新加坡设立了专门的工业园区管理机构，制定十年发展规划，采用政府主导开发经营模式，将宏观战略修改为以资本和技术为主导，实行自由港政策，吸引高附加值的资本和技术密集型企业入驻，为高增长型企业提供特别优惠政策，面向全球招商引资，把裕廊岛建设成为石油炼制、储存、集散中心和石化产品的生产与配售基地，带动新加坡成为港口服务、货物中转和金融服务的中枢平台。从此，裕廊岛的开发建设进入了一个新的阶段，到20世纪80年代就已经发展成为世界级的工贸重镇。

1991 年，新加坡重新全面规划，用填海造地的方式将 7 个小岛连成一片，经过为期近 20 年、投资超过 50 亿新加坡元的填土工程，新加坡将裕廊岛由原来的 10 平方千米，拓展为总面积达 32 平方千米的人工岛工业园区。

如今，裕廊岛已经完成基础设施投资 52 亿美元，吸引固定资产投资 230 多亿美元，成为拥有 3 座裂化厂、95 家公司和 8000 多名员工的产业基地，是世界第三大炼油中心，并已形成完整的石油和化学工业体系，建设成为环境优雅、天蓝海清的专业工业园区，每平方千米的产值高达 5.59 亿美元。裕廊岛的开发使新加坡成为世界第三、亚洲最大的石油集散贸易中心，全球有 50 多家大型石油公司在新加坡设立经营总部，有数百家石油贸易公司全天候地在新加坡进行交易和集散。

综合分析，新加坡的成功主要依靠以下优势。

石油仓储先发优势。新加坡的储油库主要集中在裕廊岛，存储能力超过亿桶，七成归属大型石油公司所有；新加坡政府还拥有超过 1600 万桶的独立石油储存能力，是亚洲独一无二的拥有巨量独立存储设施的国家。近年来，新加坡还不断地在周边新建和扩充油库，原油和成品油的储存和集散能力已超过亿桶。

区位和港口优势。新加坡地扼印度洋—太平洋航线咽喉通道马六甲海峡的东出口，水域开阔，港区面积达 93 平方千米，水深适宜，吃水在 13 米左右的船舶均可顺利进港靠泊，而且，很少受风暴影响。新加坡港口建有先进完善的大型港口设施，拥有计算机化的情报信息以及管理调度系统，吞吐能量大、运行效率高。

交易市场优势。新加坡国际金融交易所是亚洲第一个能源期货交易市场。新加坡油品市场的价格行情，在亚洲能源交易商中是十分重要的基准价格。因此，新加坡能够掌控和左右亚洲油品市场价格行情，成为亚洲石油产品的定价中心。

炼油能力优势。新加坡炼油业发达，世界石油巨头都在裕廊岛上设有炼油基地，年炼油和加工处理能力达 7000 万吨，日原油炼制能力超过 130 万桶，相当于东南亚地区炼油总量的 40%，产值占全国工业产值的 2/5；炼油工业已经发展成为完整的石油化工体系。新加坡的炼油业主要操控在壳牌、埃克森美孚和新加坡石油公司手中。

政策优势。新加坡对进出口货物实行自由港政策和低税费激励政策，为客商创造简便、优惠的低成本经商环境，提供一站式管理服务。比如，对中转货物减免仓储费和货物管理费，免收进口关税，2001 年通过的《全球贸易商计划》将获证企业的企业税率一度从 20% 减至10%。

总而言之，新加坡的优势在于较早地明确了自己在世界石油版图上的地位，抢占了国际石油市场的先机。

## 珠海相对于新加坡拥有独特优势

珠海与新加坡比较，具有一定的独特优势，从方方面面综合分析，可以得出，亚洲石油中心从新加坡转移到珠海，不仅可能，而且是大势所趋。

市场优势。珠海有中国巨大的石油消费市场作为支撑。2016 年，我国石油表观消费量为 5.56 亿吨，同比增长 2.8%，其中，65.4% 要从国外进口。随着中国社会经济的发展，这一比例还会逐年递增。

深水港口优势。中国的石油运输，除了从俄罗斯、哈萨克斯坦等中亚国家进口的石油可以在陆上运输，从其他国家和地区进口的所有石油，均要通过海上运输，需要拥有优良港口的地域承担仓储和集散基地的功能。我国除来自拉美的石油走太平洋航线外，其余均走"印度洋—马六甲海峡—中国南海"航线，从中东到美国西海岸以及日本、韩国、菲律宾、中国台湾等国家和地区的石油运输，也走这条航线，因此，珠海具有区位"地利"优势。更难得的是，开发潜力巨大的大、小万山岛有着长达 16 千米、深达 14~28 米的深水岸线，可建设 10 万~50 万吨级的码头泊位，这样的宝贵资源可谓得天独厚。

土地资源丰富。充足的土地是建设世界级石油集散贸易中心不可或缺的条件。新加坡裕廊岛经过近 20 年填海造地，才将原来面积仅约 10 平方千米的 7 个小岛连成一片，成为一个面积达 32 平方千米的工业园区。珠海辖区内，除现有面积约 14 平方千米的大、小万山岛外，还有 140 多个岛屿可供开发利用。珠海辖区内陆多为平原和丘陵，地势由西北向东南倾斜，这种特殊地形地貌是建设大型石油集散贸易中心非常合适而且十分难得的天然条件。珠海的土地价格相对低廉，其价格优势更是新加坡无法比拟的，非常有利于修建石油仓储等大型设施。

周边城市具有强大的炼油能力。珠海周边的城市具有强大的炼油能力，非常有利于储存和中转石油的消化和吸收，充分发挥集散功能。珠海毗邻的惠州等地有中海油、壳牌公司等千万吨级的大型炼油厂，惠州大亚湾石化区总的规划炼油能力将达到 4000 万吨 / 年，这是石油产业链中非常重要的一个环节，是石油集散贸易中心发展、成长、壮大的活力源泉和必要支持。

多个交易平台可供选择。珠海东邻经济自由度较高的香港，与设有中国首个自由贸易区的上海距离也不算太远，这是非常有利的地缘优势。在珠海建立中国自己的石油交易所，取代新加坡成为亚洲最大的石油集散中心之前，尤其是在珠海石油集散贸易中心立足初期，可利用香港燃料油期货合约交易所进行交易；作为中国自己的能源与资源整合机构，珠海还可以依托上海期货交易所进行交易。

便捷的石油运输路线。经新加坡中转的石油主要供应三大市场：一是中国，二是日本、韩国、菲律宾等东亚和东南亚国家，三是北美西海岸地区。与新加坡相比，在珠海建设石油集散贸易基地，成品油和其他产品运往中国内地的成本相对较低；而且，运往日本、韩国、菲律宾和北美等国家的成本也因距离相对缩短而大大降低。一旦未来克拉运河开通，其运输成本将会更低。

不过，新加坡毕竟是一个经营了数十年的、成熟的世界石油集散中心，国际大公司在那里已有许多投资。建设珠海石油集散贸易中心，在世界石油市场格局中不完全是填空补缺，而是要改造现有格局，争强抢胜，在国际石油市场的激烈竞争中诞生、立足、发展、壮大。因此，要把珠海拥有的优势充分发挥出来，把国际投资吸引过来，必须要有创新的方法，需要在提高生产力和增强吸引力上下足功夫。

## 在珠海建设世界级石油集散贸易中心的预期效应展望

提高中国石油储备能力。增加石油储备，是国家能源战略的重要内容，也是确保石油安全的重要措施。国际能源署要求其成员国石油储备量达到 90 天以上的消费量，中国目前只达到 30 天左右。建设珠海石油集散贸易中心，首先要建立相匹配的储存设施，还可协调同步在附近小岛上增建石油储存设施，这些设施无疑会提高中国油储的能力。珠海石油集散贸易中心建起来之后，市场信息将会更灵通、油源更多样化、石油交易更便捷、吸储石油的商机更多，有利于多渠道进口石油，便于中国根据市场行情选择最佳时机灵活增储或减储，以较低的成本达到国际能源署规定的储存标准。

摆脱石油进口受制于人的被动局面。新加坡是亚洲最大的石油集散中心，中国石油的海上进口主要通过新加坡。新加坡外交的核心是依重美国，力促美国战略重心重返亚洲，主张美、日等国制衡中国的崛起。同时，新加坡还在美国训练部队，而且为美国航空母舰修建了专门的码头泊位，是美国军队在亚洲重要的战略基地和在东南亚筹集与储备给养的后勤中心。一旦中美交恶或东亚局势紧张，新加坡只能听命于美国。因此，中国通过新加坡进行石油贸易就会相应地受到限制，尤其是军事上需要的油品可能会路断源绝，通过新加坡进口石油和通过马六甲海峡运输石油的通道全无安全性可言。珠海石油集散中心的建设，是我们防范这一不测局面的预先战略准备，可以在一定程度上和一定时期内缓解这一被动局面。

提升中国在国际石油市场的话语权。中国是石油消费大国，但在国际石油市场上的话语权不到 0.1%，还不如印度尼西亚。世界石油价格每桶涨跌 1 美元，就会影响中国石油进口用汇增减 46 亿元人民币，直接影响中国 GDP 波动 0.043 个百分点（数据因进口量和汇率变化而不同）。如果珠海建成世界石油集散贸易中心，随着越来越多的石油以及其他产品在中国境内交易和集散，越来越多地使用中国港口服务和金融服务，越来越多地用人民币进行支付和结算，中国在国际石油市场的地位会相应提高，最终建立起对我国公平合理的"中国价格"，增强中国在国际石油市场上的话语权和主动权，这会在一定程度上有效改变目前中国进口石油价格高企、成本巨大、受人宰割的不利局面。

促进广东省的经济发展，扩大广东省的辐射力和影响力。在珠海建设世界石油中心，契合广东建设沿海化工工业带的发展思路，拓宽广东发展石化工业所需的能源保障、原料供给、技术引进和产品销售渠道，强化广东石油石化自东向西的带形发展格局，形成产业联动，加快珠三角西部地区的开放开发，打造广东经济发展的新增长点，从而进一步提高广东在全国乃至中国周边国家和地区的辐射力和影响力。

# 在建设珠海世界级石油集散贸易中心的策略构想

合理定位，分期实施。珠海应建设成在规模、功能、服务和效益等方面都不亚于甚至超过新加坡的世界级石油集散、储存、配送和贸易中心，高质量油品、化工产品的生产和研发基地，广东沿海化工产业带的原料和技术支援基地。

初期以大规模的基础设施建设为主导，建设广泛采用先进技术的石油交易集散、运输中转、储存配送平台，吸引国内外企业入驻。中期以发展资本和技术密集型的炼油和化工产业为主导，建设炼油和化工、贸易与生产双轮驱动的综合基地，吸引大量国内外先进大企业入驻。发展方向是以技术和产品创新为主导，发展尖端技术和高精尖系列石油化工产品，建设成兼具高精尖石油化工产品研发、生产、贸易、集散功能的高效高能创新产业基地。

高效高能是竞争力的核心，实施过程中自始至终要广泛采用先进技术，走电子化、集成化、智能化的道路。

政府主导，精心规划建设珠海世界级石油集散贸易中心，是一项庞大的系统工程，宜采用政府主导开发运营模式。建议广东省尽快成立该项目建设筹备小组，由省主要领导挂帅，由政府、石油化工企业和金融机构等各方面力量共同参与，深入系统地进行项目调查论证，周密细致地拟订建设规划方案。立项后设立专门机构，构建简单直接的管理架构，统筹和策划整个建设工作。建议走政府统一规划、专业化分工、逐步实施、管理和服务协调配合的道路。建设初期由政府投资基础设施建设，向企业提供低成本的创业、经营和发展的基础空间，筑巢引凤。政府统一谋划和协调在全球的招商引资，以大公司和技术领先企业为主要对象。政府制定统一的政策，向各类厂家和商家提供土地使用、建设融资、财政税收等方面的便利和优惠，保证项目快速启动并很快达到规模经济。

主动开放，实行自由贸易区政策。对来大、小万山港区投资建业的企业实行充分开放的政策，允许符合条件的公司自由开设独资或合资的生产、研发、贸易、物流、金融企业或机构；制定财政、税收、金融等方面的全方位优惠政策，设立石油保税和建立开放基金，提供基础设施融资便利和税费减免激励等整套措施；对土地开发利用等提供相应的法律制度保障；建立独具吸引力的税费环境，减少运营成本，借鉴国际上的自由港的政策，除少量控制产品外，对所有物资和商品实行免税或轻税政策，以利于货物流动和吸引国际商务和投资客流。比如，对在港口内储存、流动的物资免除税收，对国际中转物资实行豁免或减征进出口税，对来港停泊的船只减免港口税，对域内的生产经营企业实行低税负政策，不仅给予关税优惠，而且在一定时期和条件下，减免一定比例的所得税、增值税等税费；允许港口内金融资本自由进出，实行借贷利率市场化；建立合理的制度安排，简化政府办事程序，提供一站式服务，在投资许可、营业执照、规划与建设许可、劳动力雇佣、税收进出口报关和其他监管活动中，提高效率，减少与政府有关的交易和生产成本，完善销售、代理、仓储、物流、银行、保险等配套措施，为业者提供简易、便捷、平等和宽松的国际营商环境，尤其对特殊领域的政府投资、集群投资给予特殊的资本和劳力支持，对增长型企业提供有差异的支持与合作。

创新招商引资模式，提高效率和质量。招商引资需面向全球，大力引进国外资本，重点是吸引国内外跨国公司的投资，适当吸引一般外资企业和国内民营企业投入参与；对客户的资本、产品与技术水准等设定入驻底线，保证引进企业有长期运作的基础；在世界各地设立招商分支机构，按照统一的策略积极开展招商引资；有效选择客户群；多种渠道引进境外资金，采用推动资本项目直接投资、发行债券、外资私募股权投资等多种方式筹集资金。

广揽人才，使珠海成为优秀人才的聚集区。出台具有吸引力的人才引进配套政策，面向省内外和国内外招揽石油、贸易、管理、工程和技术等各方面的急需人才，为建设珠海石油集散贸易中心提供强大的智力支撑。

# 雾霾形成的真实原因与战霾的核心要领

"北国风光，千里雾霾，万里烟瘴，望长城内外，烟雾缭绕，大河上下，一片混浊。"这是人们对当下中国环境严重污染的哀叹与调侃。

2015年2月28日，由柴静拍摄的雾霾调查纪录片《穹顶之下》播出。短短24小时，这部纪录片全网播放量破亿，并引发激烈的网络论战，成为引导全民关注雾霾、全民共同治霾的公共事件。

姑且不论柴静在纪录片中引用的数据是否准确无误，单就这一举动，足以对世人敲响警钟，引起我们对粗放式发展模式的深刻反思，对当前雾霾的严重程度加以重视，启迪全社会为消除雾霾采取措施，打响"治霾攻坚战持久战"，并以此为契机，切实推动中国能源革命，为实现中国梦奠定坚实的能源基础和生态保障。

作为一个在能源行业摸爬滚打二十多年的老兵，看完纪录片之后，我对柴静提出的"减少煤炭在我国能源结构中的比重、提高天然气的使用量、逐步开放能源市场"这三个"减霾"观点表示赞同。同时，我认为，使用可再生能源、推行节能减排、提高能效这三个极其重要的减霾核心要领，纪录片中并未涉及。所以，结合柴静的三个观点，再加上我提出的三个观点，统称为"战霾六要领"。

## 减少煤炭在我国能源结构中的比重

在中国的能源消费结构中，煤炭所占的比重极大。据 2014 年 10 月 20 日中国发布的《煤炭使用对中国大气污染的贡献》报告称，从 1980 年至今的三十余年内，煤炭占中国一次能源生产和消费量的比重一直在 70% 左右，远高于 OECD（经济合作与发展组织）中国家 20% 左右的平均值。进入 21 世纪后，随着中国社会经济的快速发展，煤炭使用量急剧增加，从 2000 年的 14 亿吨增长到 2012 年的 35 亿吨，12 年间增长了 2.5 倍；到 2013 年，中国的煤炭消耗量已占全球煤炭消耗总量的 50.3%，分别是美国和欧盟的 4.2 倍和 6.7 倍。2016 年，非化石能源消费比重达到 13.3%，同比提高了 1.3 个百分点，其中，煤炭消费比重有所下降，但仍然高达 60%。根据研究结果，中国煤炭使用对 PM2.5 年均浓度的贡献值在 56% 左右，其中，60% 来自煤炭的直接燃烧，40% 是由使用煤炭的重点行业排放的。

对煤炭的严重依赖，给中国的生态环境带来了沉重压力。

## 多用天然气

天然气是一种"准清洁能源"，其主要成分是甲烷，在充分燃烧的情况下主要生成二氧化碳和水蒸气，即使实践中天然气难免含有少量杂质，燃烧也未必充分，但产生的污染远比煤炭和石油制品少得多。中国能源结构调整中应当减轻对煤的依赖，大力推进天然气的利用。相比之下，煤炭和石油的分子结构较复杂，碳含量高，氮、磷等杂质含量也高。根据美国环境保护署的统计数据，使用煤炭发电，每兆瓦时电力产生二氧化硫 13 磅，氮氧化物 6 磅；而使用天然气发电，每兆瓦时电力产生二氧化硫 0.1 磅，氮氧化物 1.7 磅。在近段时间的雾霾天气中，对人类健康危害最大的是微粒物质。为生产出 10 亿英制热量单位的能量，燃煤会带来 2744 磅的微粒物质，而天然气只会带来 7 磅的微粒物质，前者是后者的近 400 倍。

近年来，对天然气的利用已经引起了政府的关注。2004 年，西气东输正式投入商业运作，天然气的市场需求呈现爆发式增长。当时，国内天然气资源不能满足需求，《天然气利用政策》（2007）应运出台，以缓解供需矛盾。随着国内资源的大力开发和进口 LNG（液化天然气）、进口管道气的全面实施，中国天然气供需形势已有所好转。2012 年 10 月，发展和改革委员会颁布了新的《天然气利用政策》，明确提出了"提高天然气在一次能源消费结构中的比重"。此目标的提出，清晰地表明了国家对天然气发展的鼓励。《能源发展"十二五"规划》中还提出，到 2015 年天然气消费比重提高到 7.5%。而实际情况是，2015 年，我国天然气占能源消费比重仅有 5.9%，没有实现原定目标。《可再生能源发展"十三五"规划》提出，"十三五"时期，天然气消费比重力争达到 10%。

天然气的推广应用需要付出高昂的成本。一方面，天然气管网的建设耗资繁巨，有人甚至指出，全面建立天然气的储运系统和城市天然气配送系统的工程量不亚于重建中国的铁路系统；另一方面，天然气在工业领域替代燃煤和重油，需要对现有的技术设备和工艺流程进行重大改造。然而，"溃痈虽痛，胜于养毒"。燃煤经济的持续运行带来了巨大的环境成本，如果考虑到这一成本，燃煤经济在很多地方实际上已经是"非经济"（diseconomy）了。因此，大力推广并利用天然气已势在必行。

## 逐步开放中国的石油市场

柴静在纪录片中提到，燃油车油品不合格对雾霾的贡献不小，这也表明了一个重要的问题，即中国石油产业发展的"健康水平"堪忧，究其原因，主要是行业开放程度不够、市场化程度不高。

近年来，中国"两桶油"作为国家石油的柱石，有力地保证了石油的可靠供应，为经济社会发展做出了重要贡献。但是，长期的行政垄断，让"两桶油"以保证石油可靠供应为政治任务，导致其高层对社会效益重视不够。同时，垄断的市场资源，又让他们在改善管理、科技升级等方面失去主动性和创造性。无论是国家能源管理者，还是行业本身都知道这一点必须靠市场的倒逼机制来完成。可反对放开石油市场的人士则称，中国石油行业已然是"产能过剩"，不宜再放开。另外，石油行业关系到国计民生，放开市场会导致价格体系混乱，进而危害国家的能源安全和经济安全。

我认为，在国际国内形势发生了很大变化的今天，应该具体情况具体分析。"产能过剩"恰恰是政府不断干预微观经济、控制价格、设置门槛的苦果。要消解石油行业"产能过剩"问题，只能发挥市场的决定性作用。垄断保护使落后、不完善的市场严重抑制了石油产业链上的各种有利于消除雾霾的积极性。

对于石油市场的问题，国家也不断采取新的举措。自 2014 年 11 月下旬以来，国家发展和改革委员会会同有关部门先后印发了 8 个文件，放开 24 项商品和服务价格，下放 1 项定价权限。在这一利好政策下，具有逾 1.5 亿吨年炼化加工能力、逾 300 万从业人员的中国民营石油企业跃跃欲试。毫无疑问，建立健康开放的石油市场，将为它们提高管理能力、科技应用水平以及治理雾霾提供广阔的舞台。

## 积极开发清洁和可再生能源

开发清洁和可再生能源，能直接减少化石能源的使用率，是治理雾霾的最有效方法。清洁和可再生能源还可以满足广大农村地区人口的能源需求，减少森林过度开采和植被破坏。积极发展清洁和可再生能源，远期可以替代石化燃料，近期可以缓解全面建成小康社会过程中边远和农村地区的用能紧张问题。

中国虽是水力资源大国，但目前清洁和可再生能源的开发还处于薄弱环节，开发率仅为15%，远低于世界平均水平，落后于印度、巴西、越南等发展中国家，开发潜力巨大。已经成为发达国家重要替代能源的核能，目前仅占中国能源结构的2.12%，而其在日本等国的比重已经超过了30%，法国更是高达78%。因此，中国应积极发展核电能源，力争到2020年使核电装机容量达到5800万千瓦，在建3000万千瓦，占全部发电量的比例提高到4%（"十三五"规划）。同时，中国还应大力推动海洋能、氢能、燃料电池、生物液体燃料等新能源的开发。

2006年开始实施的《可再生能源法》规定，"国家将可再生能源的开发利用列为能源发展的优先领域"。2007年，国家发展和改革委员会颁布《可再生能源中长期发展规划》，提出到2020年使可再生能源消费量达到能源消费总量的15%左右，形成以自有知识产权为主的国内可再生能源装备能力。未来20年，中国应使可再生能源初步形成规模，并为今后更大规模地替代石化燃料奠定基础。

由于新能源产业对政策依赖性强，尚未形成连续稳定的市场需求。中国的可再生能源（包括小水电、太阳能、风能和生物质能等）资源基础雄厚，但因成本高、规模小、缺乏激励政策而发展滞后。而且，近年来，新能源行业遭遇寒冬，出现了投资者对新能源企业避之不及的现象。但是，不能因为遇到挫折就"一朝被蛇咬，十年怕井绳"，因噎废食，裹足不前。

"风物长宜放眼量。"纵观工业革命的历史，任何革命性新技术的应用都不是一帆风顺的。1807 年，富尔顿设计的蒸汽船试航时，被人们嘲笑为"富尔顿的蠢物"；1814 年，史蒂芬森的蒸汽机车试车时，有人驾着马车与火车赛跑。传统能源的应用尚且如此，新能源的应用更不可能一蹴而就。

## 呼吁节能环保，绿色低碳消费

开展节能环保，节约能源消耗，实现绿色低碳消费，也是减少雾霾的重要手段之一。与能源燃烧相关的空气污染使中国 40% 的国土受到酸雨的威胁，100 多个城市雨水的 pH 值都非常低。如果不采取有效措施，2020 年中国的二氧化硫和二氧化氮的排放量将分别超过 4000 万吨和 3500 万吨。因此，对于这样一个人口众多、资源相对不足、生态环境承载力弱、能源利用率低的国家来说，开展节能环保、提高能源效率已是当务之急。

要贯彻"开发与节约并重，把节约放在首位"的方针，大力实施节能减排，缓解能源消耗强度，合理控制能源消耗总量，降低单位能源消耗。下更大决心淘汰落后产能，抑制高耗能、高排放行业过快增长。推动节能技术创新与应用，加强基础性、前沿性节能技术研发，力争在关键技术领域取得突破。在石油领域，要把节油环保作为国家石油安全战略的重要组成部分，加快建立环保节约型的石油消费模式。依靠技术进步和科学管理，积极调整产业结构，提高能源使用效率，使单位 GDP 的石油消耗减少，排放量降低。压缩高耗油产业，淘汰高耗能设备，大力发展高附加值产品的生产，推广应用新工艺、新技术。加快制定优惠政策，鼓励节油，抑制无效、低效的石油消费，走可持续发展的道路。

## 提高能源使用效率

2012 年，中国一次能源消费量为 36.2 亿吨标煤，消耗全世界 20% 的能源，单位 GDP 能耗是世界平均水平的 2.5 倍、美国的 3.3 倍、日本的 7 倍，同时高于巴西、墨西哥等发展中国家。中国每消耗 1 吨标煤的能源仅创造 14000 元 GDP，而全球平均水平是消耗 1 吨标煤创造 25000 元 GDP，美国是 31000 元 GDP，日本是 50000 元 GDP。

根据 2013 年 7 月发布的《2013 年 BP 世界能源统计回顾》，从 2009 年开始，中国一次能源消费量连续 4 年位居世界第一。从数据来看，中国能源消费无论是总量，还是单位消耗量均位居全世界前列，这种粗放的发展模式，为今天的雾霾做出了主要"贡献"。

我认为，中国如果不能扭转能源消耗方面"一高一低"的现状（能源消耗高、能效极低），雾霾的消除将遥遥无期。

从国家层面上看，要各方共同努力，落实好这一届政府提出的"推进能源消费、供给、技术、体制革命和全方位加强能源国际合作"的能源工作总要求，以及"节约、清洁、安全"的能源战略方针。从企业和社会层面看，就是要从"道"和"术"两个维度入手。"道"就是市场，通过能源体制革命，建立规范的能源市场，用市场的手段，打通生产和消费的信息流，自动淘汰落后企业，鼓励敢于创新、勇于突破的企业，激发市场主体的活力。"术"就是加强能源技术的应用，将大学和专业研究机构的研究与市场的需求进行有效对接，以经济利益作为杠杆，使提高能效这个老大难的问题得到解决。

"民之所望，施政所向。"应当看到，近年来，中国政府以前所未有的力度和决心向雾霾宣战，先后采取了一系列强有力的措施，以彻底消除人民群众的"心肺之患"。2013 年国务院常务会议确定了大气污染防治十条措施，承诺"要下更大的决心、以更大的作为铁腕治

280

霾"; 2014年李克强总理在政府报告中提出，"像对贫困宣战一样坚决向污染宣战"，当年财政安排350亿元的环保资金用于雾霾治理，并以雾霾频发的特大城市和区域为重点，抓住产业结构、能源效率、尾气排放和扬尘等关键环节，实行区域联防联控，深入实施大气污染防治行动计划。中国政府所给予的重视、所付出的努力，世人有目共睹，外媒普遍评价："中国政府正以越来越严肃的态度来对待环境治理。"

然而"冰冻三尺非一日之寒"，雾霾是长期积累形成的，绝非一朝一夕就能彻底根除。曾国藩有句名言，"凡发一谋，举一事，必有风波磨折，必有浮议摇撼。坚忍力争而后有济"。无论是推行天然气替代燃煤、大力发展清洁和可再生能源，还是提高能源使用效率、倡导低碳消费，都不是一帆风顺的，必然任重而道远，需要全社会的有识之士着眼未来，坚韧力争。

第八章

# 人生杂谈

第八章为本书的第八条逻辑：商业是人生的一部分，不是人生的全部——企业家必须博采众长，企业家的人生应该五彩缤纷。《圣经·马太福音》："人若赚得全世界，却赔上了自己的生命，又有什么益处呢？"生而为人，我们为什么而活？对于企业家来说，商业就是我们的全部吗？笔者到了知天命的年龄，对人生、对商业也慢慢多了一些自己的感悟和理解。商业，其实只是为我们人生服务的一种工具；除了商业之外，我们的人生还应该有更多、更高的追求。凡是成功的企业家，除了在商场上做到极致以外，往往都拥有精彩的人生。这便是笔者所认为的商业的逻辑的最后一条：精彩人生。本章最后一节"人生就像滚雪球"，是全书的关键与落脚点，也是从商立业最重要的逻辑！

王国维讲古今之成大事业、大学问者有三重境界，其实，经过这么多年摸爬滚打，我体会到王国维所讲的这三重境界，同样也适用于梦想的追求，包括求学和做企业，乃至整个人生。

第一重境界：昨夜西风凋碧树。独上高楼，望尽天涯路。首先要找到目标，确定你的梦想。

第二重境界：衣带渐宽终不悔，为伊消得人憔悴。要持之以恒，苦干加巧干；要学以致用，像王阳明所说的那样做到"知行合一"。

第三重境界：众里寻他千百度，蓦然回首，那人却在灯火阑珊处。我的体会是，只要方向正确，持之以恒，最终一定会有所成就，一定会感受到"一分耕耘，一分收获"的快乐！

——《追逐梦想的力量》

# 企业家可以多一点诗情与诗意 ①

　　企业家与诗人有着共通之处，企业家不妨多读点诗，学习一下诗人的浪漫。在遭遇挫折或困境时要有一种诗人的情怀，在创新与开拓进取方面要有诗与诗人的气概，在重视利益的同时可以多一点诗人的气质。

　　2017 年 5 月 19 日，我在北大图书馆出席诗人千黛的赠书仪式并发表我对诗的粗浅看法时，感触良多。回到母校图书馆，我不由得忆起"恰同学少年"时的书香岁月。同学之间相约自习、帮忙在图书馆占座等情景，就像老电影一样在脑海里回放，映衬出当年那一个个在学海里以苦为舟的读书人。

　　毕业后，我无时无刻不感受到身上那名为北大的烙印，这种"母校情结"相信也印在每一个北大人的心中，不管是身居庙堂之高，还是地处江湖之远。

　　2014 年 10 月，北大校友李克强总理出访欧洲时，我一路陪同。当我俩谈起北大的学生时光时，总理滔滔不绝，追忆与思恋之情溢于言表。诗人千黛的大作《以博雅塔为圆心》，也是这种情怀的充分

---

① 本文于 2017 年 5 月 23 日发表在新浪财经意见领袖专栏（微信公众号 kopleader）。

表达。每次回到母校，于我而言，都是一次灵魂的洗礼、一次精神的新生！

不过，作为一个在商场上摸爬滚打、跌宕起伏近30年的商人，面对诗歌我更有这样的思考：诗歌除了古人所述的抒情、言志和载道外，还可以抚慰心灵，启迪智慧，尤其是对于那些在商场沉浮的企业家来说。就我自身而言，诗歌对我的人生和事业，都有着重要的影响。

大家都知道，发生在2004年的"中国航油事件"，让我一下子从天堂跌落地狱。我在人生的这个跟头里摔得鼻青脸肿。很多人在事后问我："您是怎么走出低谷的？"我总是回答说，读书、读诗。我曾在"昨夜西风凋碧树。独上高楼，望尽天涯路"的迷茫的日子里，反复诵读苏轼的水调歌头。他那"高处不胜寒""人有悲欢离合，月有阴晴圆缺，此事古难全"的悲泣让我感同身受。我也曾在"槛菊愁烟兰泣露。罗幕轻寒……明月不谙离恨苦"的十字路口，吟读着荆轲出行前的诗句，"风萧萧兮易水寒，壮士一去兮不复还。探虎穴兮入蛟宫，仰天呼气兮成白虹"，激励自己不畏艰险，摆脱困境。

2004年12月7日，我面对前途未卜的未来，在深知凶多吉少的时刻，毅然决然地返回新加坡协助调查。悲壮之余，我想起荆轲的诗句，便做了点小小的改编，以鼓励自己坚强地走下去："风萧萧兮易水寒，壮士一去不复还。人生终有不归路，何须计较长与短。"

2010年，在上级组织的精心安排下，我回到了央企的怀抱，任职中国葛洲坝国际公司。在工作期间，我并未放弃读诗，像"仰天大笑出门去，我辈岂是蓬蒿人""江山代有才人出，各领风骚数百年"这样的诗句，给我了莫大的鼓励，也萌生出"要出去闯一闯"的干劲。于是，在中国葛洲坝国际公司任职3年后，我告别了26年的央企职业生涯，全力以赴经营北京约瑟投资有限公司，迎来了我人生的第二春，似有那种"众里寻他千百度，蓦然回首，那人却在灯火阑珊处"

的感觉。

回想起来，诗歌在那些日子里一直是我重要的精神激励。正是受这些浪漫的诗句的影响，我对人生也充满了理想，我希望将来有一天，在我的墓碑上可以刻上"到此一游，有所贡献，不虚此行"。

诗句里有着出神入化的想象，更有着理想主义的浪漫。这与诗人的浪漫与想象力是密不可分的。这种浪漫与想象力可以启迪企业家的智慧。当年，毛主席面对祖国的山河，掷地有声地写出："截断巫山云雨，高峡出平湖。神女应无恙，当惊世界殊。"这份理想成就了后来"当惊世界殊"的葛洲坝水利枢纽工程和三峡工程。

同样，2017 年 5 月 18 日，我国在世界上第一个成功试采可燃冰的壮举，也让我想起了毛主席的另一句诗："可上九天揽月，可下五洋捉鳖，谈笑凯歌还。世上无难事，只要肯登攀。"这描述的正是一种类似在可燃冰这种未知领域开拓探索的勇气。

可燃冰是一种崭新的能源，其储量是人类已探明储量和使用过的所有石化能源（煤、石油、天然气）的 2 倍。而我国海域的可燃冰资源量，按照官方预测的数据已经达到 800 亿吨油的当量，非常具有潜力。

这个连《第三次工业革命》的作者杰里米·里夫金都没有想到的清洁能源和可再生能源，可能促成一次真正意义上的第三次工业革命，甚至成为推动中国成为 21 世纪世界强国的引擎与催化剂。可想而知，如果这个领域内的人们没有毛主席诗词里那样的想象力和大无畏的英雄气概，何以成就今天的成果！

同样，在创业当中，诗歌也让我领悟到更多的智慧。比尔·盖茨曾说："创业是一个纠结的、充满危险的、混乱的过程，充满了犯错、无止境的斗争和牺牲。"而诗歌里的智者之语会让我们避免许多"无止境的斗争和牺牲"。

例如，我始终强调，面对市场上的各式各样的诱惑，要保持定力，

"不畏浮云遮望眼""咬定青山不放松"。一定不要被外界的浮躁与急功近利所左右，而要抓住企业的核心竞争力，始终坚持巴菲特所说的"内部计分卡"，走"滚雪球"的道路。

在投资上则要"谋定而后动"，不做"墙上芦苇，头重脚轻根底浅；山间竹笋，嘴尖皮厚腹中空"。一定要投对人、投准行业、投到具有核心竞争力的企业中去。一旦想好投定，就必须坚持下去。经过这么多年的实践，我确实感受到诗与诗人那豪迈却朴实而深刻的道理。

也正是如此，在我看来，企业家与诗人有着共通之处，企业家不妨多读点诗，学习一下诗人的浪漫。在遭遇挫折或困境时要有一种诗人的情怀，在创新与开拓进取方面要有诗与诗人的气概，在重视利益的同时可以多一点诗人的气质。如此，方能在商场上开天辟地、一往无前，在人生的道路上"踏平世间坎坷路，一路走来太从容"，最终让我们的人生与事业"待到山花烂漫时，她在丛中笑"！

# 从人的复杂性与人字的简单性说起

## 人的复杂性

毋庸置疑，人是世间非常复杂的高级动物。

### 人体的复杂性

人体是大自然最奇妙的伟大杰作：206 根骨头，639 块肌肉。人的一生中心脏要跳动 25 亿~30 亿次，24 小时之内经其处理的血液有 11128 公斤，如果换算成马力，则需要 140 匹马力才能完成。

人的肺部输送空气的气管连接起来有 2400 多千米长；每分钟吸气 17 次，昼夜共计吸气 24480 次；如果按每次呼吸空气 500 毫升计算，则每天每人所需空气达 12240 升之多。人体有数十亿个神经细胞井然有序地协调着各部位的活动，还有计算机都无法计算的神奇的遗传序列⋯⋯

人体也是一个复杂、有趣而又统一的有机整体，绝不只是各个部分的简单组合。

### 人类思维的复杂性

或许人类的视觉不如鹰、嗅觉不如犬，但人类是万物之灵，那是因为人类独有的复杂性思维。"思维"是人类实实在在的内在活动实体，包括和掺杂了个人情感和个人体验，以及怎么提出问题、怎么描述问题、怎么修正问题、怎么分析问题、怎么解决问题、怎么反馈问题等一系列复杂的过程。

人类凭借思维创造了现代物质文明和精神文明。在当今的知识经济时代，人类的思维还是经济和社会发展的本源性动力。人类为了求得生存与发展，必须与大自然做斗争，这就需要首先了解和掌握客观世界中万事万物的基本性质及其相互联系的基本规律，然后才能进一步改造客观世界，以便在与大自然的斗争中达到预期目的。思维与积累的知识就是人类为实现这一目的所不可或缺的智力机能。从马克思主义认识论的角度来说，思维被认为是人脑经过长期进化而形成的一种特有机能，它被定义为："人脑对客观事物的本质属性和事物之间内在联系的规律性所做出的概括与间接的反应。"

### 人类行为的复杂性

人类的行为是受思维控制的，思维的复杂性也就从一定程度上决定了人类行为的复杂性，也就是说，人类行为的复杂性正是由心理活动的复杂性引起的。具有不同生理条件和社会条件的人，其心理活动也有很大的不同，对同一件事情的行为反应也就不一样（受文化、家庭等种种因素的影响）。人类的心理活动是在头脑内部进行的（中医并不完全认同此观点，因为心脏也能起到一定作用），不能加以直接观察或度量，但往往有一定的外部表现。例如，一个人的哭或笑的行为是由其悲伤或快乐的心理活动所支配产生的。所以，通过对一个人行为的观察和描述，我们可以探讨其内部心理活动；反过来，一个人的心理活动是在行为中产生、在行为中得到表现的。一个人哭，是因为受到了打击，或失去了所爱而产生了悲伤心理；一个人笑，是因为在学习或其他某个方面取得了成功，或得到了满足而产生了快乐。所以，通过在一定条件下对人的行为进行系统观察和分析，我们可以了解人的心理活动。

## 人字的简单性

关于"人"的含义，解释有很多。比如，《说文解字》对"人"的解释是："人，天地之性最贵者也。此籀（zhòu）文象臂胫之形。"《礼记·礼运》在解释"人"时说："故人者，其天地之德，阴阳之交，鬼神之会，五行之秀气也……故人者，天地之心也，五行之端也，食味、别声、被色而生者也。"《列子·黄帝》则解释说："有七尺之骸、手足之异、戴发含齿、倚而食者，谓之人。"清代洪亮吉《治平篇》如此解释"人"："人未有不乐为治平之民者也，人未有不乐为治平既久之民者也。"

关于"人"字的结构，有的典籍是这样解释的："象形。甲骨文字形，象侧面站立的人形。""人"也是汉字部首之一。本义为"能制造工具、改造自然并使用语言的高等动物"。

以上这些解释都过于复杂。其实，"人"字不过是简单的一撇一捺。下面对这一撇一捺的几种解释（或引申义）就非常有意思了。

### 名与利

乾隆皇帝下江南的时候，曾问镇江金山寺的高僧法盘："江中的船只来来往往，这么繁忙，一天到底要过多少条船啊？"法盘回答道："只有两条船。"乾隆问："怎么会只有两条船呢？"法盘说："一条为名，一条为利，整个江中来往的无非就是这两条船。"

因此，有人将"人"字的一撇一捺干脆解释为名、利二字，恰如"天下熙熙皆为利来，天下攘攘皆为利往"的说法，似乎人生来就是为这两样东西而存活。

确实，人生在世，从古至今，很难看破的就是"名"与"利"这两个字。故而，有人将其形容为这是在每个人心中隐藏极深的"两把尖刀"。

虚名私利绝不可求，平安健康人生春秋。人必须真正明白"名与利只可遇不可求"的道理，懂得生活的真谛在于平淡，才能做到"淡薄世间名与利，看破人间红与尘"，才能心如止水、逍遥自在地快乐生活。


## 善与恶

孟子和荀子，都是我国先秦时期著名的思想家，他们对人性问题分别给出了自己的答案：孟子主张人性善，是性善论的典型代表；荀子主张人性恶，是性恶论的典型代表。因此，有人说，"人"字的一撇一捺不过是善恶的符号而已，人同时具有两面性，有时善多一点，有时恶多一点。孟、荀的人性思想虽然是对立的，但其目的取向是一致的，即都主张加强后天的道德教育，以不断完善自我。

凡提出人性理论的人，都相应地提出了对待人性的方法或取向。孟子在人性善的基础上提出了"存其心，养其性，所以事天也"；荀子在人性恶的基础上提出了要"化性起伪"（改造人的本性）。孟子的存心养性强调的是内在的自我修养；荀子的化性起伪强调的是外在的教育引导作用。

孟子认为，"人性之善也，犹水之就下也。人无有不善，水无有不下。"孟子用水必然向下的现象说明人性善的必然性，但他难以解释社会现实中人们的恶行。孟子为了解决这个矛盾，逃避人们的责难，提出了存心养性的理论。孟子认为人的本性（心）是善的，是与禽兽不同的，由于有的人不知道保守自己的本心，不知道加强自己的善性，而把本心放了，把本性灭了，结果变得和禽兽并无区别。在孟子看来，就像"牛山之木美，被人砍光，山上草叶新苗，被牛羊吃光"一样。因此，人要成为人，要想使自己不走向禽兽的境地，就要努力保守人的本性。"尽其心者，养其性也。知其性，则知天矣。存其心，养其性，所以事天也。"即尽最大努力修养善心，保持人的善心，培养人的本性。

荀子认为，"人之性恶，其善者伪也"。即人的本性是恶的，善是后天人为形成的。荀子认为人之所以由性恶变成性善，完全是后天礼法教育的结果。尽管荀子认为人的本性是恶的，但他也认为人的本性不是不可以改变的，通过礼法的教化，化性起伪，就可以变恶的本性为向善的本性。

孟、荀二人中，一个从人性善出发，但不注意修养会变恶，得出了需要道德修养和道德教化的结论；另一个从人性恶出发，认为人性恶，才需要后天的道德礼法教化，以改变人的本性。前者是通过教化保住人的善性，后者是通过教化改变人的恶性。无论是存心养性，还是化性起伪，都倡导后天社会生活中的道德修炼，都强调后天道德教化的必要性。

## 阴与阳

有人说，"人"字的一撇一捺，依据中国哲学，指的是阴与阳。

阴阳论，作为中国传统哲学所特有的一种理论架构，其概念的起源可追溯到夏商时期甚至更早。《周易》曰："一阴一阳之谓道。"它是人们认识世界、改造世界的一种世界观和方法论。阴阳是宇宙中相互关联的事物或现象对立双方属性的概括，既可以表示相互对立的事物或现象，又可以表示同一事物内部对立着的两个方面。一般来说，凡是相对运动的、外向的、上升的、温热的、明亮的、兴奋的都属于阳；相对静止的、内守的、下降的、寒冷的、晦暗的、抑制的都属于阴。事物的阴阳属性，并不是绝对的，而是相对的。

阴阳统摄了万物万象对立的两个方面。阴阳在这种互相依存、互相转化、此消彼长的变化中，推动着世间万物的变化和发展。

阴与阳的每一方都以另一方作为自己存在的前提，没有阴，阳不能存在；没有阳，阴也不能存在，即所谓"独阳不生、孤阴不长"。《素问·阴阳应象大论》说："阴在内，阳守之，阳在外，阴之使也。"《老子》曰："万物负阴而抱阳。"因此，阴阳是互相依存、互相为用的。

阴阳消长，是指事物和现象中对立着的两个方面，是运动变化的。其运动是以彼此消长的形式进行的。阴阳两个对立的矛盾始终处在此消彼长、此进彼退的动态平衡中。只有这样，才能保证事物的正常发展变化。"日往则月来，月往则日来，日月相推而明生焉。寒来则暑往，暑往则寒来，寒暑相推而成岁焉。"

阴阳转化，就是阴阳互变，事物或现象的阴与阳是两种不同的属性，在一定条件下向其对立面转化。《系辞》说："阴阳合德，则刚柔有体。"只有阴阳统一起来，才能推动事物的发展和变化，阴阳才能长期共存。

由阴阳学说衍化出五行学说，也就是以木、火、土、金、水五种物质的特性及其"相生"和"相克"的规律来认识世界、解释世界和探求宇宙的一种世界观和方法论。木曰阳中之阴，火曰阳中之阳，金曰阴中之阳，水曰阴中之阴，土曰阴阳合合。《尚书·洪范》说："水曰润下，火曰炎上，木曰曲直，金曰从革，土爱稼穑（tǔ yuán jià sè）。"木生火、火生土、土生金、金生水、水生木，木克土、土克水、水克火、火克金、金克木。万事万物通过这种相生相克的关系而产生普遍联系。宇宙中的一切事物都是由木、火、土、金、水五种基本属性物质的"相杂"和"相和"而化生的。五行学说是按五行的特性对事物进行归类的，归类方法一是按取象比类法："取象"是从事物的形态（作用、性质）中找出能反映本质的特有征象；"比类"是以五行各自的抽象属性为基准，与某种事物所具有的征象相比较，以确定其五行的归属。二是推演络绎法：根据已知的某些事物的五行属性，推演归纳其他相关的事物，从而确定这些事物的五行属性。"仰观天，俯察地，近取诸身，远取诸物。"中华先祖就是这样认识自然，与自然和谐相处、共生共存的。

阴阳五行说，是中国古代朴素的唯物论和自发的辩证法。该学说认为，世界是物质的，木、火、土、金、水是最基本的、不可或缺的物质元素。人也不例外，以五脏为例：肺为金、心为火、肝为木、肾为水、脾为土。总之，人及其思维、行动、命运都在阴阳五行说的范畴之内，是其中最重要的内容。

## 对人的管理

对人性的了解有助于对企业或者其他机构人员进行管理与激发。

### 恩威并施

作为一个管理者，不论是古代的帝王，还是今天的一个组织领袖，在"权力控制的游戏"中，除了善于制定一些明面上的规则之外，还要善于运用一些不便明说的"隐性手段"。这种隐性手段在古代称为"恩威并施"。恩威并施强调的是，在实施控制时，既要施之以恩，施之以德，感化影响，说服指导，从而赢得部属的信赖；又要施之以威，施之以权，查验所为，奖优罚劣，使部属有敬畏之感。简单来说，所谓恩威并施，就是恩惠和惩罚两种手段并行使用，古今中外的政治家、统治者，大多会使用软、硬两手策略。你臣服于我，就施以恩惠，你叛逆就给予处罚甚至付诸武力。

唐太宗李世民是一位杰出的皇帝，很善于处理君臣关系，恩威并施，双管齐下。李靖，原名药师，雍州三原人。出身官宦世家，隋朝大业末年，曾任马邑丞。唐高祖兵入长安时，将李靖擒获，欲斩之，而秦王李世民求情，高祖遂赦李靖，从此李靖加入唐将行列。贞观四年，李靖破突厥颉利可汗牙帐，因所率部队纪律一时松弛，致使突厥珍物被官兵掳掠殆尽。御史大夫萧瑀弹劾李靖，劾请交付法律部门推勘审理，唐太宗予以特赦，不加弹劾。等到李靖觐见，太宗则大加责备，李靖磕头谢罪。过了很久，太宗才说："隋朝时史万岁打败达头可汗，而隋文帝却有功不赏，反而因其他小罪将其斩首。朕则不这样处理，记录下你的功劳，赦免你的过错。"于是，加封李靖为左光禄大夫，赐给绢一千匹，所封食邑连同以前所赐封的共达五百户。不久，太宗对李靖说："以前有人说你的坏话，现今朕已醒悟，你不必挂在心上。"又赐给绢两千匹。

李世民驾驭功臣的手段便是恩威并用。他并没有像李渊那样对李靖动过杀机，只是想通过别人对李靖的弹劾来警告一下李靖。唐太宗很聪明，他知道对卓尔不群的李靖该怎么收、应如何放，拿捏得恰如其分。所以，李靖才会心甘情愿地帮助唐太宗打天下。唐太宗在去世前夕，曾故意把已经负有辅佐太子重任的宰相李靖贬官。他告诉太子道："李靖是有能力辅佐你的，但他是我手下的功臣，是前朝元老，而你跟他并没有什么恩爱相连，因此，他难免会摆出桀骜不驯的样子，使你难以驾驭他，所以，我才故意贬谪他。你继位后，可即刻让他官复原职，他便会对你感恩戴德，忠实地效命于你。"果然，太宗逝世后，太子李治继位的当日，就让李靖复任宰相，由此，李靖对新皇的感激之情溢于言表，从此忠心耿耿、不复二心。

恩德武威同时并用，也是古来将帅所重视的统御谋略之一。《孙子兵法·地形篇》云："视士卒如爱子，故可与之俱死。"孙武认为，统御部卒，必须用恩威并施之谋。

恩威并施的两手策略，应用范围很广。美国对待其他国家经常用到这种手段，用美国人的话来说，就是"胡萝卜加大棒"。日本企业家松下幸之助认为，经营者对部下，应是慈母的手紧握钟馗的利剑，平日里关怀备至，犯错误时严加惩戒，恩威并施，宽严相济，如此才能成功统御企业。

恩威并施是对人性中"趋利性"和"人性恶"的合理把握与运用。

## 奖罚分明

邓小平在《坚持按劳分配原则》中指出："要有奖有罚，奖罚分明。"为人主管者必须公正无私，奖罚分明，才能树立良好的纪律，使众人信服。

曾国藩曾指出："善管理者，攻心为上，攻身为下。"攻心的目的，是要使下属对你忠心耿耿，肝脑涂地。只有这样，才能顺利地达到既定的目标。领导要掌握攻心的智慧，就得以奖为主，以惩为辅，给下属留下自由发展的空间。曾国藩指出，赏罚分明是当领导所必备的一项素质。领导对待有突出表现和贡献的下属，万不可嫉贤妒能，这样会挫伤他们的锐气，只有论功行赏，才能充分调动他们的积极性。

诸葛亮说："赏以兴功。"也就是说，奖赏是用来鼓励立功的，对有功之人行赏，可以激发人的荣誉感，培养人的上进心。所以，一些成功人士不惜重金对下属进行奖赏，以保持下属的高昂士气。拿破仑在1807年打败沙俄、征服普鲁士以后，对所有文武官员进行了十分慷慨的犒赏。汉高祖刘邦在平定天下后，第一件事就是论功行赏以保持属下的高昂斗志。然而，在对属下奖赏的过程中却必须讲求一定的方式和方法；否则，就会起到相反的作用。

首先，"赏不可不平"。也就是说，奖赏要公平，所谓公平，就是按照功劳大小，给予不同奖励，功大大奖，功小小奖。刘邦行赏就把握了公平原则。他对萧何的奖赏最多，评定位次把他列为第一，这是实事求是的。在刘邦平定天下的过程中，萧何所起的作用是任何人都无法替代的。刘邦率军进入咸阳后，将领忙于争夺金银美女，而萧何却首先取得秦朝的文档资料，为刘邦统一天下时掌握全国的地理、人文情况提供了帮助。同时，在楚汉相争中，萧何镇守关中，安抚百姓，为前方补充兵员、粮草，使刘邦一次次转危为安。正因为汉高祖以事实为依据，根据功劳差别体现行赏的差别，所以，群臣仍保持积极的干劲。

其次，物质奖励和精神激励相结合，这也是养才之道。美国霍尼韦尔公司的安保系统和航空分厂所采用的激励系统，即是一个有力的证明。1979年，该厂接受了1.8万条雇员建议（人均3.66条）。为了鼓励大家多提建议，霍尼韦尔公司对凡是提过3次或以上建议的雇员给予实物奖励，建议越多，实物奖励越多。提出的建议越有价值，得到的现金奖金就越多。同时，"论功行赏"，也给予员工精神奖励。凡提过3次或以上建议的职工，他的相片就挂在本部门办的"超级明星"表扬栏上；如果所提建议还带来一定的资金节约，就可在每周公司表扬栏上张贴出他们的照片和建议。此外，还在公司内部刊物、部门通信以及厂部报道上大张旗鼓地加以介绍。这样，在公司内部形成了一种极力挖潜、充分发掘每个人才智的良性竞争风气，从而使公司的效益和利润大幅增加。

有作为的企业家无不懂得人是需要激励的，所以，要采用各种激励手段来调动职工的积极性和创造性。这是企业经营能否取得卓著成效的根本措施。企业主管的任务就是找出激励员工的因素有哪些。员工是出于自己的需要和目的而工作的，并非任由主管予取予求。主管应该找出员工的目的和需要，并且详细了解这些需要和目的是否符合公司的目的。这一点恰恰印证了人性阴阳论中"阳性"的一面，即上升的、温热的、兴奋的一面。但如果主管过分强调某些优点，反而可能造成员工的负担。这就是人性阴阳论中所说的，要把握好阴阳转化、阴阳平衡原则的内涵。

日本松下公司很擅长运用激励手段来激励员工。松下公司每季度都会召集一次各部门经理参加的讨论会，以便了解彼此的经营成果。开会前，把所有部门按完成任务的情况从高到低分别划分为 A、B、C、D 四级。会上 A 级部门首先报告，其次是 B 级、C 级，D 级最后。这种做法充分利用了人们争强好胜的心理，因为谁也不愿意排在最后。松下公司对各部门所完成的利润，采取预留 40% 自行支配的做法，利润留存主要用于本部门员工的福利、更换或扩充设备等。因此，各部门完成的利润越多则留存的利润也就越多。这种所得与付出紧密联系的内部管理方法，促使各部门为了各自的利益而拼命工作。松下公司 1966 年发出号召：5 年内生产率倍增，职工工资倍增，保证 35 岁以上的职工有自己的住房。这样的许诺，极大地激发了全体职工的生产积极性。到 1970 年，这些目标全部实现了，其中，住宅是通过向职工提供分 15 年还清的低息贷款来实现的。职工通过加倍努力的劳动获得了一定的物质生活资料，而松下公司则发展成为日本最大的电器公司。

### 《妥拉》与法制

犹太教中有三部典籍。第一部是《圣经·旧约》（又称《塔纳赫》），所有犹太人都要绝对忠诚地信奉它。《圣经·旧约》的前五卷书称为《妥拉》（又称《律法书》《摩西五经》），它是其中最重要的著作。第二部是《塔木德》，它对《妥拉》及犹太教经文中的"613 条戒律"逐一做出了详尽的解释。第三部是《米德拉什》，它是解释《圣经·旧约》的布道书卷。在犹太教中，《妥拉》占据着《圣经·旧约》的核心地位，是其最神圣、最重要的部分。

《妥拉》是犹太人信仰的重要教导，在不少神学院教师口中，《妥拉》被简化为"律法书"。虽然它主要是描述摩西五经的内容，但那并非律法，而是告诉以色列百姓神是谁、怎样做才能蒙福、如何吃穿作息才是神的教导。

《妥拉》的核心内容是教育。而犹太人把教育与律法（法制）很好地结合起来，这是它与只注重惩罚而忽视教育的新加坡之间的重大区别（关于新加坡的内容接下来会深入介绍）。

人有趋名的一面、向善的一面、存阳的一面。把握人性和发挥好人性的作用，就要对这些内容进行引导、挖掘和发扬；而对人性中逐利、作恶、存阴的一面则要予以抑制、处罚和转化。

# 谎言的船开不远 ①
## ——揭露新加坡的监狱黑幕

我从新加坡回国已满 5 年，然而，上个月，在国内接待一位新加坡律师朋友时，他亲口告诉我，最近新加坡又发生一起囚犯被打死却不了了之的恶性事件。

2013 年底,我接受了香港凤凰卫视《名人面对面》节目组的采访,其专辑《陈九霖·央企缘》于 2013 年 12 月 1 日在凤凰卫视播出。这本来是个普通的访谈,其间所谈论的"中国航油事件"的经过,虽不足以囊括我曾遭受的常人难忍之痛,但都是我本人亲眼所见、亲耳所闻、亲身感受之真言真事。

出乎意料的是，新加坡方面对于我的访谈做出了强烈回应：新加坡《联合早报》等官媒连续发文指责我所言不实；新加坡外交部为此照会凤凰卫视；新加坡驻港总领事傅光燊还以信件"驳斥"我的言论……种种过激反应，同新加坡在国际上获得"记者公敌"的称号是相匹配的。对我亲身遭遇屈辱的言论如此严苛的钳制，不能不让人产生新加坡当局欲盖弥彰之嫌。

---

① 本文于 2014 年 1 月发表于新浪网《意见领域》栏目,此处增加了新的内容。

我很清楚，面对新加坡政府如此强大的公权力，以个人之力去反诉无异于以卵击石，也有不少朋友为此担心我的人身安全。然而，想到仍然关押在新加坡狱中的权益受侵害者，以至联想到新加坡的普通老百姓，不知此刻又有多少人正在遭受我曾经历的不堪境遇，我怎能"独善其身"呢？面对新加坡政府毫无依据的指责，我有必要站出来戳穿谎言，揭露真相，也算是"以直报怨"吧！

## 自证苍白即为佐证

以《联合早报》为首的新加坡官媒，对一起普通的电视访谈节目连篇累牍地予以攻击，实为舆论界的一大奇观。然而，在驳斥本人时，新加坡的官媒不仅没有提供任何有力的直接证据，驳斥言论本身反而还自相矛盾，甚至有的内容恰恰反证了我在电视访谈中的真实性。

2013 年 12 月 30 日，《联合早报》刊发的"陈九霖称犯人被打监狱署：没根据"一文，提到"读者"邱万达的来信，并武断地指出"这种事情不可能在新加坡发生"。

可笑的是，这位新加坡的"读者"却连我本人的工作单位都张冠李戴。其实，我于 2009 年回国后的工作单位，凤凰卫视《名人面对面》说得非常清楚，新加坡媒体此前也做了充分报道。邱万达看过节目，却对这一最基本、最简单的信息都做出完全错误、毫不负责任的表述，其所言所述怎可置信？他所说过的"不可能在新加坡发生"的事情，除了《陈九霖·央企缘》的披露外，本文将进一步证明的确存在。

2014 年 1 月 8 日，《联合早报》刊发的"要求凤凰卫视播出外交部回复我驻港总领事驳斥陈九霖不实指控"一文，在提到新加坡的监狱制衡机制时引用太平绅士钱翰琮的话说："他说的话是不负责任的，因为我当时亲自问他，他没提出来，也没有不满的情绪。"试问，在当时恶劣的环境下，有谁敢怒敢言呢？在新加坡，监狱之外的人说话都得小心翼翼，更何况身陷囹圄之人呢？

钱翰琮从没坐过牢，岂能理解我当时之苦衷？我当时之所以没有发表任何不满意见，是因为在那种情境下，求得生存、能够出狱是最大愿望，怎敢对仍掌控着自己人身自由的"权威"提任何意见？此外，钱翰琮是新加坡前国会议员，还曾担任内政部高级政务次长。这种前官员，即使其人品再好，他能够脱离其原有体制实情实说吗？

那么，身处体制之外的太平绅士许俊辉等能否看到客观情况，发表客观意见呢？2007 年 12 月，新加坡总理李显龙视察樟宜监狱 A3 的 SDM。在其到访前 10 天，狱方就强行把我从 A3 调到 A5，其意图非常明显：怕我说出对狱方不利的真相。

为了迎接李显龙的到来，狱方提前粉饰他将视察的所有地方（包括走廊、墙壁与地面），调走了全部"不听话"的囚犯。樟宜监狱应对李显龙视察的行为，不禁让我想起我国民国时期胡适的故事。他在参观监狱时看到监狱管理人员为犯人洗澡、洗衣等融洽场景，便发表他对监狱表示满意的公开意见，而实际情况却是当时的监狱粉饰太平以显示自己的"进步"和"文明"。恐怕新加坡当局所委派的体制外的太平绅士许俊辉等也成了"被欺骗的胡适"！

《联合早报》还刊登了钱翰琮的猜想，"监狱官打人是不可能的事，因为根本瞒不住，囚犯一般是三四个人睡一间房，只要被打大家都会看到，监狱官也不敢动手打人"。

只要稍微有头脑的人都知道，钱翰琮所参观的地方及其所看到的监狱汇报材料上的东西，只是新加坡当局拿得出手的。而客观情况如何呢？我自己在樟宜监狱 A3 亲眼见到一个被警察打断肋骨、瘦骨嶙峋的囚犯；在 A5 也亲耳听到囚犯被拉到囚室外的墙角打得死去活来的尖叫声。事过之后，那位狱警还向我炫耀其痛打囚犯的"痛快感"。

然而，有多少新加坡民众了解实情呢？新加坡民众和国际社会不了解实情的原因包括：一是当局故意隐瞒实情与真相。二是在一个人人敢怒不敢言、只求保全自己早日出狱的大背景下，监狱官便是犯人最为畏惧的"权威"，怎敢对其直面指控呢？三是新加坡当局对于出狱的新加坡人也是严密监控的，对于出狱的外国人则是不允许返回新加坡。在这种情况下，他们有实情向谁申诉、申告呢？

可见，新加坡当局的自证清白，无论从事实上还是从逻辑上讲，都是苍白无力的。这种诡辩恰恰反证了我的所述确属真相。

## 与其抵赖狡辩不如反省改正

"我不会以民意调查决定我的施政，我认为这显示了执政者的软弱和驾驭无方"。这是 2006 年 5 月 1 日新加坡领导人针对新加坡工人党抗议时说的。新加坡当局忠实地执行了这一训导。

然而，常言道，忠言逆耳利于行。新加坡当局的当务之急应该是闻过则喜、闻过则改，借此机会反思监狱乃至整个司法系统。可惜的是，尽管证据确凿，新加坡当局却借驻港总领事傅光燊先生之口指出，"陈九霖在节目中对新加坡监狱署的指控，完全是虚构和没有根据的"。傅光燊还提出："若凤凰卫视有意访问曾探视过陈九霖的探监太平绅士，当局会乐意安排。"

傅光燊先生真是一位忠诚的外交官，可能由于整天外交事务繁忙，没有读过报纸或者看过电视，对新闻的操作不太了解。当事人才是新闻调查的核心，太平绅士没有住过新加坡的监狱，他们的言论怎能成为新闻的核心和事实真相的佐证？我想借此弱弱地问一下：新加坡当局能否借此机会一并安排凤凰卫视等知名媒体访问樟宜监狱的亲历者呢？我可以提供以下几个案例。

一位来自中国东北的朝鲜族劳工，他不会讲英语，也不会写汉语，只能书写朝鲜文。当时，他被关押在A3的HU3，而我在HU2，距离很近。他因被判入狱备感冤枉，十分苦闷抑郁，选择跳楼自杀未遂。狱方安排我前往监狱医院做翻译人员。他受伤严重，肋骨被折断，动弹都很困难。但新加坡监狱当局居然将其四肢戴着脚镣手铐绑在病床上。请问：这里是否存在虐待？

一位名叫陈一涛的福建人，因签证过期滞留被判鞭刑。据他所说，第一鞭就把他打晕了。我在访谈中所称的白裤子进去，红裤子出来，血流不止的场景，他就是众多原型之一。

《联合早报》引用一个名叫李春明的新加坡犯人之言驳斥我说："陈九霖的指控有点过分和夸张，监狱官不会乱打人，即使应付很暴力的囚犯也有一套方法。至于访谈中提到囚犯穿着白裤进去，出来被打得都是血，这种情况可能是挨鞭了。"

这句话至少反映两点内容：一是我所言之情况真实存在，尽管可能在他看来有过度描述之疑；二是监狱官的确会打人，只是分情况，不会"乱打"而已。问题在于，何为"乱打"，何为正打？标准是谁制定的？

一位名叫张庚林（Chen Kan Lam）的香港犯人，和我在狱中共事近1年时间。他曾给我讲过其案件的细节，虽然其案疑点重重，但他仍被判刑11年半。此外，他还讲道，警署审讯时，为逼他认罪，一名马来族警察曾用警棍挑他的屁股；另一名警官还动手打他，甚至还被剥去全部衣服，被迫在寒冷的拘留室坐碎冰块长达3个多小时。其间，警署还特意打开门上的小玻璃窗，让他的被控同谋看，以威慑他们。在这之后，他在尚未被判决之前便被送到女皇镇候审监狱。张庚林等多名犯人还亲口告诉我，他们在没水喝的情况下，只得喝监狱马桶里的水。

我看过《勇者曼德拉自传·漫漫自由路》这本书，对比曼德拉的牢狱生活，即使是在21世纪的新加坡监狱，囚犯的遭遇却要比南非的曼德拉时期糟糕得多。曼德拉在条件最残酷的罗本岛还可以外出劳动，而新加坡只有1/3的囚犯能获得工作机会。而在樟宜监狱，这1/3的囚犯还是在室内工作，根本见不到阳光。在新加坡，不少囚犯连续三四年都没有工作过，终日被关押在狭小、湿热的囚室之中。即使有中国驻新加坡大使馆的斡旋，我也经历过1/3以上的时间没有工作的孤独与痛苦。

## "中国航油事件"背后的真相

在这次"访谈风波"中，新加坡当局在没有进行任何实际调查、没有仔细了解实情的背景下就对我横加指责。这正是他们一贯的做法，即盛气凌人、自以为是。这种态度和做法，也曾发生在"中国航油事件"之中。

2004年12月8日，新加坡警方在尚未对本人进行任何调查、问话，也没有出示任何证件的情况下，就在机场逮捕了我。那时，我是忍痛含泪告别了卧病在床、即将不久于人世的老母亲，专程从中国飞赴新加坡协助调查的。未曾想到会在一个自称法治社会的国家遭到如此仓促、粗鲁的对待。

12月22日，新加坡政府领导人发表讲话称，陈九霖返回新加坡表明中国想走第一世界的道路而非第三世界。这番言论不仅将一个纯粹的经济事件政治化，而且，还在讲话中大篇幅地提到我，将矛头直指我个人。这种盖棺论定以及上述在调查前就批捕等做法，毫无疑问是先入为主地对公众宣判我有罪或者是进行有罪推定。

新加坡是自称严格遵循"无罪推定原则"（presumption of innocence）的国家之一，即"未经审判证明有罪确定之前，优先推定被控告者无罪"。"无罪推定原则"，是现代法治国家刑事司法通行的一项重要原则，是国际公约确认和保护的基本人权，也是联合国在刑事司法领域制定和推行的最低限度标准之一。

然而，在新加坡，犯罪嫌疑人尚未被法院宣判定罪前，就被关进比关押犯人条件恶劣很多的女皇镇候审监狱，这个监狱是当年日本法西斯关押抗日志士的监狱。那里不设床铺，犯罪嫌疑人（包括很多病人）被迫长期睡在潮湿的水泥地上，导致很多人终身落下病根。新加坡当局之所以在正式判刑定罪之前便把犯罪嫌疑人投入那里，其目的就是屈打成招、逼其就范。

以我自己的遭遇为例。我在未经法院定罪的情况下，也被投入了女皇镇候审监狱。在那里，我历尽了尊严尽失的耻辱：一入监狱大门，便被脱光衣服，扒开屁股检查是否藏毒；之后被置于栏杆之后，让警犬闻遍全身……这些羞辱人格的做法，难道就是"无罪推定原则"之下对一个未被判刑之人合理恰当的对待？

在此次凤凰卫视访谈事件中，我不过是基于言论自由之权利对个人经历的真实讲述，无任何不妥、不当之处。但这些言论却被《联合早报》以"在感情上挑拨新中两国人民的友好关系"来进行恶意揣测，而且，经渲染放大后直接上升到国家层面，由新加坡外交部、驻港总领事的介入将整个事件政治化，连在中国境内之自由媒体也被施以压力。有国内媒体告诉我，新加坡驻华使馆要求他们不要报道我发表的言论、不要刊登我写的文章。新加坡当局居然用管制新加坡民众和媒体的做法来"管制"中国媒体了！

2014年1月1日，《联合早报》借用纪赟之口说："我们看到陈九霖在新加坡，真正让他入狱的并不是他的商业投机行为，商业本来即有赔有赚，但是，投机失败之后却转而掩盖消息，这是一个法制社会所不能容忍的底线。"

客观情况是，2004年国际石油价格出现历史性的大调整，中国航油突然爆发巨额账面亏损时，我们都不知如何应对。在中新两国不同文化、不同商业背景和不同决策体制背景下，基于当时理性的商业判断，母子公司集体决策，采取了本意是维护全体股东利益的危机处理措施。

在相当长的时间内，新加坡监管当局也是默许这种危机处理措施的，其中一个证明是，我曾两次接到自称是新加坡交易所打来的电话，告诉我新加坡交易所知道中国航油正在发生的事情，希望我抓紧处理好。中国航油作为上市公司，新加坡对其负有密切监管的责任，因此，那两通电话来自新加坡交易所是合乎逻辑的。

凤凰卫视访谈中披露的中国国务院国资委致新加坡当局的函说得很清楚，我的动机是善意救助，而非违法犯罪。在这种背景下，新加坡当局却罔顾事实、颠倒黑白，把我的善意歪曲为"恶意扰乱新加坡金融秩序"，并基于这个前提，对我个人严判严罚。更为荒谬的是，就同一件事情，在已经对法人以及我的老板进行民事罚款的情况下，居然对我这个执行集体决策的公司雇员判处有期徒刑。所以，中国法学泰斗江平教授指出："新加坡判处陈九霖构成犯罪是武断的！"

那么，新加坡当局一意孤行背后的真正原因是什么呢？亏损当然不是主要原因，所谓的"违法"也不是主要原因。其根本原因有三。

一是新加坡一直致力于建立世界金融中心，而突然爆发的"中国航油事件"对此造成了不良影响，新加坡政府又不敢追究真正应该承担责任的国际大投行和金融巨鳄的责任，只好拿我这个"出身寒微"（李光耀先生对本人的形容）的个人来杀鸡儆猴，并表示建立国际金融中心的决心。

二是新加坡政治原则的宣示。2004 年 7 月 10—13 日，新加坡时任副总理、候任总理李显龙，不顾中方多次劝阻，执意访台，中国政府对新加坡进行制裁，两国关系一度降至冰点。其间恰逢"中国航油事件"爆发，本人作为中国央企高管，对于新加坡而言更是中国政府的高官，因而，新加坡借"中国航油事件"重罚本人，以释放对中国政府的强硬信号。这也许才是新加坡处理"中国航油事件"的真正动机。事实上，这并非是我个人毫无根据的猜想。一个非常知名的国际组织的负责人，在我致函请求帮助后，专程从欧洲飞往新加坡，在事先了解情况并与新加坡当局沟通后，告诉我说："新加坡政府不是把矛头对准你个人，你要做中国方面的工作。"我在樟宜监狱时，有监狱长告诉我说："新加坡重判重罚你的目的就是向中国释放政治信号！"

三是新加坡被印度尼西亚前总统哈比比描述为"地球上的小红点"，并因此一直自惭形秽，因此，新加坡当局以处罚一名大国公民（尤其是中国央企高管）来彰显其夜郎自大的岛国心态。

2009 年 1 月 20 日，我回国并于春节后与上级领导见了面，在提及上述三点时，他们都表示认同。换句话说，大家都心知肚明，新加坡当局罔顾事实对我重判重罚不是因为"中国航油事件"，而是出于政治原因！

总而言之，不管新加坡当局如何抵赖与掩盖，真相毕竟是真相，谎言终究是谎言。而且，正如土耳其谚语所说："谎言的船开不远！"

我在新加坡工作、生活了 11 个年头，在那里既有很多平民百姓的朋友，也有不少高官巨贾的关系。我曾接触过的许多新加坡人，包括《联合早报》的一些记者和编辑朋友，都给我留下了淳朴、善良和乐于助人的良好印象。我一直感恩新加坡现任总统陈庆炎博士和淡马锡 CEO 何晶女士等当年对我的支持。我至今仍每天阅读《早报网》和纸质版《联合早报》。我对新加坡有着深厚的感情，也一直视它为我的第二故乡。

2004 年 12 月 1 日，"中国航油事件"爆发后，上级组织因了解我并无犯罪而调我回国，还安排我担任航油集团副总经理的实际工作。但我毅然决然返回新加坡协助调查。2005 年 7 月 29 日，我回国为母奔丧后，也没有滞留中国，而是毅然地返回新加坡接受处罚。这既表现了我的担当，也是我心地坦荡的真实写照，更是铁证了我的诚信与正直。2015 年 11 月 27 日，由中国新闻社、中国新闻周刊主办的第十一届中国企业社会责任国际论坛暨 2015 年责任中国荣誉盛典在北京钓鱼台国宾馆举行。我本人被评选为"2015 年度责任人物"，入选理由就是本人在 2004 年的中国航油事件中"不逃避，敢担责，因公受过"。

可是，我仅仅因为一次连自己都不愿看到的挫折，就被新加坡当局落井下石，也着实心寒齿冷，这也暴露出新加坡当局急功近利、过河拆桥的功利与小人心态。但我依然相信，在不久的将来，未来的新加坡政府与领导人一定会还我一个公道，让我沉冤得雪！

# 活 着

2010 年 8 月 17 日，《东方企业家》发表了主笔杨婧的大作"偏执狂陈九霖"。但该杂志在封面上所使用的题目为："陈九霖：活着"。相比之下，我更加喜欢封面上的题目。

对这篇文章的内容和信息，我在此不便发表评论，但它让我联想到了一个也取名为《活着》的小说和电影。那部小说描述了主人公福贵的凄惨遭遇，既表达出人们因无法掌控自己命运而产生的痛苦，又展现了生命将苦痛抹平的坚忍。

活着本身就是不容易的。庄子认为，人活着时，因不能超脱物外，就像倒悬之人一样痛苦。他说："夫大块载我以形，劳我以生，佚我以老，息我以死。"因此，死亡和生存同样都是好事，"故善吾生者，乃所以善吾死也"。

庄子所言的这种情况，对于亲身经历过新加坡监狱严苛的人而言，体会应该更深。在新加坡樟宜监狱，犯人常年晒不到阳光；一年四季只能穿着短袖衬衫和短裤，连内裤都没有；监狱不设床铺，犯人（包括很多病人）都长期睡在潮湿的水泥地上，很多人都因此骨头疼痛；所有犯人，即使是病人，每天只能喝没有烧过的自来水，在女皇镇候审监狱里（需要注意的是，在这里的"犯人"是犯罪嫌疑人，是未被法院定罪的人）甚至不少人只能喝马桶里的水；新加坡监狱还禁止在囚室内锻炼，就连做俯卧撑也不行……在这样的环境里，有的人受不了，便想尽各种办法自杀。我亲眼见过两个犯人跳楼。我还同一位曾经连续自杀8次都未成功的犯人一起生活过。这位印度籍犯人，在没有自杀工具时，将刮胡刀片打碎后吞进肚子里，但最终还是没有成功。

然而，亲眼看到另外一些事例后，我对活着有了新的思考。

同样是在新加坡樟宜监狱里，我曾看到好几位精神病人。其中有一位，每天都得吃几次药、打几次针，独自一人被关押在五六平方米的黑暗囚室里，连出门放风的机会都没有。每当门外有人走动时，他都会从门下一个很小的送饭口向门外张望，目光呆滞，毫无表情，但看上去十分阴森、吓人。

我还看到一个双腿高位截肢、一只手提着一个尿袋的囚犯。他在医院看病时，虽然完全不能独自行动，但新加坡警方还是用手铐将他的另一只手牢牢地锁在病床上。

在新加坡监狱，我看到过不少类似的囚犯（包括心脏病晚期的犯人和每天需要注射两次胰岛素的严重糖尿病患者）。我不知道他们犯了什么罪，是在什么样的环境下犯的罪，什么原因驱使他们犯罪，也不了解他们犯罪时是否具备行为能力，更不清楚新加坡为什么没有给予他们人道主义关怀。

但是，即使是这样的一群人——生存对其而言堪称一场折磨与苦难——却仍在顽强地活着。当看到或者了解到这样的一群人时，健全的人难道不应该坚强地活着？自由的人难道不更应该对活着感恩？

当然，有人会说，这些都是犯人，他们罪有应得。但是，纵然是犯人，他们也是人。何况在犯人之中还有类似曼德拉、金大中这类的反对党领袖和赵作海这样受冤屈的"犯人"呢？新加坡政治人物、民主党秘书长徐顺全博士，就曾因被政府当局控以"无准证演讲"和"无准证集会"的罪名而成为犯人入狱。我在狱中时听说，他在监狱里拒绝吃饭，但最终还是选择活着。

只有活着，才有希望；只有活着，才能将不平抹平。

诸葛一生唯谨慎，百密一疏失街亭；

九霖一心图伟业，偶折一翼天地昏；

警钟一世磨励志，终有一日扭乾坤。[①]

---

① 2005 年 8 月 4 日创作于湖北黄州中学。

# 追逐梦想的力量 ①

我考上北大以及工作之后，一共回过我的母校黄州中学三次。有两次比较高调，有一次比较低调。

第一次回到母校，大概是在 1987 年。当时，我刚从北京大学毕业，踌躇满志，就回来看望我的母校，看望我的恩师。

第二次回到母校，是在 2004 年。那时，我正处于从高峰跌到谷底的一个重大的人生转折点。所以，当时我一个人悄悄回去，没有找任何老师和同学。因为，我知道，我们作为从母校毕业的学生，有好事情，就一定要向母校报告；有需要承担的事情，男子汉大丈夫，则一定要独臂擎天下。所以，那一次，我是一个人偷偷地回来，看看我的母校，告诉我的母校：对不起，没有为您增光添彩。但是，我不会为您抹黑，我一定会承担责任，哪怕是为他人承担责任，我也义无反顾。

这次，是第三次回到母校，非常高兴，也非常激动。本来，我打算用英语来讲我的故事，而且，已经想好了，第一句话就说：I am the person who is full of stories and I will tell you the story about myself today

---

① 2016 年 11 月 28 日，作者应邀返回母校黄州中学，以自己的亲身经历和感悟，为学校师生做了题为 "追逐梦想的力量" 的主题演讲。本文即自此次演讲节选。

（我是一个充满故事的人，今天我将告诉你们我自己的故事）。但应在座听众的要求，只好改用中文来谈我的小故事。

当年，我在黄州中学读书的时候，在黄州中学老校区到黄冈师专中间有一条小路。那是一条风水宝路，因为有一个人，从那里，走到了北京大学。

那是在 1981 年，在那条小路上，有一个年轻的小伙子，看到一群学生围着一个外国老师，跟他用英语聊天，聊得非常流利，他就非常羡慕。于是，他也走上前去，提了一个问题，结果，那群学生一下子就惊呆了。他问了一个什么问题呢？

他贸然地对那个外国老师说："Excuse me, can I ask you a question?"

外国老师回答："Yes, of course, go ahead"．

然后，这个小伙子就问："What's the difference between 'I beg your pardon?' and 'I beg your pardon！'？"

第一个 "I beg your pardon?" 是升调；而第二个 "I beg your pardon！" 是降调。他的话音一落，那群学生就七嘴八舌地开始讨论起来。

有的说："没有差别，都是一样的意思。意思就是：我没有听懂，请你再重复一遍，好吗？"

后来，有一个同学说："这肯定有些差别，但细微的差别我也不知道。"

"当然，"那个外国老师说道，"确实有差别。"然后，他给学生详细地解释了其差别所在。他说，I beg your pardon？是疑问句（升调）的时候，意思就是：对不起，你刚才说什么我没有听懂。麻烦你再重复一遍，好吗？而 I beg your pardon！是感叹句（降调）的时候，则是一个诚挚的请求，请求对方做一些什么事情。

外国老师一讲完，那些黄冈师专英语系的学生就突然觉得，这是哪里来的毛头小子，还能够发现如此细微的差别。那个小伙子就是当年的我。

那么，我是怎么到黄州中学来读书的呢？其实，这也是机缘巧合。

我出生在农村，当时不像现在，可以有很多选择。当时，要摆脱那种贫困的局面，就只有两条路：一是当兵，二是考大学。

一开始，家人让我当兵。我也确实很争气，体质不错，面试成绩也很好，结果一下子就考上了，被分配到南海舰队去当海军航空兵。第二天就要去领军装报到了，但头一天，我的母亲一听说儿子要到南海舰队，就哭得死去活来，因为当时中越关系不好，可能要打仗。所以，母亲就不想我去，说不能让我这长子，出去当了炮灰。当时，我看母亲哭得实在伤心，就说："算了，我不去了。"于是，我放弃了当兵的机会。

不去当兵，就只能去考大学。我们那个时候，是五年制的小学、两年制的初中和两年制的高中，一共九年。九年学习什么呢？我们学习毛主席语录和毛主席诗词。除此之外，我到现在为止，印象最深的一篇课文就是《一件破棉袄》。以致后来，每当我学习不进步或者哪方面没做好时，我的父亲都拿这个借题发挥："今年指望明年好，明年还是一件破棉袄。"我数理化、英语等都学得很一般。不过，比较起来，我稍微好一点的就是英语。

当时，我一个好朋友的父亲在罗田骆驼坳中学教书，我没有和家里打招呼，就偷偷跑到那里补习。那个时候，初生牛犊不怕虎，一心追求自己的梦想。后来有一天，在下午四五点钟的时候，我们正在路边的一个篮球场打篮球，突然听到身后传来一阵喊声："九霖！九霖！"我当时心想："谁呀？还有谁知道我在这里呀？"我一边想一边回头，原来是我母亲来了，带着一大包花生。母亲对我说："九霖啊，你想读书我可以理解，但我们家里穷，我们家五口人，就只有你父亲一人维持生计。但是，你想读也没关系，家里还有一头猪，我把这头猪卖掉，支持你读书。可你一定要找个好地方，不要跑到这个穷乡僻壤来读书。要考就必须考上。"后来她说，有一个人，叫王仲池，在黄州中学教书，让我去找他。

听了母亲的话，我就坐车来到了黄州中学，然后，经王仲池老师推荐，找到了何国健老师和卢祥福老师。这三个老师一起接纳我，成就了我的梦想，成就了我与黄州中学的不解之缘和永生之缘。

我在黄州中学恶补了十个月，其间，就出现了我在前面说到的，在黄州中学老校区通往黄冈师专的那条小路上，我冒昧地问外国老师问题的一幕。

这么多年来，我一直追求着自己的梦想，也始终践行着，犹如长江之水，滚滚东流，誓不回头。那么，这股力量来自何处？来自我的父母与恩师的谆谆教诲，包括黄州中学——我母校的培育。

那么，如何实现自己的梦想呢？

古人王国维讲古今之成大事业、大学问者有三重境界，其实，我经过多年摸爬滚打，体会到王国维所讲的这三重境界，同样也适合于梦想的追求，包括求学和做企业，乃至整个人生。

第一重境界：昨夜西风凋碧树。独上高楼，望尽天涯路。首先要找到目标，确定你的梦想。

第二重境界：衣带渐宽终不悔，为伊消得人憔悴。要持之以恒，苦干加巧干；要学以致用，要像王阳明所说的那样"知行合一"。

第三重境界：众里寻她千百度，蓦然回首，那人却在灯火阑珊处。我的体会是，只要方向正确，持之以恒，最终一定会有所成就，一定会感受到"一分耕耘，一分收获"的快乐！

# 为人子——谈父亲长寿的秘诀 ①

陈九霖与父亲

2015年12月8日，是我老父亲85岁寿辰之日，也是我最高兴的日子。

根据世界卫生组织2015年版《世界卫生统计》的数据，中国人的平均寿命是：男士74岁，女士77岁。老人家超出了中国人的平均寿命，因此，今天是我最大的节日，是我最喜庆的节日。我要恭祝老父亲福

---

① 选自2015年12月8日作者在湖北浠水天则酒店为父亲举办的生日庆典上的即兴讲话。

如东海，寿比南山！也借此机会表达一个想法——我的父亲高寿，而且会更长寿，是有其道理和原因的，也就是说父亲他确实有过人之处。

## 父亲有坚定的信念

父亲有坚定的理想和信念，那就是，在共产党的教育和培养之下，他对中国共产党有着坚定不移的信仰。我在新加坡落难时，一直期盼着父亲给我写信，但他写给我的信很少，其中一封信至今我还记忆犹新。他说，要相信共产党，你有错误共产党一定会给你机会改正错误。在那个时候，我的心情大家可想而知，他说这些话的时候，我当时会不会接受或者是什么样的一种感受，大家是可以换位思考体会到的。但是，这说明老人家自始至终有他的信念，有他的人生目标，有神圣的理想和追求！我觉得这是他能长寿的原因之一。

## 父亲大爱无疆，积功积德积善

我举几个简单的例子。我那已经千古的老母亲，曾经六次中风，实际上在长达 12 年的时间里身体一直不是很好。我的老父亲在母亲身边伺候了她 12 年，每天把药给她分好，端上温水，催她按时吃药，甚至连饭菜都端到她面前，送到她的手上。我的老母亲那时候喜欢唠叨，当然，病人爱唠叨也是可以理解的。我的父亲一直默默听着。他们在北京和我们一起生活时，父亲总是劝我说："你的母亲唠叨你不要怪她，你现在是大学生，你有学问，你母亲是一个农村家庭妇女，虽然你们在文化上有差异，但她毕竟是你母亲。"虽然我从来没有嫌弃过母亲唠叨，我爱我的母亲，但父亲还是给我打了"预防针"，一直在宽慰我，生怕我对母亲的唠叨有想法。

还有一个例子。前不久，我父亲的续弦老伴儿胡阿姨，陪我父亲去武汉检查身体时，发现她自己可能生病了，医生说她心脏上有毛病，要给她动手术，要花五万块钱。父亲就一个电话把我叫回湖北。当时，我不知道胡阿姨身体不好，到了武汉本来是打算治疗我父亲的。在发现胡阿姨的身体可能需要治疗时，我也准备为他们一起治疗。没想到，父亲的一句话让我大吃一惊。他说："九霖，我不能让你花太多的钱，不要你承担太多的医疗成本，你就把胡阿姨的病治好，我年事已高，迟早是要去见马克思的，我的病就不治了，把节省下来的钱都花在你胡阿姨身上吧！"我回答说："你们俩的病都要治！放心！我是你们坚强的后盾！"上天有眼，最后发现他们两个人的病都不是很严重；而且，此前县城的医生说我父亲需要装一个心脏起搏器，到武汉去检查后，医生说完全没有那个必要。所以说，吉人自有天相，好人一生平安，好人长寿百年！

## 父亲是一个很有担当、做事很有方法的人，这也让我从他身上学到了很多东西

在农村生活的时间长了，尤其当时遭遇"文化大革命"，人们的心态发生了一些变化。因此，我母亲曾经跟村里一个姓王的人家发生了一些矛盾。母亲感觉备受欺负，就把我父亲叫回来了。父亲当时每个月就回家两次，1日和15日才回来。这时候回来，依着我自己或者其他常人的脾气，对着王姓村民很可能三拳两脚就上去了。但是，父亲不是那样。他回来之后，居然把那个人请到我们家里来，做了一顿饭给他吃，还叫我出去买了酒，他跟这个人一块喝。两个人在那里对酒，母亲和我在房间里。父亲对他说："咱们两个人都是大老爷们儿，都是有肩膀能担当的人，对女人我们都应该懂得尊重。我在外面，家里养着三个孩子

很不容易，本来你应该照顾他们，你却欺负他们。即使我家里人做得不对，你应该首先跟我讲啊！你觉得有道理吗？"母亲当时有点接受不了这种方式，认为我父亲这样做太过软弱。我父亲心平气和地对她说："你先不要说话，等我把事情说清楚。"他跟那个人解释清楚后，我记得那个人当时就泪流满面。后来，那个人就主动向我父亲和母亲道歉了，从此跟我们家成了好朋友。我不知道父亲记不记得这个情景，也不知道我弟弟妹妹记不记得这个情景，但是，我自己至今记忆犹新。那是因为，我发觉那种以柔克刚的方法是很值得我去学习的。

## 父亲有着良好的心态

我最近在看《长寿的秘诀》这本书，也读了钟南山教授谈健康长寿的秘诀。一个人长寿与否，并不主要取决于他是否吃得好、喝得好、穿得好，也不主要取决于他是否有良好的医疗条件。其实，60%甚至65%以上取决于他是否有良好的心态。

我父亲就有着良好的心态。我记得"文化大革命"时期，他遭到批斗，深更半夜回来，后面还有人追赶，他不得不从后门溜走。我记得他去建坝治水时，寒冬腊月，地上结满了厚冰，车子的轮胎都需要挂着草链子才能动。他带着一帮人去修建堤坝，回来之后没两天又去，在别人牢骚满腹时，他却毫无怨言，埋头苦干。在别人四处逃窜、偷偷溜走时，他却一直坚守岗位。

再举一个例子，在我遭遇那么大磨难时，父亲当时的心情是很难接受的。都说"可怜天下父母心"，哪个父母会对自己的子女落难而无动于衷呢？但是，他始终忍着眼泪。等我从新加坡回来，他却抱着我痛哭一场，就这样把他过去3年的压抑一下子释放了出来，这种心态一般人是不会有的。

# 为人父——写给儿子毕业典礼的一封信 ①

亲爱的儿子：

　　1981 年夏天，在大别山区一个名叫骆驼坳中学的篮球场上，两个孩子正在争抢着一个篮球玩。一辆疾驰的乡村大巴，突然"哧"地一下刹了车。一位中年农村妇女，一边呼喊着其中一个孩子的名字，一边从车上急匆匆地走下来。她分别塞给这两个孩子一些炒熟的花生，待他们狼吞虎咽一阵后，语重心长地对其中一个孩子说："你爸不让你上学，是因为我们一家人都靠他一个人挣钱养活，日子本来就不好过，他原本盼着你能早点工作帮帮他。但是，既然你执意要考大学，我们也都支持你，咬咬牙肯定能挺过去！不过，你要考大学就得找个好点的学校啊！"接着，她指点孩子去黄州中学插班就读，中年妇女的话音刚落，这个孩子就一把扔掉了手中的花生，急匆匆地跑回宿舍收拾行李。

　　那位中年妇女就是你的奶奶，急不可耐地收拾行囊的孩子就是当年的我。那时，你爷爷由于家境贫寒的原因不赞成我参加高考。可在当时，农村孩子要想摆脱贫穷、离开农村，就只有当兵和考大学这两

---

① 毕业典礼的时间为 2012 年 6 月 28 日。

条路。而你的父亲——我，在你奶奶不赞成当兵的情况下，毅然决然地选择了考大学。为此，我偷偷地卷起铺盖，逃到离老家上百公里的骆驼坳中学，去寻求一位挚友的帮助。这位朋友的父亲在那所中学教书，我希望通过他的关系能在那里插班，准备参加高考。在我离家出走杳无音信数日之后，你奶奶凭着母亲对儿子的观察与了解，判断出我可能到骆驼坳中学寻找就学机会。于是，她硬是一路打听，转乘好几次乡村大巴找到了我。在你奶奶的嘱托和鼓励之下，我当天就离开了骆驼坳中学，独自赶往黄州中学，成为那所城市中学的一名插班生。

经过十个月极其勤奋的努力，我总算没有辜负你奶奶对我的期盼。虽然当时高考录取率不到4%，但我却榜上有名。高考成绩出来后，你爷爷希望我报考当时属于军校的洛阳外国语学院，因为军校不用交学费，还包吃包住、包管毕业后的工作分配。而且，家门口还能挂上"光荣军属"的牌匾——那在当时可是十分荣耀的事啊！然而，我的决定再一次与你爷爷的想法产生了冲突，因为我梦寐以求的是中国最高学府——北京大学。最后，又是在你奶奶的支持下，我的第一志愿填报了北京大学。你爷爷甚至为此气得一晚上没有睡觉，之前从不抽烟的他竟连夜抽了两包。

父母的天平总是向子女倾斜的。当黄州中学经过第三者告知你爷爷我已经被录取，并通知我去领取北京大学的录取通知书时，你爷爷还以为这个第三者在拿我们父子之间的分歧取笑捉弄他呢！虽然就读北京大学会给本已十分贫困的家庭带来更大的经济压力，但在确信我真的被北大录取时，你爷爷还是乐得合不拢嘴，兴奋得连续好几天睡不着觉。

我亲爱的儿子，看着你从一个蹒跚学步、咿呀学语的小婴儿成长为爸爸眼中的小男子汉，我和你母亲的欣喜之情可能是你在为人父母之前无法体会的。总而言之，我们为你骄傲，我们为你自豪！

在你已经顺利毕业，即将踏入大学殿堂之际，作为父亲，我对你的期望肯定不亚于你爷爷和奶奶当年对我的期望。你全新的人生篇章即将揭开，一幅美丽的画卷正在等待着你去勾勒。尽管你即将远渡重洋求于西学，然而，在做人、做事方面，中西方却有许多共同之处。无论身处何方，请务必谨记父亲一直以来对你的教诲：要做好人，要做好事！儒家所提倡的"正心、修身、齐家、治国、平天下"的人生境界与"穷则独善其身，达则兼济天下"的积极心态，依然值得你去借鉴，希望你能对此有所感悟、以身践行。

我亲爱的儿子，你所处的时代和你现在的家庭条件远胜于我当年。但是，做人、做事的核心道理却一脉相承、永恒不变。首先，你要明白这样一个道理：连飞机在空中飞行时都会颠簸，更不要指望人生之途能全程平坦通畅。其次，在你遇到任何困难时，请记住：自助者天助，有志者事竟成。但愿父亲当年的求学经历以及人生经验与教训，可以成为你的部分参考。父亲、母亲将会一直在你背后默默陪伴你，永远鼓励和支持你！

# 读书与人生

很多人认为，命运是决定成功的重要因素、关键因素，但是，我认为，更重要的因素是自己的努力，而努力中最重要的方面，就是读书学习、开启智慧。

## 读书的重要性

宋真宗赵恒说："富家不用买良田，书中自有千钟粟；安居不用架高堂，书中自有黄金屋；出门莫恨无人随，书中车马多如簇；娶妻莫恨无良媒，书中自有颜如玉；男儿若遂平生志，六经勤向窗前读。"

这段话生动地描述了读书的重要性，意思是：不用买粮田，读书，就能有饭吃；安居不用盖大房子，读书，自然能得到黄金做的屋子；出门别嫉妒别人前呼后拥，读书，自会得到千万人的拥戴；娶妻不必担心没有好媒人，读书，自能娶到好老婆；男儿如果想实现平生志愿，把六经四书读好，自然可以达到人生的目标，实现自己的追求。这些话其实讲得很实在，总结来说就是：读书可以改变命运。

英国文艺复兴时期最重要的散文作家、哲学家培根也说过，读书使人充实，讨论使人机智，笔记使人准确，因此，不常做笔记者须记忆力特强，不常讨论者须天生聪颖，不常读书者须欺世有术，始能无知而显有知。读史使人明智，读诗使人灵秀，数学使人周密，科学使人深刻，伦理学使人庄重，逻辑修辞之学使人善辩：凡有所学，皆成性格。人之才智但有滞碍，无不可读适当之书使之顺畅，一如身体百病，皆可借相宜之运动除之。滚球利睾肾，射箭利胸肺，漫步利肠胃，骑术利头脑，诸如此类。

我参观过毛泽东在中南海的书房，他卧室 1/3 的地方都摆满了各类书籍，他对每一本看过的书都做了笔记。毛泽东一生博览群书，非常勤奋，他甚至在骑马的时候还在看书。勤奋阅读的习惯，是他一生丰功伟业不可或缺的因素。

全世界大约只有 1500 万犹太人，占全球总人口的 0.2%。然而，在全球诺贝尔奖获得者中，竟然有 20.2% 是犹太人。在美国，前 200 名最有影响力的名人之中，犹太人占了一半；100 多个诺贝尔奖获得者之中，犹太人也占了一半；名牌大学教授中，犹太人占有 1/3；文学、戏剧等领域的一流作家中，犹太人占 60%。在全世界最有钱的 50 名企业家中，犹太人也占了 20%，如甲骨文创始人拉里·埃里森、彭博集团创始人迈克尔·布隆伯格、社交平台 Facebook 创始人马克·扎克伯格、赌王谢尔登·埃德尔森、谷歌创始人拉里·佩奇和谢尔盖·布林、外汇操盘手乔治·索罗斯、戴尔电脑创始人迈克尔·戴尔等。美国的百万富翁中犹太人占了 1/3，《福布斯》杂志美国富豪榜前 40 名中，犹太人有 18 名。所以，有一句话说，全世界的钱有一半装在美国人的口袋中，而美国人的钱有一半装在了犹太人的口袋中。

再列举几个杰出的犹太人：相对论创造者爱因斯坦、计算机之父诺依曼、科学社会主义的创始人马克思、精神分析大师弗洛伊德、浪漫诗人海涅、现代艺术之父毕加索、好莱坞黄金时代巨头华纳兄弟、基督教创始人和精神领袖耶稣、美联储原主席格林斯潘、摩根财团创始人 J.P. 摩根、外交战略家基辛格、通信之王路透、原子弹之父奥本海默、大音乐家贝多芬、帮助特朗普入主白宫的贾里德·库什纳等。

犹太人为什么如此杰出？我认为读书功不可没。犹太人称得上是世界上最喜欢读书的民族，甚至在战乱年代，犹太人也传承并保持了这一优良习惯。犹太人是世界上唯一一个没有文盲的民族，就连乞丐也离不开书。他们甚至把书带到坟墓中作为宝贵的陪葬品，因为，犹太人认为在夜深人静的时候，躺在坟墓里的那些尸体的灵魂也会读书。犹太人每人每年平均购书 64 本、读书 60 本，是全世界人均购书和读书数量最多的民族。相比之下，中国人均购书和读书分别为 5 本和 4.77 本，而中国商人平均阅读量仅为 0.5 本。犹太人聚集的以色列人均拥有图书量居世界首位，以色列拥有的图书馆和出版社的数量也居全球之冠。

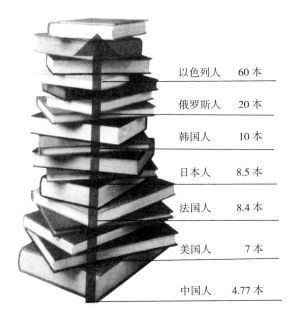

以色列人　　60 本

俄罗斯人　　20 本

韩国人　　　10 本

日本人　　　8.5 本

法国人　　　8.4 本

美国人　　　7 本

中国人　　　4.77 本

**世界各国人均读书量**

## 读书的要义

书怎么读？一个精读加一个泛读。

培根在《论学习》一书中说道："书有可浅尝者，有可吞食者，少数则须咀嚼消化。换言之，有只须读其部分者，有只须大体涉猎者，少数则须全读，读时须全神贯注，孜孜不倦。书亦可请人代读，取其所作摘要，但只限题材较次或价值不高者；否则，书经提炼犹如水经蒸馏，淡而无味矣。"

专业知识和基础性的知识，一定要精读。读了一遍不算，要读很多遍，而且一定要咬文嚼字，不能一目十行。我读《易经》和《圣经》的时候就是这样，实实在在地精读。前段时间我一直在分享《易经》和《圣经》这两经文化，每写一条微博，起码要看 3 本书才能总结出一条感悟。读《易经》和《圣经》这种书的效果不会立竿见影，而是潜移默化地影响你的思想和思维，帮助你在今后的学习生活中领悟到"众里寻他千百度，蓦然回首，那人却在灯火阑珊处"的奥妙。

泛读就是什么书都可以读读，古人云，"开卷有益"，读书尽量涉猎广泛，可以开阔视野。泛读可以一目十行，甚至一天读好几本。我曾在 1035 天之中读了 500 多本书，主要就是采用泛读的阅读方式。

## 一个人要想成就事业需要经历三重境界

这三重境界，就是著名学者王国维串联了晏殊的《蝶恋花》、柳永的《蝶恋花》和辛稼轩的《青玉案》中的各一句名言，连缀而成的"三重境界"之说，让人在领略了古代诗词优美的同时，也揭示了历史上无数的大事业家、大学问家成功的秘诀。

第一重境界："昨夜西风凋碧树，独上高楼，望尽天涯路。"（宋·晏殊的《蝶恋花》）这重境界给人的是一种孤独之感。凡要成就一番事业的人，首先要经历"独"和"尽"的过程。因为"孤独"是成功者的伴侣，而"尽"又可理解为"远"，如屈原在《离骚》中所感叹的"路漫漫其修远兮，吾将上下而求索"。成功者往往是与寂寞相伴的，他不能声色犬马，更不能随波逐流，甚至要牺牲许多个人爱好去上下求索。目标非常重要；否则，再多的努力也可能白费。所谓"独上高楼，望尽天涯路"，就是独自去寻找目标，这是做事业、做学问的第一重境界。

第二重境界："衣带渐宽终不悔，为伊消得人憔悴。"（柳永《蝶恋花》）这是一种坚定不移地追求真理、追求理想的执着精神。这里不仅有躯体上之苦乏，也有心志之锤炼，甚至如王国维所说的可以"不悔"到"牺牲其一生之福祉"。这种"不悔"的精神，无疑是一种无比高尚的伟大情操。但是，我也认为，即使"有怨无悔"，也是一种伟大的品格。

第三重境界："众里寻他千百度，蓦然回首，那人却在灯火阑珊处。"（辛弃疾《青玉案·元夕》）这句词既写出了元夕之夜情人意外相逢的喜悦，又表现出对心中"佳人"的追求。在这里，所谓"佳人"已不是原意，而是"真理"和"理想"的代名词。经过千辛万苦地执着与努力，最终豁然开朗，实现理想，"自己辛勤努力的成果也汇入了真理之长河中"，这是何等欣慰之事啊！就像牛顿，学习了很长时间，探索、摸索了很长时间，突然有一天，他在一个苹果树下睡觉时，一个苹果掉下来，打到了他的头上。他豁然开朗，总结出伟大的"万有引力"。

读书与获得智慧也犹如王国维的这三部曲、三重境界！

## 源于传统文化的读书智慧

《周易》(《易经》)是中国博大精深的文化体系，是中华文化的渊源和鼻祖。老子、孔子、墨子、荀子等的思想，就像孙悟空逃不出如来佛的手掌心一样，万变不离其宗，都是源于《易经》。它博大精深，道出了很多人生智慧。

王国维所讲到的成就事业、成就人生、成就学问的"三重境界"，有一点类似《易经》中的第二十三卦"剥卦"。

剥卦下面的五个爻是阴爻（——），最上面的那个爻（上九）是阳爻（—）。剥卦讲的原理，放在事业上指的是补阴益阳，阴爻到了最后才是阳爻。所以，一路薄弱，如同被秋风扫落的树叶一样，一直往下掉，没有春天那样的勃勃生机，而是类似越来越浓的数九寒冬的死气沉沉。但是，到了最后一爻，也就是上九爻时，就结出了一个硕果，而且是"君子得之能驱车济世，小人得之则剥蚀万家"。意思是说只有谦谦君子才能享受到最后的硕果。这一卦和国学大师王国维所讲到的迷茫的目标、苦苦的努力、豁然开朗的结果很相似。

当然，读书不能死读书，必须活学活用、学以致用。要把知识转化为力量，把知识转化为智慧。培根的话总结得很好："读书费时过多易惰，文采藻饰太盛则矫，全凭条文断事乃学究故态。读书补天然之不足，经验又补读书之不足，盖天生才干犹如自然花草，读书然后知如何修剪移接；而书中所示，如不以经验范之，则又大而无当。有一技之长者鄙读书，无知者羡读书，唯明智之士用读书，然书并不以用处告人，用书之智不在书中，而在书外，全凭观察得之。"

## 《了凡四训》中的人生智慧

人的境界靠的是什么？人成功的秘诀是什么？有的人说是基因，老子英雄儿好汉；也有的人说是运气，没有运气很难实现自己的目标；还有人说是命中注定，例如，东汉时期写《论衡》的王充，不信神、不信鬼、不信天，然而，他信命，认为人都是由命运决定的。

为此，不得不谈下《了凡四训》。我为什么对它感兴趣呢？因为它可以解决人生发展过程中一个很重要的问题，也就是命运的问题。

有没有命？确实有命。一个人出生在什么样的家庭、出生在什么时候，甚至在正常情况下，什么时候死、以什么方式死，我们都不能选择。今天在这里讲话，明天早晨或许就起不了床，这就是命，不是自己能完全把控的。

但是，《了凡四训》的作者袁了凡先生以自己的人生经历发现，人不仅有命，而且命运是可以改变的。一训"立命"，就是我要创造命运，而不是让命运来束缚我，命由我自己造，福由我自己求；我造恶就自然折福；我修善就自然得福。二训"改过"，人非圣贤孰能无过，小的过失如尖刺，要赶紧拔掉，大的过失如同被蛇咬过的手指，要赶紧舍弃掉；否则，等毒发就迟了，知错能改善莫大焉。三训"积善"，与人为善、成人之美、救人危急、护持正法、爱惜物命等都是积善之法，佛家劝人向善，种善因方能结善果。四训"谦德"，《易经》六十四卦中的谦卦，上卦为坤为地，下卦为艮为山，为地中有山之象。山本高大，但处于地下，高大显示不出来，此卦在人则象德行很高，但能自觉地不显扬。《易经》所有卦象中唯有这个谦卦，每一爻都吉祥，也就是《尚书·大禹漠》所说的"满招损，谦受益"。

我原本对命运的理解也是似是而非、不谙真谛的。自从读了《了凡四训》之后，我才豁然开朗，让我经历了王国维所说的这三重境界，到了"众里寻他千百度，蓦然回首，那人却在灯火阑珊处"的那种恍然大悟。也就是说，原来命不仅是有的，而且是可以改变的。知命认命是消极无益的，自强不息才能改变命运。

最后，再引用培根的话来总结："读书足以怡情，足以博采，足以长才。其怡情也，最见于独处幽居之时；其博采也，最见于高谈阔论之中；其长才也，最见于处世判事之际。练达之士虽能分别处理细事，或一一判别枝节，然综观统筹，全局策划，则舍好学深思者莫属。"

# "心魔"与成功 ①

偶然看到一篇文章，列举了一些企业名人跌倒之后一蹶不振的事例。文章的结论是，这些人之所以一蹶不振，是因为他们的"心魔"，即他们害怕再次失败，然后做任何事情都瞻前顾后、畏首畏尾，无法像以前那样大施拳脚。

作为一个经历过人生重大挫折和失败且已经站立起来的人，我对此观点有一些自己的看法。

首先，有过成功经历的人，大多是意志坚强者，在经历过许多困难才取得成功之后，一般不会因为一时的挫折而那么容易产生"心魔"。只有那些靠运气和关系而"成功"的人，才会有"心魔"。

其次，也许是因为心态和观察角度的不同，我所看到和遇到的，更多的是越挫越勇、东山再起的人，如史玉柱、阚治东、龚家龙、孙宏斌等；后三人甚至都曾遭遇过牢狱之灾。我身边也有很多从监牢中走出来却再次干出一番事业的朋友，只不过有些人为了避免遭到嫉妒和排斥，选择改头换面以其他的方式再次取得成功罢了。而古今中外政治人物跌倒之后再爬起来的例子更是不胜枚举：林肯多次竞选议员

---

① 本文于 2011 年 6 月发表在中国企业家网。

失败，但最终却当上了美国总统；邓小平同志也曾经历三起三落；文在寅曾两次入狱，2012 年与朴槿惠共同参选韩国第 18 届总统时以微弱的差距落选，但他意志仍然坚强并于 2017 年 5 月 9 日成功当选韩国第 19 届总统。

最后，换个角度来看，即使类似的失败者没有再在商业领域成功过，但是，他们在思想或者文化等方面得到了很大的提升，这不也算是东山再起吗？

我不想再列举更多跌倒之后崛起的名人实例，也不想去探讨一些名人失败后一蹶不振的原因。我只想以自己的亲身经历和观察思考来说明一个基本的事实，即失败者再次站起来的确难上加难。但这种困难，不只来自其内在，更多的是外界所施加的压力和阻力。

在此我要声明一点，我在这里所说的，与我现在的工作和我的家人没有任何关系。我所指的是，从普遍情况看，对待失败者，社会存在偏见、上级未必信任、下属可能怀疑、合作伙伴心存顾虑、家人心有余悸。

在社会层面上，我本人就遭遇过这样的歧视：我在新加坡工作时，汇丰银行曾经极力争取中国航油将全体员工的工资存入该银行。其态度之殷勤、要求之恳切，令人无法拒绝。为此，我决定将本人每月的工资存入该银行，其他的雇员也这么做了。可是，在"中国航油事件"发生后，即使新加坡当局彻查后已经证明我的收入都属于合法收入，汇丰银行却态度蛮横，不做任何解释就要求我将那些微薄的合法收入转存其他银行，而且，还要求我在限定的时期内亲自去境外办理转存手续。而对同时将工资存入该银行的其他同事，汇丰银行却没有那么做。这难道不是明目张胆的歧视吗？

2010 年 6 月 12 日，我在北京大学演讲时，曾呼吁社会宽容失败者。但那并不是只为我个人，我自己早已习惯了不被宽容、被打击。我之所以呼吁社会宽容失败者甚至真正犯过罪的人，是因为我看到不少人因为社会的歧视（而非个人的"心魔"）而重蹈覆辙。

新加坡监狱当局对那些多次犯罪的人，一般是在白色汗衫上印上红色的囚号；对于比较严重的重犯，则要求他们穿上蓝领汗衫（囚号也是红字）。我看到穿着这种汗衫的犯人远远多于其他犯人，也就是说，新加坡的重犯率高得吓人。但在我出狱时，我看到所有犯人的囚号都改印成黑字（对重犯的囚号也不再印成红字，蓝领汗衫还存在）。可见，新加坡当局已经意识到重犯率很高的问题，所以，不再在狱中区分初犯和重犯。

我对新加坡重犯率如此之高感到不可思议，便有意了解了其中的原因。我在和那些重犯反复交谈后，发现重犯的主要原因是，他们出狱后遭到社会歧视，长期找不到工作，个人生活得不到保障，家庭难以接受其前科以致不和；再就是社会贫富差距太大，以致犯罪诱惑过高。在这种背景下，或者选择自杀，或者选择再次走上犯罪的道路。很显然，这些都是外因，并非是那篇文章所说的个人的"心魔"。

所以，我认为，应该允许失败，宽容失败者。大家都需要一个有利的生存与发展环境，允许失败就是创造一个好的社会环境。谁的人生都不可能一帆风顺，宽容失败者就是宽容自己。

# 人生就像滚雪球 ①

我是一个有故事的人。但是，在这里，我要讲一个更加有故事的男人。

中国有句俗话，叫作"一朝闻名天下知"。我要讲的这个人，在美国几乎已经家喻户晓的时候，中国人还不是很了解他，直到2008年全球金融危机——他成为世界首富，才有很多人知道他，并且，想要深入了解他。

在深入研究之后，大家发现，无论是在经济高峰时期，还是在经济低谷时期，他一直立于潮头；无论是在和平年代，还是在战争年代，他一直在赚钱致富。直到这个时候，我们才重视他，截至2015年，在他的公司——伯克希尔－哈撒韦召开50周年股东大会的时候，有很多人都去报名参加，我当然也是其中之一。

2015年5月，我如期赶到了美国的奥马哈小镇。很幸运，我不仅聆听了他的教诲，更重要的是，当时，我的新书《地狱归来》正式出版，他还给我写了一封贺函，恭贺我的新书出版，并期待英文版的问世。

---

① 2016年10月8日，作者做客北京电视台的《总裁读书会》栏目，为观众解读《滚雪球——巴菲特和他的财富人生》一书。该节目后来在上海第一财经电视台重播。本文即为当时即兴演讲和问答互动实录（节选），此处略有改动。

这个人是谁呢？他就是世界著名投资大师沃伦·爱德华·巴菲特先生。

1930 年，在美国的一个叫作奥马哈的小镇，有一个婴孩诞生了，他就是巴菲特。

时间一晃到了 1939 年冬天。在一个大雪纷飞的日子里，九岁的巴菲特带着他的妹妹多蒂打开家门，他伸出双手，接住一片又一片的雪花。雪花越积越多。于是，他蹲到地上，手捧起地上的雪，把它们揉成一个球，然后，把雪球放在地上，再不断地去滚，越滚越大，直到滚进了茫茫的世界，滚出了一片天地，滚到了世界首富这个位置上。

《滚雪球——巴菲特和他的财富人生》（*The Snowball: Warren Buffett and the Business of Life*）这本书，一共有 761 页，由美国作家艾丽斯·施罗德（Alice Schroeder）花费 5 年的时间调研撰写而成。这本书讲述了巴菲特很多传奇的经历和故事，其中，非常频繁地提到了一个词——"烟蒂"。"烟蒂"是什么意思呢？也就是说，每当巴菲特找到了一个很有价值的公司进行投资，且他所花费的成本远远低于预期成本的时候，他就把它叫作"烟蒂"；换句话说，"烟蒂"就是"内在价值"的代名词。此外，这本书还讲了"长期持守"理论。巴菲特曾说，"如果你不想持有一个公司的股票 10 年，你就没有必要持有它 10 分钟"。

对于我而言，这本书令我印象最深的、触及我灵魂的一个内容叫作"内部计分卡"。简而言之，我们做事情、做投资，我们为人，都必须要有自己的主心骨，要有主见，我们要在自己的计分卡上，不断提高我们的成绩，而不要过多地关注外人对我们的评价。

以我自己为例。当年我在农村时，家里一贫如洗，我说要去考大学，很多人就说："你看他那个样子，能考上大学吗？"但是，我考上了，还考上了北京大学，最后还拿到了清华大学的法学博士学位。1997 年，我赴新加坡担任中国航油（新加坡）股份有限公司的总经理。当时，很多人就说，陈九霖去那儿是被放在热锅上烤，不出半年，他一定卷起铺盖回北京。然而，事实证明，他们又看错了。我不仅半年之内没有回来，而且，在新加坡可以说做得风生水起，把一个不知名的、亏损的企业打造成了新加坡第四大上市公司，至今仍然是海外最大的中资企业。"中国航油事件"之后，很多人又看走眼了，他们说，陈九霖这次肯定完蛋了。没想到2010年，在中国国务院国有资产监督管理委员会的亲自安排下，我被任命为中国葛洲坝集团国际工程有限公司的副总经理，重新回到了央企的怀抱。当时，同样有很多人说，陈九霖这次要在这里退休了，不会有任何发展了。但是，2012年，我选择离开央企，告别26年的央企职业生涯，再次走出了一片天地。今天的北京约瑟投资有限公司，从1100万元人民币起家，可以说已经在发展的道路上走得非常远了。综观这一路的经历，正是因为我有主见，有属于自己的"内部计分卡"，才能走到现在。

那么，如何建立自己的内部计分卡，并为之加持呢？我的体会有三点。

第一点，心态。心态非常重要！什么样的心态呢？要坚持，不为外界所左右，做你自己认为正确的事情。就像巴菲特先生所说的，你要找到一片够湿的雪，找到一个够长的坡，然后沿着这个方向走，就一定能做出漂亮的成绩来。那么，如何调整自己的心态呢？我认为这就需要"滚雪球"，要从最开始普通人那种浮躁的心态，慢慢地变成沉静的、安稳的心态。要不断地"滚雪球"，不断地锻炼自己，不断地提升自己的心态。

第二点，眼光。我们要不断地培养自己的眼光。那么，怎样培养和提高我们的眼光呢？我觉得，这同样需要一个"滚雪球"的过程。首先，我们需要具备充足的理论知识，例如，巴菲特先生在读了宾夕法尼亚大学之后，还到哥伦比亚大学继续深造；在师从著名投资学家本杰明·格雷厄姆之后，又在格雷厄姆旗下公司工作了好几年，学习了充足的理论知识，为实践打下了坚实的基础。其次，理论要变成实践，要通过不断的实践，积累丰富的经验。然后，到第三个阶段，就形成了个人直觉。有理论，又有经验，当你看到一个项目时，一眼就会知道这是个好项目还是一个不怎么样的项目。最后，第四个阶段，我们要把个人直觉提升到法人直觉。什么是法人直觉？法人直觉就是一个团队对于一个项目的判断形成的共同的认知。拿到一个项目，不只是你个人认为这是个好项目，整个团队都认为它将取得良好的结果。

第三点，资本。"巧妇难为无米之炊"，我们不仅要找到适合的资本，还要充分运用好这些资本。募资也好，提升资本也罢，究竟应该怎么做呢？还是一句话，要"滚雪球"。一个创业团队的初始创业资金可能来自3个F，因为在创业的最初阶段，只有这3个F才会支持你。哪3个F呢？第一个是家人（Family），就像巴菲特先生的岳父、姐姐、姑姑支持他一样。第二个是朋友（Friend），就像给他100美元的同班同学一样。第三个是"傻瓜"（Fool），即那些不太专业的投资人士，就像支持巴菲特先生创业的心理医生、心脏医生一样。这是第一个阶段。有了这个阶段的积累，雪球再滚一滚，等到你做出一定业绩时，就会吸引风险投资人来投资；然后到一定的阶段，你做到更大规模时，会有一些股权投资人来投资；再到一定时候，你就使用杠杆融资；等雪球越滚越大时，就会变成综合的融资。就像当年我在收购新加坡国家控股的石油公司时，账上有几亿美元，但是，我自有资金一分钱也用不到。我用的是什么？一个是杠杆融资，另一个是银团贷款，再加上2.08亿股的股票凭单。不用自己的一分一毫就能达到目的，这才是最高的境界！

所以，我觉得巴菲特先生的"内部计分卡"，是一个非常有指导意义、非常值得分享的东西。

## 问答实录

**提问：**您如何看待巴菲特先生的成功？

**阿九霖：**巴菲特先生这么多年来投资了400多家企业，但是，很少有赶潮流的企业。所以，像大家熟知的"风口论"，姑且不论其好坏，但至少在其含义上，很多人理解错了。我认为，正确的理解应该是顺势而为；然后，就是要做"蓝海"，不能在一个羊肠小道上和别人去挤去争，而要找到一个不为别人所关注，或者别人关注到了但并没有去实施的方面，这样做起来会比较容易。

巴菲特先生成功的特质既有先天的因素，也有后天的学习。先天的因素就是巴菲特的家庭背景。在《滚雪球》这本书中讲到了巴菲特的父亲对他的影响。巴菲特的父亲曾是一个股票经纪人，在他五岁左右时就曾带他到纽约证券交易所参观，见到了很多做股票的人。所以，后来巴菲特为什么没有去做别的工作，而是去做股票，这个就是受他父亲的影响。后天的因素指的是巴菲特持之以恒的学习，这为巴菲特的成功打下了坚实的基础。如果先天和后天比较，我倒认为是一个2和8的比例，即后天的因素更为重要。巴菲特先求学于宾夕法尼亚大学，后来，他想进哈佛大学读硕士，但是，没有考上，最后就进入哥伦比亚大学，并拜入格雷厄姆门下，甚至费雪也是他很重要的导师，所以，他一直在学习。我认为后天的学习对巴菲特有着很大的影响。这同样也适合于每一个人。

**提问：**读书和投资之间关系如何？

**陈九霖：**以巴菲特先生为例，他的很多商机就是从读书中得到的。比如，他读新闻报道，看到运通公司遭遇豆油掺海水事件，就马上感觉到这中间有故事、有机会。读书除了提供资讯外，更重要的还是培养观察问题、分析问题和解决问题的能力。所以，我觉得读书对投资的影响不只是资讯，更重要的是能力的培养。

提问：投资和实业是否矛盾？

陈九霖：我认为投资和实业之间不一定是矛盾的。我刚才分享了《滚雪球》这本书，提到了三个因素来加持"内部计分卡"，第一是心态，第二是眼光，第三是资本。全民搞私募股权投资也好，或者大部分人搞私募股权投资也罢，这些资金并不是全部都投给那些搞资本的人了，主要或绝大部分还是投到实业里面了。"巧妇难为无米之炊"，你有再好的心态，有再好的眼光，如果没有资本，其他的都是空中楼阁、纸上谈兵。

提问：现在是否是创业最好的时代？

陈九霖：其实，从宏观上来讲，我十分支持"大众创业，万众创新"。中国要解决两个事情，第一个是要创业，第二个是要创新。中国有这么多的大学生要就业，他们学到的知识要转化为成果，只有创业能提供更多的出路。

从微观的个人层面来讲，什么叫作最好？其实，适合自己的就是最好的。在中国市场条件下，怎样实现价值投资？在中国这个土壤上，能不能培养出我们的"巴菲特"？这都是我们需要思考的问题。

学习巴菲特先生，一定要学习他的思想精髓，对于他的长期持守和价值投资理论，我们不能片面地理解。巴菲特先生的名言，"如果你不想持有一个公司的股票10年，你就不要持有它10分钟"，是针对美国的环境来讲的，对于中国而言，他也没有说多长时间。比如，约瑟刚刚退出的一个项目，只花了4年半的时间，我没有持有10年，但是，有20倍的回报也可以达到同样的目的。巴菲特先生的价值投资理论，我认为是一个"放诸四海而皆准"的理论。总而言之，学习巴菲特，就要学到精髓、学到精致，并且，学以致用。我觉得未来不只是一个巴菲特，可能若干个巴菲特会诞生在中国。

# 附　录

# 附录 1

# 陈九霖先生之浠水往事

陈　润

2015 年 4 月 16 日下午，收到陈九霖先生自传体新著《地狱归来》，连夜翻阅，字里行间啼血带泪，却铁骨铮铮，乐观豁达的情怀绝非常人可比。尤其是关于故土乡情、父亲母亲的章节，令我这位同乡晚辈心生共鸣。

我从 2008 年开始关注这位足以载入中国商业史与改革开放史的楚商"翘楚"。近几年多次谋面，时常联络，也曾在财经杂志撰文评说轰动一时的"中国航油事件"。今日仅以写作者的身份，说说陈九霖先生的浠水往事。希望陈九霖先生能以北京约瑟投资有限公司东山再起。长风破浪会有时，直挂云帆济沧海。

## 命运

2004 年 12 月 22 日，陈九霖因"中国航油事件"返回新加坡受审期间，新加坡内阁资政李光耀在外国通讯员协会晚宴上，面对 170 多家媒体回顾了他与陈九霖的交往后评价，陈九霖"出身寒微""他显然是个沉着冷静、一步步从零走向成功的年轻人。"李光耀还借题发挥说："中国当局已经决定让陈九霖回新加坡接受调查。对于我来说，这表明他们都明白，如果让这名总裁逃离，将不只在新加坡，而且在国际上，把他们的（企业监管）行为降到第三世界水平。因此，他们决心要向第一世界水平看齐。这是中国所发出的令人感到乐观的信号。"

12月23日，新加坡《海峡时报》在报道这则消息时，特意加上了一段注脚："陈九霖，出生于一个农民家庭，经历过'文化大革命'，毕业于北京大学。1997年，他被总公司派往新加坡。他使公司扭亏为盈，担任进口中国1/3航油的重任。他也成为享誉海内外的企业家。"

朋友们纷纷将报纸上的"好消息"转告陈九霖，并胸有成竹地断言："你没事了，连'新加坡国父'都公开高度赞扬你。"陈九霖闻此言论，备感欣慰，心情放松。

10年之后，陈九霖对我讲述这段往事时坦承，当时一位法律界的朋友神情严肃地提醒他："你要做好心理准备，甚至是身体上受苦的准备，李光耀的话不是好话。'出身寒微'，说明他们已经对中国航油高层的履历了如指掌，你是农村孩子，没有靠山，不找你当替罪羊找谁？你的事与第三世界、第一世界有什么关系？这个说法已经把这件事上升到了政治高度。如果李光耀想息事宁人，完全不必当着这么多媒体专门提及此事。"案情的发展果然如其所料，陈九霖在新加坡监狱遭受的非人待遇堪称屈辱。

每个人都无法选择出生的家庭和时代，一切都是命中注定的安排。43年前的寒微出身，在人生关键时刻直接左右陈九霖的命运。

## 家乡

陈九霖和爱国诗人闻一多同出生于湖北浠水。

1961年10月20日，陈九霖出生于湖北省黄冈市浠水县竹瓦镇宝龙村。浠水位于长江中游北岸、大别山之南，得名于流经县境的浠水河，源出英山县霍山西麓，流经罗田县，至浠水县兰溪镇汇入长江。自南北朝刘宋元嘉二十五年（448 年）置县，至今已有 1500 多年的历史，原名"希水"，到南梁普通元年（520 年）改为"浠水"，后来陆续改为"兰溪""蕲水"。

元至正十一年（1351 年），罗田县绿林好汉徐寿辉揭竿起义，创建红巾军，各路豪杰争相归顺，百姓夹道欢迎，徐寿辉建立天完政权，年号治平，立国都于蕲水县（今浠水县）治东北清泉寺，总领百官，主持行政，建立天朝上国。至正二十年，陈友谅谋杀徐寿辉，篡夺帝位，改国号为汉。徐寿辉在浠水做了正史中不被承认的皇帝，留下的不只是匹夫之勇，还有此地不畏强权、勇于斗争的风气。

1946 年 7 月 11 日，著名诗人、学者、民主斗士闻一多面对国民党特务拍案而起，舍生取义，铮铮铁骨和浩然正气影响中外，毛泽东动情地呼吁："我们应当写闻一多颂。"半个世纪之后，浠水走出上千位记者，他们将闻一多的新闻理想和精神风骨继承发扬，"全国记者县"的称谓不胫而走。陈九霖很小就听母亲讲爱国名人的故事，其中，闻一多被提及最多，并格外提醒："闻一多就是我们这里的人，你做人就应该向他学习。"受其影响，陈九霖少年时就敢于担当、正直坦荡。

陈九霖出生于"天灾"之年。1959—1961 年被称作"三年自然灾害"时期，非正常死亡人口超过 2000 万，新华社原高级记者、曾任《炎黄春秋》杂志社社长的杨继绳在著作《墓碑》中记述："1958—1962 年，据不完全统计，中国饿死了 3600 万人。"杨继绳是从浠水县走出的著名记者。1959 年 4 月底，杨继绳还在县第一中学念高中时，村里的好友赶到学校报信："你父亲饿得不行了，你赶快回去，最好能带点米回去。"回家之后，他发现门前的榆树被扒光皮，连根都被刨掉了，村民为捞蚌把池塘放干，他的父亲瘦得只剩皮包骨，饿得连刨树皮的力气都没有了，3 天后与世长辞。

尽管陈九霖的父亲陈遂祥是公社书记，母亲蔡仙桃是小学教员，但依然贫寒，处境比杨继绳家好不了多少。多年后，陈九霖的弟弟回忆："原来住的是泥草房，每到刮风下雨，屋子就像要倒了。"陈家先后生育6个子女，因缺衣少食，农村医疗条件恶劣，最后仅留下陈九霖和妹妹、弟弟，另外3个孩子都夭折了。陈九霖8个月大时，父母怕养不活，就送到离浠水县城20公里的外公家抚养，直到6岁才回到父母身边。

从那时起，陈九霖就开始感受生死。在当时的农村，死亡是寻常之事，有些人活到30多岁就去世了，有时村里人出去运煤，在江中、海上遇到狂风巨浪，整条船上的人无一生还。陈九霖回忆："所以，我从小就思考，人生为什么是这样的？那时候，就体会到人生多半是痛苦的，在无常的人生中应该尽量使自己变得强大，增强自己抗风险的能力。"

## 童年

陈九霖的外公虽然是农民，却喜欢谈古论今，对岳飞、文天祥、杨家将等历代英雄豪杰了如指掌，岳母刺字、苏武牧羊、木兰从军、越王卧薪尝胆等经典故事都耳熟能详，他还能讲三国、说水浒、话西游，以头悬梁锥刺股、囊虫映雪、凿壁借光鼓励陈九霖"穷出身也能当上状元郎"。浠水当地有首妇孺皆知的摇篮曲："黄鸡公儿尾巴拖，三岁的伢儿会唱歌。不是爷娘教给我，自己聪明谣来的歌。竹子爷，竹子娘，我跟竹子一般长，竹子长大做扁担，我长大了做栋梁。"陈九霖也是听着这首民谣长大，以竹之坚韧、竹之正直自我激励，少年壮志由此形成。

6岁回到父母身边，母亲用当地民谚教育陈九霖："穷莫丢书，富莫丢猪。"受到家庭环境熏陶，陈九霖自幼喜欢读书，上小学时就能将《三字经》《昔时贤文》等传统文化经典倒背如流。在那个教育资源匮乏的乡村，中国经典名著开阔了他的眼界。

当时正是中国史无前例的"文化大革命"的第二年，国难家殇，父亲是老党员，因被划为所谓的"保皇派"被打倒，"很多次，一家人刚刚睡下，一群红卫兵砸门，要揪斗父亲，他就只能从后门仓皇逃走，几天几夜不敢回家"，陈九霖回忆说，"但老人家从来没有埋怨过组织，我入狱后，他给我写信还强调，'要相信组织允许人犯错误，也允许人改正错误'。"从小到大，遭遇困难、挫折时，母亲都会鼓励他："吃得苦中苦，方为人上人。"

尽管道德品质的养成贯穿每个人的一生，但毫无疑问，青少年时期的家庭影响最为深刻。陈九霖或许有过对家庭出身的遗憾与埋怨，但这种念头应该会转瞬即逝，他始终对父母心怀感恩，并深爱故乡的土地。

## 求学

陈九霖勤奋好学，一直是远近闻名的读书典范。

上初中之后，一位名叫周晓鹏的老师鼓励他把英语功底打扎实，还借钱给他买了一个录音机听英语磁带。那时，陈九霖在课余时间还要做家里的农活。每次下地干活时，他都会带一本英语书，趁着歇息的空隙背几个英语单词。

宁静的夏夜，家里油灯燃起，陈九霖就在昏暗的灯光下继续学英语。酷暑难耐，他想到一个办法：接一大盆凉水，把双脚泡进去，顿时凉爽许多，蚊子还咬不到。他完全沉浸在书中，连在脚边嗡嗡的蚊子都无暇顾及。靠着后天的勤奋努力，他的英语水平提升得很快，甚至有几个重点高中还争着请他去当英语代课老师。

陈九霖的家里还有一个弟弟和一个妹妹，日子过得非常拮据，挣钱养家的重担全部压在父亲陈遂祥身上。16 岁那年，陈九霖高中毕业（当时是 5 年小学、2 年初中、2 年高中），父亲希望他能早点出来工作，花费很大力气，托人给儿子在镇上的农村信用社找到一份差事。在这里他自学了一些粗浅的金融知识，为后来的投资生涯开蒙启智。

有件插曲值得一提，据说 17 岁那年，母亲托人给陈九霖算命，预测他在 43 岁时遭遇坎坷，但终将渡过劫难。令人惊奇的是，多年后陈九霖的命运转折竟如预言所指，不差分毫，"43 岁的挫折"竟是在异国他乡经受 1035 天的牢狱之灾。陈九霖从小就阅读《易经》，这部被誉为"群经之首，大道之源"的哲学奇书，长久以来被用作占卜、揣度天地万物变化的奥秘，在他后来难以做出抉择的关头，被他用来指引方向，在堕入深渊之际以此走出困顿。

尽管被安排工作，但陈九霖并不想就此结束求学之路，更不想庸庸碌碌地活下去。当时农家子弟离开农村只有两条出路：当兵或考大学。1981 年，陈九霖曾顺利通过海军的体检、政审和面试，就在入伍前夜，母亲蔡仙桃因不舍离别在他面前哭成泪人。他毅然放弃从军，并扔掉铁饭碗，偷偷卷起铺盖逃到百公里外的罗田县骆驼坳中学读书。陈九霖有位朋友的父亲是这所中学的老师，他就在这所学校插班准备高考，希望考上大学改变贫困的命运，在社会上做一个有成就的人。

## 梦想

在陈九霖离家出走多日之后，母亲蔡仙桃猜到他可能去了骆驼坳中学，一路打听，转乘好几次乡村大巴士才找到他。

"九霖！"陈九霖和一个同学正在操场上打篮球时，听到一声熟悉的呼喊，转头一看，是他焦急的母亲。母亲把从家里带来的熟花生拿给两个孩子吃，心疼地说："你爸不让你上学，是因为我们一家人都靠他一个人挣钱养家糊口，日子本来就不好过，他原本盼着你能早点工作帮帮他。但是，既然你执意要考大学，我们也都支持你，咬咬牙肯定也能挺过去！不过，你要考大学就得找个好点的学校啊！"

其实，这是陈九霖的父母商量后的一致决定：给大儿子一次努力的机会。如果考不上，立刻到镇上找个工作，养儿防老。

得到父母的支持，陈九霖立刻回宿舍整理铺盖，离开骆驼坳中学。在熟人的指点下，他只身跑去黄冈市的重点中学——黄州中学。这所中学的前身，是1921年由地质学家李四光的父亲李卓侯创立的黄冈县立初级中学，1963年秋正式定名黄州中学。多年以后，母校黄州中学一直以陈九霖为骄傲。在学校领导的讲话和学校的外宣材料中，常常会提到陈九霖的名字。

就读黄州中学以后，陈九霖与其他同学不一样，并没有从高一开始读起。时间不等人，他找到黄州中学的王仲池老师和英语老师卢祥福，请求破例直接插班到高三"英语加强班"。在王仲池老师的强力推荐下，卢祥福老师答应了。

陈九霖非常珍惜这次来之不易的机会，比班上其他同学付出更多努力。"因为底子薄，陈九霖学外语好像就没有放下的时候，且很好问，英语老师来了他不问几个问题绝不罢休"。陈九霖的高中同学、现在北京鲁迅博物馆工作的刘思源回忆道。陈九霖每天只睡两三个小时，疯狂恶补落下的政治、语文、历史、地理等课程。

功夫不负有心人。陈九霖总算没有辜负父母的期望，取得非常优异的高考成绩，投入努力最大的英语考了88分。父亲陈遂祥想让儿子报考军校——洛阳外国语学院。因为在当时的农村，谁家的孩子能考上军校是一件光耀门楣的事，家里大门上可以挂上"光荣军属"的牌匾。从经济角度来说，上军校既能免学费、住宿费，毕业后还能分配一份稳定的工作。

但是，陈九霖的心思不在军校，他的梦想是考入中国的最高学府——北京大学。他背着父亲把北大填作第一志愿。选专业时，卢祥福给他提供了一个比较保险的建议——报考越南语专业，因为选这门小语种的学生不多，可以增加录取概率。同时，卢祥福还建议陈九霖，以后用越南语的机会不多，上大学之后还是要以英语为主修。其实，北大越南语专业是五年制的双语种：头一年半主修英语，之后开始主修越南语并继续学习英语，直至毕业。

卢祥福这种"曲线救国"的策略得到了陈九霖的认同。后来，陈九霖在处理许多重要问题时都用过这种策略。陈九霖非常感激这位在人生关键的十字路口为他指明方向的老师，多年来一直和恩师保持密切联系。卢祥福经常收到陈九霖寄来的与自己相关的报纸，如一份 2004 年 8 月 19 日的《联合早报》，第 32 版刊登了两条有关陈九霖的消息：一条是"中国航油用 3 亿元（新加坡元）收购新加坡石油股权"，另一条是陈九霖当选为第四届中资企业（新加坡）协会会长时所做的讲话。

## 告别

不过，陈遂祥极力反对儿子报考北京大学，当他得知陈九霖违背了自己的意愿后，气得一晚上没睡着觉。那个夜晚，陈遂祥坐在简陋不堪的家中，想到这个贫困的家庭以后会承受更大的经济压力，从来不抽烟的他接连抽完两包。陈九霖看在眼里，苦在心头，很不是滋味。他更加下定决心：以后一定要出人头地，让父母过上好日子！

几个月之后，陈九霖如愿以偿，顺利地被北京大学东语系录取。

那年，黄州中学全校的高考录取率还不到 4%，以致当学校通知陈遂祥去给儿子领录取通知书时，陈遂祥根本不相信这个消息，还以为别人在取笑父子之间的分歧。但是，当他亲手拿到那张北京大学的录取通知书时，整个人立刻笑得合不拢嘴。用他自己的话来形容："录取通知书很大气、很大气。"他兴奋得几天都没睡着觉。

陈九霖考上北京大学不只是一家人的喜事，也是整个宝龙村的大喜事。他成为村里有史以来第一个考上北京大学的大学生，被乡亲们夸作"鸡窝里飞出的金凤凰"。

在陈九霖离开故乡前往北京的那天，全村的父老乡亲、男女老少，甚至还有邻村的村民都自发地前来为陈九霖送行。他们买来大捆的鞭炮，在村里整整燃放了一个小时。

在热闹喧天的鞭炮声中，陈九霖提着一只大红色的行李箱，在父亲的陪伴下离开了小村庄，在浠水县竹瓦镇乘坐长途大巴到达省会武汉，然后独自一人从武汉坐火车前往他梦里出现过千百次的北京。

从那一刻起，陈九霖彻底告别浠水、告别乡村，开启了跌宕沉浮的无畏人生。

**附录 2**[①]

# 《盒饭财经》访谈实录

## 何伊凡

### 上：陈九霖博士辣评万科大战

陈九霖消瘦了很多，眼睛显得更大，手上青筋凸起。

但精神头更足了。

都说人生像过山车，陈九霖的经历不像。他更像蹦极，从一个高点，陡然急坠，再反弹。最绝望时，他还真有过冲动，想从 31 层办公室纵身一跃，只是，身上不系保险绳。

陈九霖曾用名为陈久霖，他曾任中国航油（新加坡）股份有限公司（以下简称中国航油）总裁 9 年，自 2002 年起，还被任命为中国航油集团副总经理。因中国航油（新加坡）股份有限公司出现巨额贸易亏损事件，陈九霖曾在新加坡入狱 1035 天。出狱后，他更名"久"为"九"，即"九死一生"之意。

正因这段经历，陈九霖对正在胶着的万科股权大战，有一些特别的感悟。这也是我们访谈的第一部分，他的核心观点是：

1. 政府的有形之手不要过早介入，而是要让市场这双无形之手去解决这个问题；

---

① 附录 2 采访的内容发表于 2016 年 8 月 3 日。

2. 一定要在法制的轨道上运行，不要偏离法制的轨道；

3. 有关各方应该加强沟通，该放下的就放下。越拉越紧，大家都是死路一条。

他还对如何与国有大股东相处有独到的见解：

1. 要勤汇报，熟悉国有企业的汇报体系；

2. 注重人情，不但与董事长熟悉，也要和具体负责自己公司的部门一把手熟悉。

## 访谈实录

**何伊凡**：最近的万宝大战引发了很多人关注，您也曾经写过一篇文章，认为在万宝大战当中，不应该过多地干预，这个观点其实是和许多人的看法不一样的，因为很多人认为政府出手太晚了，如果早一点干预的话可能会好一点，您为什么会这样想呢？

**陈九霖**：首先我倒觉得不是万宝大战，而是万科大战，实际上是管理层和股东之间的一场论战、一场争夺，因为管理层不能完全代表万科，万科是由众多的股东所组成的，而且，宝能也是万科正式的股东，所以，万科不应该说是独立的一方，而是当事的一方。

我之所以不建议有形之手过早地介入，而是让无形之手，让市场去解决这个问题，是因为我当年有过切肤之痛。发生在 12 年前，也是 2004 年的中国航油事件，我深陷其中。中间的一些遭遇告诉我要吸取历史的教训，不要让历史重蹈覆辙，不要让历史的悲剧重新发生在另一个中资企业的身上。

中国航油发生亏损事件之后，新加坡当局介入其中，把一个本来非常单纯的商业事件政治化了，把它搞得越来越复杂，最后牺牲我个人，把我当成一个替罪羔羊来结束整个事件。

何伊凡：所以您对一个事件被政治化怀有深深的恐惧。您还专门谈到了一个问题，就是说觉得讲情怀也是一种政治，这和很多人的感觉不太一样。

陈九霖：我觉得讲情怀也好，利用媒体也好，在事件还没有真正接触到它实质之前，你去利用情怀或媒体作为引导，这就是政治。

何伊凡：当年您感觉自己是被冤枉的，当时有没有用过情怀这个武器呢？

陈九霖：我没有。说实在话，我当年没有用到这些内容，但是，有关的人用了很多这样的做法。我举一些例子来讲，新加坡证券投资者协会会长大卫·杰乐（David Gerald），在中间就扮演了一个跳梁小丑的角色，因为他是挟私报复。他曾找我去募捐，我还没有见到他之前，他的助理就给我打电话，说陈先生保安安排好了没有？你要亲自到地下室来接他，摆了很大的一个谱，为后续的募捐来做工作，我没理这个碴（面子上的事我不会做），当时也确实忙，一天排着很多活动。他跟我聊了之后，我没有给他捐款。所以，中国航油事情发生了，正好是他落井下石的机会。他就到处兴风作浪，把矛头对准我，制造舆论说，陈九霖不是打工皇帝吗？一年年薪不是490万新加坡元吗？正好把这钱拿出来解决小股东亏损问题，等等。所以，我就觉得万科这个事件一定要避免这种情况。

何伊凡：您的具体建议是什么？

陈九霖：第一个是商业化，一定不要把一个商业案件政治化，这是我的切肤之痛。第二个是法制化，一定要在法制的轨道上运行，都不要偏离法制的轨道。第三个是应该加强沟通，该放下的就放下，没有什么大不了的事情！如果彼此较劲，就像一只猴子，看到玻璃瓶里面有花生，把手伸进去，抓住一把花生不肯放手，你总也拿不出来；你一放手，手拿出来再往外倒，花生不就全是你的吗？是不是？

**何伊凡**：您现在觉得哪一方的责任更大些？

**陈九霖**：两方面都有：从股东层面讲，一个成功的投资，一定要有管理层的支持与配合，要与管理层充分沟通，要给人家出路，不要把人逼到墙角去，人家担心、人家害怕，做了那么多年企业突然和自己没关系了谁也接受不了。而且，任何企业都是可以挑出毛病的，你要给人家出路，你不要把人家推到没路可走，没路可走当然狗急跳墙了。我搞了这么多年企业，收购过这么多家公司，也见过很多其他并购案例。我观察到，凡是与管理层对着干的投资人，要成功并购一个企业几乎是不可能的，最后偷鸡不成蚀把米。

**何伊凡**：您也确实做了很多并购的项目，对此应该有很多感触。

**陈九霖**：包括并购新加坡国家石油公司，那个时候也是费了很大的劲，也吃了很多的亏。当然，也有很多成功的案例，如西班牙的CLH、上海浦东航油公司、茂名油库等，我们和管理层协调得都很好，最后管理层还给我出主意，帮我和其他的股东去交流、去沟通。

从管理层来讲，也该放手，见好就收，不要较劲。管理层就是个打工仔。你要沟通，而且要和所有的主要股东沟通好，甚至对待小股东也要按照规定、按照法律及时地披露信息。没有必要选择某一种所有制的股东，民营企业一定就不行、央企一定就是好的、万科也不一定是央企的万科，你有那么多的公众股东，是不是？

**何伊凡**：您这建议听起来有点像和稀泥，就是大家都各让一步。

**陈九霖**：我讲的是事实，不是各打五十大板。我从中国航油事件走过来，如果让我来处理万科这个事件，可能现在要圆满得多。如果我站在宝能这个位置上，作为一个投资人，那我的做法可能不一样，我一定要想办法去跟管理层沟通，不可能说拿一个股东会的提议，把所有董事都给免掉。我肯定不这样做，这个结果肯定适得其反。

**何伊凡**：如果您是万科管理层呢，比如王石？

陈九霖：我也一定是要很好地去沟通、充分地沟通，不管谁来，能保障万科的发展就行，这是大家共同的利益所在。同时，你保证我的管理层继续管理万科就行了。其实，现在这么谈还来得及，你知道吗？不是说现在谁昂起头来就可以挣足面子，其实没有面子，你低下头来，别人才会给你面子。要说情怀，这就是最大的情怀！《圣经》说，成熟的稻子会低头，空瘪的稗子才昂首。

你总是昂着一个头，好像谁欠你的一样，事情就很难办，我觉得到现在为止是该收手的时候了。当然，解铃还须系铃人，谁系的？两方面都有，彼此给对方下套，你给他脖子上套东西，他给你脖子上套东西，互相拉。

何伊凡：越拉越紧。

陈九霖：越拉越紧，大家都是死路一条，是不是？那还干吗？我首先松掉，我松完我迈出去一步，这不是弱者，相反，这是一个强者、是一个智者，你给人家一看，人家觉得这个才是解决问题的办法。我相信这个问题只要谁低头，谁第一个低头，谁就会赢得最高的奖赏。

何伊凡：您收购了这么多公司，自己化敌为友的本事在哪儿？

陈九霖：讲讲当年收购新加坡石油公司的事例吧！新加坡淡马锡通过吉宝持股77%，我第一次收购时，向董事会和航油集团报告的价格是每股1.2美元，也就相当于每股1.4~1.5新加坡元。但当时它的股价是每股0.8新加坡元，我的运作团队站在公司的利益上考虑，就报价每股0.9新加坡元。而通过我的情报系统，我了解到对方是希望每股1新加坡元让我们收购过来。但我听信了运作团队的意见，按照每股0.9新加坡元去谈。被收购方的管理层就非常不高兴了，说我的净资产每股都有1.1新加坡元，你怎么按照每股0.9新加坡元收购呢？这是对我的不尊重。

这对于我来说也是一个教训，如果我那个时候不完全听取运作团队的意见，而是充分地尊重被收购方管理团队的意见，摩擦就会小很多。我会说，既然你净资产每股 1.1 新加坡元，现在股价 0.8 新加坡元，我们搞个折中，1 新加坡元可不可以，我们就谈下来了。所以，我估计宝能和万科之间也难免会有这样的一些事，万科不欢迎你，那宝能就应该去做工作，你需要什么样的条件，我就按照你的条件大家好好谈，我分的利益哪怕份额小一点，公司搞好了，我的大利益还在那里。

**何伊凡：**其实，根据您刚才讲的这个例子，就是说在收购当中既要解决利益问题，也要解决情绪问题，有时你没有解决好利益的问题，就会产生情绪的问题，甚至你没有解决情绪问题，就算利益到位，可能这个情绪也是一种对抗性的状态。

**陈九霖：**我觉得万科管理层与股东之间的冲突，掺和了很多情绪化的东西。一定要去掉情绪化，回到商业的本质上来。

**何伊凡：**万科的第一大股东也是国有企业华润，中国航油也是央企。根据您的亲身体会，管理层与国有大股东沟通需要特别注意的地方是什么？

**陈九霖：**首先，要勤汇报；其次，要熟悉那套体系。那套体系就是要有文字的汇报。你还要把自己摆到比较低的位置。当然，上市公司汇报是不一样的，要向所有的股东披露，不能只对某一个股东。如果不是上市公司，那你可能经常要就重大事件进行汇报、进行沟通。另外，国有企业还有一个人情在那里，说句实在话，你要跟一把手和具体运作的部门一把手处理好关系。

**何伊凡：**很多人不知道这个，只觉得跟大老板关系很好就行了。

**陈九霖：**每个央企都专门有个管理的部门，对下面的子公司进行管理，这个部门的主管也是很重要的。有时候阎王好办，小鬼难缠，搞不好，这一群人给你私下吹点阴风、点点鬼火就很难办了。因为国有企业办事时，往往要达成基本共识，老板才好拍板。万科作为上市公司，不好单独去向央企汇报，而是要向所有的股东披露重大事项。但是，在合规的情况下，有时候也可以交流一下，不要摆出"我是老大"的姿态。

**何伊凡**：您当年在中国航油的时候是如何处理的？

**陈九霖**：我当年在新加坡也算是有名气的人，虽然国内没几个人了解我，国外的名气还蛮大的，但我那时的姿态也是非常低的，国内的任何一个人去新加坡，不用说处长、司局长，就是科员过去我都亲自到机场去接。有时候甚至我自己开车，然后我一般陪的是三顿饭，早餐、午餐、晚餐。就在这种情况下，我还是得罪了一些人，人家说，中国航油（新加坡）公司不就只有陈九霖嘛！

**何伊凡**：所以，这就是人心，人家觉得荣誉都是你担了，扛雷还不应该是你？

## 中：地狱就在天堂的隔壁

在陈九霖还叫陈久霖的时代，他创造了中国航油净资产增长 852 倍、股东投资回报 5022 倍的奇迹。在中国和新加坡两地，他与达官显贵交往繁密，与豪商巨贾觥筹交错。

然而，命运在 2004 年 10 月出现逆转。自 2003 年起，中国航油经董事会批准后，开始从事石油衍生品期权交易，初期有获利，但后来交易员纪瑞德做出错误判断，出售大量看涨期权。2004 年 9 月底，石油期货价格迅速攀升，最终导致 5.5 亿美元的巨额账面亏损。2004 年 10 月，中国航油的母公司——中国航油集团公司决定把所持的中国航油（新加坡）公司 75% 股份的 15% 配售给机构投资者，筹得 1.11 亿美元，用于补足保证金。面对日本三井和美国高盛在英国的合资公司 MERM 的逼仓，自 2004 年 10 月 26 日起，中国航油集团公司指令中国航油在高位逐步斩仓，5.5 亿美元的亏损成为事实。

蹊跷的是，陈九霖最终承担的并非管理责任，而是因为母公司售卖股票，在新加坡监狱度过了 1035 天。

陈九霖出身寒微。这个湖北省黄冈市浠水县宝龙村的农家子弟，没有任何背景，靠个人的勇气与能力，成为商界"新星"；在 2004 年 10 月之后，又迅速陨落为"扫把星"，让他深深感受到"地狱就在天堂的隔壁"。他个人并未在交易中获得任何利益，也不是售卖股票的决策者和协议签署人，他既无犯罪意图，也无犯罪事实，完全成了"替罪羊"。

从天堂到地狱，陈九霖亲身体验了生命是何等的艰辛与脆弱！

## 访谈实录

**何伊凡：** 陈九霖先生对万科这件事情有这么深的感触，和他个人的经历有非常密切的联系，我们还是回到那一段可能对陈九霖先生来说，有些不堪回首的岁月——2004 年 12 月 8 日的凌晨。

**陈九霖：** 2004 年 12 月 1 日，我从新加坡回国，回到航油集团公司担任副总经理，当时集团公司安排我分管国际业务。12 月 5 日，集团公司接到新加坡的一封函，征求我的意见，问我是否返回新加坡。当时，大家既有各种各样的想法，也有各种各样的建议，很多人说陈先生你别回去，回去会凶多吉少，你要等到中国政府和新加坡政府达成完全一致意见后，再返回新加坡。这其实很有道理。

当时，我母亲卧病在床。我在新加坡非常好的朋友，给我打了 3 个多小时的电话，劝我以母亲生病为由，不要回新加坡。他说，新加坡跟中国没有引渡条约，对我完全没有办法。但是，我知道我没有做过越格的事情，商业的失败是我的过错之一，我并没有违法。

出于尽快解决好中国航油事件的大局观，我毅然决然地返回新加坡协助调查。

12月8日凌晨，我记得很清楚，飞机刚落地，到办理护照的移民关口，我像往常一样，大大方方往前走。突然，移民关口柜台的一位女士把我拦住了，说："对不起，陈先生你稍等一下。"我问："怎么回事？"没等对方答话，就有另一个人把我先带到移民关口的一个办公室门口，接着又带到一个七八百平方米的大厅。那里空无一人，我一个人坐在里面，被冷落了一个多小时。然后，突然来了一个穿着普通衣服的人，对我说了一句："Mr. Chen，you are arrested。"（陈先生，你被捕了。）我说："什么意思？我被逮捕了？你是谁？"他说自己是新加坡警察局的，却没有出示任何证件和逮捕证。

**何伊凡：** 那一瞬间您是什么感觉？

**陈九霖：** 我脑子一片空白，觉得这是不可能的事情，新加坡不是一个法制社会吗？怎么会出现一个便衣随便就来抓人呢？而且，我说："你让我看看逮捕证！"他说："没有。"我问："那谁叫你来抓我呢？"他说："上级。"我说："那叫你上级过来！"他说："对不起，我上级睡觉了。"我说："那我给你上级打个电话，你把电话号码告诉我！"他说："对不起，你必须配合我。"

我就这样以"莫须有"的罪名莫名其妙地被捕了！2004年12月8日清晨，各大媒体大肆报道我被捕的消息。这个做法一下子就把媒体的焦点引到我这里来了，所有的屎盆子都扣在了我身上。实际上，我已经被未审定罪了，被新加坡当局当作有罪推定了，以致各方都对我落井下石。

**何伊凡：** 在那一刻您有没有后悔？本来您应该在老家陪生病的母亲走完最后一程。

**陈九霖：** 实话说，还真没有后悔过，因为那个选择也是权衡了利弊。

坦率地讲，我受到宿命论的影响比较大一点，看了很多宗教类的书。那个时候我觉得该我承受的我就承受完，我既然有这一劫，就不会躲；人为地躲过这一劫，没准有更大的一劫在后面等你。这件事尚未发生之前，有一天凌晨两点钟睡不着觉，我就起来去看书，结果拿了《周易》，正好翻到坎卦。

**何伊凡：**这是第 29 卦。

**陈九霖：**我的名字当时还是陈久霖，长久的久，3 个字加起来正好29 画。我觉得有点意思，坎卦是第 29 卦，坎卦之前是大过卦，坎卦之后是离卦；"离"通"美丽"的"丽"。坎，有好几道坎，不止一道，而且，一道比一道危险。那么，它的卦相告诉我们什么呢？你不能遇到事情就往后退，退了就退到大过卦去了，你就会犯更大的过错。你必须勇往直前，这样就会符合一马平川的离卦相，所以，我就写了一首诗，叫作《离坎》。

**何伊凡：**这主要是安慰自己。

**陈九霖：**当时，我已经有预感了。那首诗是这样写的："《周易》设习坎，喻指处世艰。重险而慎往，离坎是平川。"那个时候，也就是那个便衣在移民大厅说我被捕之时，我内心实际上还是比较冷静的。他说让我配合，我就马上要给中国大使馆打电话，给我的律师打电话。在这些都没有奏效之后，他给我戴上手铐，把我塞进一台空间很小的车里，带我到了一个警所。其间，警察做了很多手脚：电脑被拆了；手机被卸了电池；然后，还把冷气打开，房间里大概只有 16 度，冷得要死。当时，我是带着皮衣过去的，我就套上皮衣。新加坡这么热的地方，我却带着这些东西，看来冥冥之中早有预感。

**何伊凡：**您怎么会带着个皮衣？

**陈九霖：**新加坡那么热，我也从来没带过皮衣，就那次带了，这很奇怪吧！五六平方米的一个房间，温度大概只有 16 度，没有床，是水泥地，新加坡警察就把我放在冰冷的水泥地上。我也不管三七二十一，把皮衣一穿就睡着了，平常一夜只能深睡一个小时，那次估计深睡了 3 个小时，然后，有人来敲门了。

**何伊凡**：您对这种宿命的理解，是从什么时候开始建立起来的？

**陈九霖**：就在那个时候很强烈。还有一件事，2004 年 9 月 29 日，我带着儿子到韩国休假。在乐天有一个模拟监狱，中间有些栏杆，是塑料做的，上面挂着一个手铐。小孩子童言无忌，做事也调皮，就把手铐给我戴上，然后，一下子把我推到监狱里去了。那时候，我就感觉特别不好，到了晚上，风险管理委员会的主席从新加坡打来一个电话，告诉我市场发生了很大的变化，出现大额账面亏损。所以，我就马上中止了旅行，飞回新加坡去处理那件事情了。

这种宿命论，主要是受到农村文化的影响。后来，我读了很多关于宗教的书，各种宗教，包括基督教、佛教、伊斯兰教。现在，我不那么看了。我现在认为，人生其实如草木，地球就是我们的一个客栈，我们就是一个过客而已。

**何伊凡**：这就叫作生如逆旅。

**陈九霖**：对。

**何伊凡**：很多人都说监狱可能是让人感觉最没有尊严、最耻辱的地方，您觉得呢？

**陈九霖**：本来咱们讲万科，又谈到这些事上来。在我的记忆中，这件事早就云淡风轻了，但是，你感兴趣，观众有兴趣，我就说两段。

我举个例子，新加坡签署了《维也纳公约》，是要保障囚犯利益的，可是，在我住的那个监狱，在我坐的那个监牢，大家都睡水泥地。

**何伊凡**：没有床吗？

**陈九霖**：没有床，就睡水泥地。新加坡那么潮湿、那么热，睡一晚上，地上全是湿的，等于睡在水中。只要去监牢试一下，马上就体会到什么叫水深火热。我好不容易找大使馆斡旋，要了一张床，结果发现，这个"床"只有一个塑料壳，中间是空的，我一躺上，整个人就窝进去了，还把身上的肉都给夹上了，后来我就没办法了。

何伊凡：没有床垫子吗？

陈九霖：没有。再后来我就没办法，把书放进去做垫子，认为书放进去把塑料床壳支起来会好一点。可是，书会挪动，太难受了。还有，我最后打扫卫生，把那个塑料壳翻起来，发现一堆蟑螂，这么大个儿的，估计要是吃3个就饱了，顶一顿饭了。

何伊凡：在那里面有没有被打过？

陈九霖：我倒没被打过，但是，我看到有人被打过。

何伊凡：是狱警打人，还是囚犯之间斗殴？

陈九霖：都有，囚犯在洗衣厂里没什么工具，借助什么打架呢？墙壁上挂着灭火器，捞起就往别人头上砸。警察打人的场景我也经常看见，我就不说出名字来了。当然，这不是某个人的问题，是体制的问题。我们在房间里，听到外面有像即将死去的狗一样叫的那种声音，那就是有人在打囚犯，是谁打的我都知道，我不去说这个事情，怕影响那个我熟悉的警察。实际上，那个警察对我还是蛮好的。

何伊凡：在新加坡的监狱里，您接触的这些人，是原来您永远不会想到自己会打交道的一群人吗？

陈九霖：从没想到，从来没想到。我给你讲一个小故事，我到监牢6个多月之后，突然有一天，我迎面碰到一个人，这个人问："陈总，你好吗？你信仰上帝吗？"我就问："你怎么认识我？""陈先生，天下何人不识君？你在我们这里很有名，电视上天天看到你。"他说，"这样，你来6楼，我们坐一会儿，里面有空调吹一吹。"你知道，新加坡热得要死，像火炉子、蒸笼一样，监牢里又没有电风扇，更没有空调。

**何伊凡**：每天有多长时间出来放风？

**陈九霖**：放风说是一个小时，但是，掐头去尾，最多 45 分钟。为什么要掐头去尾？一出来的时候，一堆人排队吃药，10~15 分钟就过去了；时间差不多的时候，要提前收回来。而且，整个节假日都在里面待着。后来，那个人就说："你上来吹个风。"我听到吹风就好高兴，什么叫自由？那才是自由，什么叫幸福？那才是幸福。你在水深火热之中一下子有空调吹，那是天大的幸福，什么也不想了。

**何伊凡**：这种幸福是您原来做总裁的时候体会不到的。

**陈九霖**：当然体会不到！所以，我那个时候才体会到匈牙利诗人裴多菲的一首诗写得特棒："生命诚可贵，爱情价更高。"生命和爱情，这两个都是很美的事情，对吧？但是，"若为自由故，二者皆可抛"。为了自由，生命和爱情都可以不要。在那种情况下，你才能真正体会到什么叫幸福。自由就是最大的幸福！

**何伊凡**：您继续讲这件事。

**陈九霖**：那个人带我一起享受空调。那时候，他就给我说："陈总，你知道吗？你到这里来是上帝安排的！"我说："啊？我就不理解，上帝在我印象中是仁慈的，怎么安排我来受苦受难呢？"他说："你不知道，上帝是有美意的，他安排你来，对于你来说绝对有美意，我跟你讲两条吧：第一条，你原来高高在上，跟我们的总理、跟我们的总统在一起，是吧？跟我们的国父一起吃饭、坐飞机，是他们的座上宾。你哪里了解普罗大众的痛苦、苦难和他们被冤枉的这种情况，是吧？你不了解，让你来了解，上帝让你来体会一下，对你的人生是种升华。第二条，中国在发展，都说 19 世纪是英国的世纪，20 世纪是美国的世纪，21 世纪是中国的世纪，上帝考验你干什么我不知道，但是，上帝在预备着你，你将来一定会发挥作用的。"

他跟我讲的这两点，让我很有感触，因为当时我从没想到跟这些人为伍，但是，和这些人在一起相处之后，发现他们其实不都是坏人，用一个很贴切的词来形容，他们都是"失败者"——人生有各种各样的失败者。人啊！谁都想学好，谁都想过着体面的人生，但是，有时候真的没有办法。

何伊凡：这种经历，实际上让您对人性有了一个更深刻的认识。

陈九霖：我见识了各种各样的人性。不管是哪个国家的高官也好，还是哪个国家的富豪也罢，到了新加坡的监牢，个个衣服先被扒个精光，抠开屁眼儿让警犬去闻。

何伊凡：很大的羞辱。

陈九霖：很大的羞辱，什么尊严都没有！

何伊凡：您在里面读了很多书吗？床垫子都是拿书填起来的。

陈九霖：读了四五百本书。一天有可能看一两本。后来，看书也慢慢地掌握了一些方法，比如，哪些要精读，哪些要泛读。

何伊凡：都看的什么书呢？

陈九霖：各个方面都有，大部头的《资治通鉴》读完了；《史记》读完了；《圣经》190多万字，从头读到尾，读了3遍。

何伊凡：经过这样的事，您对您的命运开始有什么样的理解？

陈九霖：对命运，更多的是看淡了，觉得人就是一个过程而已，就像地球上的其他任何生物一样。农村有一句话，叫"人死如灯灭"。死就死了，什么也就没有了。没有见过人死后再来的，什么后世之说，我觉得那都是一种安慰吧！

## 下：曾经是牙齿，如今是舌头

陈九霖现在是北京约瑟投资有限公司董事长，约瑟是《圣经》里敬畏耶和华的义人。《圣经》共描述了3个名叫约瑟的义人，其中的一个，曾经受到同父异母的兄弟们的迫害，以致被卖到古埃及当奴隶；在埃及的主人家里，他又因受到女主人的诬告，被囚禁至少两年，后来当上了埃及宰相。这也是陈九霖的英文名字，公司和自己都取这样一个名字，暗合了陈九霖的心境。

2009年1月20日出狱后，陈九霖曾全职在央企葛洲坝集团任职近3年，2012年重新创业，主要业务包括投资、投行、基金，而投资分布在能源、健康、节能环保、教育传媒、互联网和稀有矿业六大领域，到采访时已经投资了30多家公司。很多有入狱经历的企业家，都曾希望能够东山再起，如前伊利集团董事长郑俊怀、顾雏军等，但真正能做到的寥寥无几。不用说恢复往日风光，即使再有个小局面也难。陈九霖、褚时健，算是其中的佼佼者。

陈九霖自述现在有了更多的耐心，他是巴菲特的信徒，信奉寻找"更湿的雪与更长的坡"，反正他觉得自己还是"90后"，不着急，慢慢来。

人生不外乎两个字，无非是"拼"与"熬"。现在陈九霖更倾向于"熬"，这也是他心态的一个调整：在"中国航油事件"之前他更喜欢"拼"，不管三七二十一，先拼一把再说。但现在他更多的是熬。如果说以前的他是牙齿，那现在的他是舌头。但他觉得，最终先老的、先掉的还是牙齿。

## 访谈实录

**何伊凡**：很多人出狱之后，都有东山再起的愿望，但真正能够获得人支持的其实不多。

**陈九霖**：这个我觉得是有多种因素，还是清华大学的校训讲得好，自强不息、厚德载物。投资人投你，他就投你一个希望，是不是？希望在哪里？首先在于团队，团队在哪里？首先在于领军人物。领军人物要有一种生命不息、奋斗不止的精神。人家支持你，我觉得也是理性的。

另外，就是厚德载物，别的我不敢说什么，我有很多的错误，我的错误和缺点，多如牛毛，或者就像天上的星星那么多，但是，太阳一出来，整个天下都是太阳的。我的优点就是，不管怎么说，确实想做一点事情。中国航油事件那么大，最后新加坡也没抓住我的毛病，法院得出结论，陈九霖没有个人私利。法院最终判我完全是出于政治因素。

何伊凡：您为什么在 50 岁的时候选择创业？因为你其实在央企也可以有很好的安排。

陈九霖：现在是"双创"年代，大众创业、万众创新，我是赶上时代的潮流了。自己经营这么多年企业，两个方面我认识得比较深刻：第一个方面，我觉得做任何事情要顺势而为，要看准大势所趋。我觉得创业，包括你也是在创业，都是顺势而为，这个势在这里，我看得很清楚。

第二个方面，我体会最深刻的就是要做"蓝海"，你要抓住别人看不到的机会。有人说这个海跳下去肯定是淹死人的，有的人说这个海水里面有鲨鱼，讨论来讨论去，你要跳进去试一试，去体验，没有被鲨鱼咬死，也没有淹死，你就对了，这就是我的逻辑。

何伊凡：后来投资人是怎么遇到的？

陈九霖：有个小故事，有一位做能源的投资人，很多年前就了解我，在我们家门口有一个露雨轩茶馆，他请我到那里去喝茶，说：陈总我想跟你合作，不知道你愿不愿意。我说：怎么合作？他说：如果愿意，我投资给你，我没多少钱，账上就 8000 万，就给你玩去，玩亏了也没关系。显然，他的话有两个意思，一是说他很信任我；二是说他也做好了心理准备，中国航油当时的那个事件，实际上还是有阴影的。

何伊凡：阴影面积可能也不小。

陈九霖：如果不是把我整得那么惨，估计今天我反弹的力度会更大！他说了一句话：你亏了也没有什么，实际上就是说当年的亏损事件让他至今心有余悸。

何伊凡：为什么早期做的这几个项目都是在您老家湖北附近？

陈九霖：那边是我的老家，老乡支持我的人比较多一点。我们投资的第一个项目，4年半投资回报20倍，已经套利退出了。第二个项目有五六倍的套利，也退出了。第三个项目以13倍的投资回报套利，也退出了。以后每年陆陆续续有不少项目投进去，也有不少的项目套利退出。我的产品就是企业的股权，不断地积累更多的企业，不断地套利，成熟地套利退出。

何伊凡：基本上还是在过去相对来说比较擅长的领域，比如能源。

陈九霖：基本上做我熟悉的内容，进行过充分研究的领域。

何伊凡：过去在中国航油工作这么多年，哪些工作经历您现在做并购的时候会对您有参照价值？

陈九霖：还是有很多可以借鉴的内容，比如，做一个企业并购时，你怎么去判断这个企业的价值及其成长性；你怎么去判断这个企业的股东；你怎么去妥善地处理矛盾，就像万科的这个事，怎么妥善处理好与所投资企业的股东和管理层之间的关系。然后，谈判的一些技巧，我觉得也都还是蛮有帮助的。

何伊凡：有涉及一个资本市场环境的问题，您在资本市场上叱咤风云的时候，差不多是12年以前。到现在12年过去了，资本市场可以利用的工具以及资本市场的环境都不一样了，您现在出来做的时候感觉还跟得上时代吗？

陈九霖：坦率地讲，我觉得变化也不是太快，本应该快一点，我举个例子讲，早在 2002 年，14 年前，我用到的金融工具今天很多人都没用过，今天在国内还用不上。

**何伊凡：**国内还有一位企业家跟您有相似的经历，褚时健老先生，您跟他见过吗？

**陈九霖：**我见过，我去年中秋节在他家过的，那老先生蛮不错的，他太太马静芬也非常友好。

**何伊凡：**我在您办公室看到很多您和巴菲特的合影，这个老爷子给您的启发是什么？

**陈九霖：**第一个，"滚雪球"。

**何伊凡：**最长的坡、最湿的地。

**陈九霖：**找最长的坡、最湿的地，慢慢地滚，一定会滚出一个大雪球，这个理念对我影响很大。

第二个，他讲的价值投资理念，我觉得也是很重要的，不要被市场上各种各样的信息所左右。现在信息太多了，公说公有理、婆说婆有理，都是标题党。实际上，你要透过现象看本质，抓住价值就行。

第三个，对我影响大的就是长期持有。我去深圳演讲过几次，那里的人告诉我："陈总，深圳人都想赚快钱，今天结婚明天就要生孩子。"我就对他说，你在深圳仔细观察一下，这里的大企业有几个是赚快钱的呢？就是万科，也经营了二三十年才走到今天这个地位，华大基因到现在为止也没怎么赚钱。

**何伊凡：**最后我想请您给朋友们一点建议，就是怎样在被打倒之后再站起来，这句话谁都会说，但是，当你真正倒在地上的时候，不一定能站起来。

**陈九霖：**你说得很正确！大话好说，但是，真要去承受煎熬也是不容易的。我觉得是这样的，第一个，你要有个定位，你是不是想做些事情，想做大事情。你要想做事情，那就要历经风雨。另外，在"术"

的层面来讲，首先要锻炼好身体。

何伊凡：这是为什么？

陈九霖：你身体不好，有心无力。

第二个，就是要有眼光，见得多了，智慧和方法就多了。

第三个，就是要有心态，有好心态。你如果不想做事情，你想享受，随便。但是，我觉得上帝造人就不是让你有太多的享受，一定让你经风雨见彩虹！你说你再苦，但是，有一个目标在那里，其实就是一种享受。叫你一天到晚地饭来张口、衣来伸手，有什么意思？反正我觉得没什么意思，是不是？如果想做点事情、创造点价值，苦中作乐，苦也是乐，这样的人生才充实、才丰满。

何伊凡：人生可能是由两个字构成的，一个字是拼，另一个字是熬，您更倾向于哪个字？

陈九霖：那我可能还是倾向于"熬"，两个都要，但我觉得更重要的还是熬，这也可能是我心态的一个调整，在中国航油事件之前我可能更喜欢"拼"，不管三七二十一，就像万科管理层一样。

何伊凡：在入狱之前。

陈九霖：拼它一把再说。但现在我更多的是熬，如果说以前的我是牙齿，那现在的我就是舌头。

何伊凡：这个比喻好。

陈九霖：我觉得最终先老的、先掉的还是牙齿。

何伊凡：这是《道德经》说的，柔弱必胜坚强。

陈九霖：对，我觉得未来你会看到我的发展，现在很多人请我去讲这个、讲那个，我一般都不去，我就是自个儿做自个儿的事，我也不管别人对我的评价怎样？你对我评价得再好，不加持我一点；你如果踩我，当年踩我的人多得很，我被骂得狗血淋头，什么屎盆子都往我头上扣，也挺过来了。我天天去跑步，我在新加坡每天跑得大汗淋漓，别人"跑"着去诉说他的苦难，去谈男欢女爱的事，我就不管那些事情，我就去实实在在地跑步，后来跑得腹肌都起来了，很多人还羡慕说，陈先生有 6 块腹肌了。

**何伊凡**：比进监狱之前身体要健康。

**陈九霖**：对，我现在每天也都走 1 万多步，今天可能有 2 万步，昨天 1.8 万步，是吧？现在走了 1.9 万步，天天走，也蛮好，是不是？这就是我的心态。

## 附录 3

# 我与陈九霖先生

张劲萱

"有福之人，是因为他的真实比他的名誉更耀眼。"

——泰戈尔

看过电影《肖申克的救赎》吗？

这部被公认为影史上最伟大的影片之一，我已看过多次。以前看时并没有什么特别的感触，只是作为纯粹的欣赏与消遣。但这次在回欧洲的航班上构思此文时，这部电影却莫名地冒了出来。

影片中年轻的银行家安迪因被指控双重谋杀的冤案而被误判入狱。在狱中历经种种磨难后，花了近 20 年的时间，用一把小小的石斧，挖出了一条通往自由的逃生隧道。可即使如此，真相（谁是真正的凶手）却还是被永远地埋没了。安迪最终也只能远走他乡以获得"自由"。问题是，什么是真相？真相又有多重要呢？

人们常说艺术源于生活，又高于生活。就陈九霖先生的经历而言，现实往往比故事更精彩。不是吗？

而真相，确切地说，一段试图找寻真相的历程，也恰恰成为我与陈先生两条截然不同的人生轨迹的交叉点。

## 总有一个故事，可能会改变你的一生

与陈先生的缘分始于著名的中国航油（新加坡）股份有限公司事件（以下简称中国航油事件）。其实，并非是因为我跟"中国航油事件"有任何直接或间接的关联，也并非任何纯粹的商业上的关联，而是跟我个人职业发展生涯中的一个偶然的选择有关。

### 听说你"自由"了

2006 年中，我辞去了位于欧洲的某跨国公司国际总部的工作。那是我商学院毕业后留在欧洲的第一份工作。我原本打算乘难得的职业转换的间隙，花 3~6 个月的时间环游一下世界，顺便静下来想想自己接下来到底要什么，然后回国。

没想到因签证等原因当我还在欧洲转悠时，有朋友听说我"自由"了，就开始介绍对中国市场感兴趣的客户给我了。其中一个客户，在我项目开始没多久，见过公司董事会和所有人之后，就想让我全职为他们工作，负责其亚洲的业务，而且连 offer 都给我了。

原来听说我"自由"了要找我的还不仅仅是客户。其间，一个我在商学院的同学到我那小住。我住的地方离我就读的商学院走路也就 10 来分钟，她就顺便去拜访我们读书时教过我们的教授。结果回来她就捎了个口信，说教我们会计和金融的思徒教授听说我"自由"了，要我去见见他。

### 能否帮我一个忙？

离学校那么近，似乎找不出不去探望老教授的理由。就欣然去了。到那见了教授，他问我可不可以帮他一个忙。我说什么忙。他说要我帮他写个案例。我说我不会写案例。他说，你不会写，难道你没读过千百个案例吗？我说英语不是我的母语，我写不好。他说，这个你不用担心，我又不是没见过你写的文章和提交的作业，你的英语跟很多英语是母语的老师和同学相比要好很多了。更何况，我们是合作者，他会最后把关的。

思徒教授是苏格兰人，出生于教育世家。性格直率、爱憎分明，说话风趣、妙语连珠，而且趣闻逸事不断。他是公司治理方面的专家，专门研究企业的失败案例。写过许多著名的失败案例，如巴林、安然、世通、瑞航、西门子等。正因如此，他眼里常常容不得"沙子"，尤其对一些他认为愚蠢或不当的行为一般都直言不讳。以致很多学生，尤其是 MBA 班的学生，对他是既爱又恨。

不过三十余载的教学生涯下来，隐藏在他犀利言语下的其实是一颗热爱教学、热爱学生的心。所以，他跟很多校友的私交都很好，很多人毕业多年都还跟他保持联系。校友也都知道他研究企业失败案例的"癖好"，会时不时地主动给他提供些点子、线索，或者爆个料什么的。写中国航油案例的想法也是一部分源于媒体报道，另一部分源于校友的建议的。

所以，当我得知他想让我帮忙写的案例就是中国航油的新加坡事件时，心里有点痒痒的。尽管没有像思徒教授那样有意识地跟踪事件的发展，之前多多少少还是从媒体报道中对该事件有所了解的。更何况既然是我没有做过的事情，又难得有时间（只不过旅行的计划就泡汤了），为什么不尝试一下呢？

其实，当时思徒教授找我帮忙也不完全是因为我"有空"了。其他因素也很重要。其一，时间点很巧。通常这类比较公开的案例，在最"热"的时候反而是没有办法写的。一般都要等"尘埃"稍微落定后，真相才有可能浮出水面。换言之，才有可能找到足够令人信服的资料和信息进行案例写作。而且，当时对中国航油前期亏损的调查已告一段落，公司业已对外发布了普华永道会计师事务所出具的调查报告的执行概要。同时，公司业已开始着手准备重组等工作。其二，之前他也没找到合适的人选。而我适时地出现，以及他基于对我的了解和能力的认可，无论是从语言，对中、新两地的商业惯例和文化的了解，还是从对案例研究所需内容和技能的把握方面，都让思徒教授觉得我是合适的人选。

## 结果，越帮越忙

让我始料未及的是，这一帮就越帮越忙。一个原先预计两三个月就可以完成的单个案例的项目（我都跟公司谈好了，待我帮教授忙完此项目后再就职），最终却跨度长达两三年。

同时，随着我们整个研究和访谈过程中对案例的进一步深入和了解，我们撰写此案例的角度和侧重点也是有变化的——从最初的一个比较侧重风险管理和公司治理的案例，到后来形成一个案例系列，尤其是延伸到危机处理和成功重组。

从某种意义上来讲，我的职业发展轨迹也因此而改变。也就是从那时起，我也从纯商业领域跨界到了高管培训这个行业。

## 说起来容易，做起来难

思徒教授说得没错，我是读过很多案例的，但写起来却完全不是那么回事。毫无案例写作经验且无任何学术研究背景的我完全是一头雾水。没办法，一切只好从头学起。

作为独立的商学院而言，所撰写的案例主要用于高级行政管理人员培训课程的课堂教学用。其原则在于了解当时所发生的一系列事件，还原事件原貌，而非进行任何形式的主观判断。尽管我们所写的案例会有一个或多个切入点，与媒体报道的最大区别是，案例本身应该是不带有作者个人观点的。

从思徒教授那儿学到的写案例的两个基本原则。第一，让事实说话；第二，要保持平衡的观点。一般的案例都以研究和访谈为基础。

所以，第一步就是先做好"功课"，即进行案头研究，尽可能地通过公开信息来还原事件的原貌，并在此基础上完成案例初稿。没想到，老教授看到初稿的第一反应就是把我案例中所有可能涉及观点（而非事实）的部分给删了。

接下来就是要对案例所涉及的主要相关方安排实地访谈。

俗话说，"好事不出门，坏事传千里"。但就案例写作而言，反而是成功的案例好写。尤其是到实地访谈的环节，大家都愿意分享成功经验，而不是自曝家丑或揭自己和别人的"短"。

而中国航油案例的特殊性还在于，它是中国国有企业在海外上市的子公司中第一例面临倒闭、经受新加坡商业调查局的调查、法庭审判以及负责人个人担负责任而被判入狱。不但涉及中、新两地不同政治、经济、文化、法律与商业惯例等不同的影响，其政治敏感性和影响力在国内乃至国际上都是巨大的。

首当其冲遇到的挑战就是如何让当事人接受我们的访谈。

按以往思徒教授在西方撰写失败案例的经验，商学院的校友本身就是可能的访谈对象，并多数会成为我们和案例当事人间的主要桥梁。而且，相较而言，西方人比较愿意接受这类学术性的访谈并分享自己的观点。

按此思路，起初，我们主要通过思徒教授在新加坡当地校友间的影响力与当地一些校友联系。但一听说我们的访谈对象是中国航油事件的主要相关方时，很多校友都委婉地拒绝了。有的即使提供了可能会对我们有帮助的相关人员的联系方式，也要求我们不要提及其出处或来源。此事件的敏感性在当地可见一斑。

一时半会，竟然没有什么进展。

## 不按常理出牌

没办法，既然写案例我是新手，那我也没有什么条条框框的束缚。

三下五除二，我拿出商业上的做法——直接跟案例涉及的各主要方联系。当然，必要情况下，还动用了我自己的人脉。

鉴于话题的敏感性，对于我们的访谈要求的反应大体可以归为三类。

第一类，也是绝大多数访谈对象的反应是，"为什么是我"？对于这一类就需要更多的解释和说服工作。好在之前的准备工作做得很充分，一般一两个回合后对方会进一步同意我们的访谈要求。第二类，尽管是少数，却还是有几个，干脆直接或委婉地拒绝了我们的访谈要求。第三类，访谈对象比较特别，有的其实相当于是"被迫"接受我们的访谈要求的。为什么这么说呢？起初，这一类访谈对象的第一反应与第一类非常相似。但在接下来的解释和说服过程中，由于我们也坦诚地告知其他我们试图访谈的对象，这一类访谈对象反而会觉得不应该拒绝我们而最终还是选择接受我们的访谈了。

当然，除了事先要做好充分准备外，最重要的是取得对方的信任。因为相较于商业行为而言，我们最大的挑战在于我们没有什么可跟人交换的。我们的访谈对象接受我们的采访要求与否，完全取决于是否愿意帮我们的忙。

而取得信任的过程有时也并非一帆风顺。

比如，重组特别工作组组长顾炎飞女士就是其中之一。在经重组顾问的介绍，并经过几轮邮件说明后，顾女士坚持要求先跟我通个电话。在近一个小时的通话过程中，顾女士不仅要求我就案例写作及访谈要求本身做进一步解释，还对我的个人经历和个人情况做了进一步了解。那感觉不亚于经历一场面试。直到她跟我说，她觉得我们的经历有一定程度上的相似，她觉得我可以理解她时，才同意我们的访谈请求。

可一见面，顾女士又完全拒绝了我们的访谈，给出的理由是没有必要。当时为了节省时间，就由我直接跟顾女士对谈，顾女士的助理则在旁边直接给思徒教授翻译。直到顾女士送我们到电梯口时她才跟我说，之所以最终同意我们的访谈请求是因为我们"组织得好"。并直言不讳地告诉我们，"你们打败了哈佛"，原来之前他们拒绝过包括哈佛在内的其他顶级商学院的访谈要求。

等上了出租车，思徒教授跟我说，刚才感觉顾女士和我两个人在"吵架"。我说完全不是那么回事，只不过是要从头开始再次说服顾女士接受我们的访谈请求而已。他继而又说，"不过看上去很有趣"。

这种反复在当时看来可能有一点点沮丧，但后来证明这种反复之后建立的信任反而更牢固。比如，在进一步消除疑虑后，顾女士不但在繁忙的行程中牺牲自己周末休息的时间，而且还抱病接受了我们的访谈。同时还主动帮我们协调并说服了很多其他中、新两地的访谈对象。对此，我至今都深表感激。

## 努力终有回报

幸运的是，我们的努力最终得到了各方的认可，我们也最终取得了各方的信任，并得到各方对我们严谨客观的学术态度的肯定和大力支持。

2006—2008 年，我本人多次飞抵国内和新加坡，希望对中国航油事件的主要相关方进行访问。当时，除跟新交所、新加坡金管局、中国航油集团公司，中国航油（新加坡）公司、重组团队以及重组顾问（包括法律、财务与公关公司等）外，我们还跟新加坡商业调查局、法官、新加坡中小投资者协会在内的多达 30 多个主要相关方都做过一次或多次深入访谈。而且，除极少数外，大部分受访人对我们都比较开诚布公。有的即使开始时还有点顾虑，谈着谈着也就放开了。

有意思的是，虽然刚开始让大家接受我们的访谈要求有些困难，但一旦取得信任后，很多后来的采访对象其实都是由我们的受访人建议或推荐的。以至于到后来当我跟访谈对象落实具体访谈的时间、地点时，有的受访人会说，"我不知道你为什么要采访我，但谁谁谁（人名省略）跟我说应该跟你谈一谈"。

其实，要感谢的人还很多很多。比如，荚长斌荚总，在接受我访谈的当日可能会公布对他的处理结果的情况下还是按原计划接受了我们的访谈。而且，原先只安排一个小时左右的访谈持续了三个小时。其间，秘书来催了几次。访谈过程中荚总多次表达了对陈先生的惋惜之情以及他本人也对整个事件负有责任的态度。

## 不可能的任务

说实话，起初，我们并没有想到要向新加坡当局提出对当时在狱中服刑的陈先生的访谈要求。原因是在当时看来这几乎是不可能的。

但在我们跟有些访谈的对象的交流中，多方流露出对陈九霖先生的极大同情，其中，就包括与此案相关的法官。法官虽然不愿意正式接受我们的访谈要求，但还是同意以非正式的方式跟我们见面聊聊。

就连新加坡商业调查局的人也建议可能的话，我们应该见见在狱中的陈九霖先生本人。

当时之所以多方鼓励我们想办法跟身在狱中的陈先生做访谈，估计一个主要原因就是，既然你们已经可以访问到这么多包括政府当局在内的机构，为什么不试一试？也许当局会接受我们对陈先生的访谈请求。

然而，虽经与新加坡当局（包括但不限于新加坡监狱）多次交涉，我们到狱中与陈先生进行访谈的要求最终仍以当时事件的敏感性以及不能破例准许第三方（包括媒体在内）到狱中进行访谈等原因而被所属监狱方予以拒绝。

对于我个人而言，始终让我感到遗憾的是，我们未能与当时作为事件中心人物的陈先生取得联系并见面。毋庸置疑，没有与陈先生的访谈，我们对整个事件的把握，尤其是重组之前所发生事件的把握在客观性和准确性方面是一定会有所欠缺的。

但是，当时陈先生已开始在新加坡监狱服刑。我们的案例也不可能无限期地拖下去。最终，我们的案例在公司重组成功后定稿，并在取得公司的书面同意后于 2008 年 6 月正式发表。

### 一个陌生人的来信

2009 年 2 月中国农历新年期间我正在上海父母家休假时，思徒教授转给我一封来自中国的邮件。来信称之前读到我与思徒教授合写的一篇文章，要求思徒教授帮忙提供我的电子邮件以便进一步商谈在中国进行有关学术案例方面的合作，并叫我直接跟邮件抄送名单上的一位陈先生直接联系。

思徒教授在征得我的同意后，将我的联系方式给了对方。

　　结果，第二天我收到来自这位陈先生的邮件。这位陈先生自称陈九霖，中国航油（新加坡）公司的前任 CEO。他说 2006 年在新加坡曾有一位与我同名的女士试图联系过他。如果是我本人请与他联系。

　　此时正值陈先生出狱后不久。从媒体报道上我已得知陈先生已于春节前刑满出狱回到国内的消息。但考虑到时机的敏感性，我就没有试图主动联系陈先生。此刻，离陈先生出狱才 10 来天的时间他即与我主动联系，让我感到既意外又惊喜。

　　其实，当时我是非常希望能弥补案例定稿前未能采访到陈先生的遗憾的。主要目的是希望能从陈先生那儿了解当时所发生的情况以及他个人的看法，必要的话在此基础上也会考虑对案例稿进行修订。

　　按陈先生的说法，2006 年陈先生入狱后，很多人在找他，试图探寻事件的背景。他还告诉我当年我给新加坡当局的采访要求还引出一个十分有趣的故事：在众多的采访要求中，他当时的确有意接受我的采访，因为我不仅要采访他，而且，还要采访新加坡商业调查局，这说明我思考问题比其他人深入；与此同时，我所在的商学院在世界上很有影响力的商学院。而且，当时他没有拒绝我的访谈要求，相反他期待着我去狱中探访他。他还通过许多别的途径找过我，但未能如愿。因此，出狱后他很高兴能联系上我。

　　同时，陈先生还问我能否告诉他一下我本人的背景以及采访他的出发点，希望对我可以有多一点的了解。鉴于当时仍有许多大媒体、出版商等在追踪他、在打听他。在各项报道中，以讹传讹的较多，真实的、理性的与深入的报道较少，他希望我可以理解在当时情况下他仍需保持谨慎。

　　其实，当时我对陈先生的顾虑是完全可以理解的。在之后的往来邮件中，按陈先生的要求，我将案例稿发给他以便他更有的放矢地以真情实据澄清事实。陈先生看后提了几点意见，并说好见面再聊。但当我随后要跟他确认具体见面的时间和地点时，却被他一句"我相机与你联系。但不必专为我而来，出差时顺便见见就行"而婉拒了。

与陈先生的见面也就此搁置了下来。

## 迟来的初见

待我下一次回国时，已是 2009 年的 9 月。

这一次，陈先生没有拒绝我，同意作为"朋友之间闲聊家常、谈天说地"与我见面。

第一次和陈先生见面，说是商业谍战片中的场景是一点都不为过的。

按照约定，我从上海飞抵一个北方美丽的滨海城市。除此之外，我对见面的具体时间、地点等细节一无所知。直到第二天上午，上了出租车之后我才接到电话告知我目的地酒店的名字。

如约抵达酒店大堂，却未见到陈先生的身影。等了一会，一个男子出现在我面前。眼前这位中年男子，头戴棒球帽，帽檐压得很低，但面容依稀熟悉。他身材很消瘦，消瘦得似乎不成人形。他朝我走过来，伸出手，低声地对我说："张小姐，你好！我是陈九霖。"继而对我说："我们到对面餐厅去找个包房谈吧！这里不安全，有可能明天我会消失，你也消失了。"

在此之前，即使我对这次会面有再大的期待，却是无论如何也想不到，写案例会有可能把自己给写"消失"了的。

那是陈先生和我第一次面对面的交谈。听他用那带着熟悉的湖北口音（对，我祖籍湖北，我们是老乡）的普通话诉说中国航油事件的前前后后，狱中的经历，以及出狱后他与家人的种种经历和无奈。

眼前的陈先生，既"熟悉"又陌生。说"熟悉"是因为之前在跨度长达 2~3 年的研究以及与多方访谈过程中，似乎我对他已经很了解了。但如果我们没有经历过别人所经历的事情，我们又如何能了解那是怎样一种经历呢？　又如何去评判呢？

我可以做的就只有静静地听，尽力去感受。

## 几点遗憾

其实，中国航油案例写作过程中还是有几点遗憾的。其一，是没能跟当时身在狱中的陈先生进行访谈。其二，尽管我们多次要求，鉴于事件的高度敏感性以及对所涉及个人的保护，普华永道调查报告的全文最终不予以公开披露。且经与多方协商，也不能与我们分享。其三，由于种种原因，很多我们从访谈中所了解的内容，是无法在案例中得以体现的。这是因为对于我们的访谈对象，我们严格遵守对保密性的承诺，即在未得到授权的情况下，所有访谈所涉及的内容都只是帮助我们对事件发生背景的了解，而非对访谈的内容进行引用、转述或其他任何形式的披露。换言之，如需具名引用在访谈中所说的内容，我们必须事先征求受访人的意见并取得本人同意。

此外，与陈先生见面后，作为案例作者，根据与陈先生访谈的内容，加上之前陈先生对案例稿提供的修改意见，我向思徒教授就对案例可能的修改方案提出过修改建议。作为商学院教授，中国航油的案例系列是在思徒教授的指导下完成的，且版权归商学院所有。改与不改，怎么改法，都需要同思徒教授商量后决定。

同时，根据案例写作的规定，所有我们商学院发布的案例都需要所撰写案例的所在公司或企业对内容进行审核，并签署最终的同意书才能公开发表。

考虑到陈先生刚出狱不久，下一步的安排还没有最终确定。时机仍然很敏感。对案例稿进行修订的事就搁置了下来。

这一搁就是几年。

之前提过，思徒教授是苏格兰人（如果你说他是英国人，他一定会纠正你的）。老人家有生之年最大的愿望就是可以拥有一本苏格兰护照。不幸的是，他在被诊断出食道癌后的短短几个月内，2014年苏格兰公投前夕，就突然去世了。

我想，如果老人家还健在，在目前的情况下，肯定会愿意与陈先生坐下来聊聊过去、现在和将来，或干脆写个新的案例。

## 说到底，何为真相？

真相也许只有一个。但由于种种原因，真相也许永远不为人知。所有为我们所知的真相其实都是以真相为基础的故事。就像数学里"无穷"的概念。故事也许可以无穷接近于真相。但故事毕竟是故事，故事永远不等于真相。但凡是故事，就都有其另一面。

但无论故事的版本如何，生活还是要继续。

在回欧洲的航班上看了一部电影，影片中有这样一句话让我印象深刻。它是这样说的："生命之书中没有目录。我们不知道自己是在新章节的开端或故事的结尾。因此，每次翻页都必须心存感激。"

中国航油这个故事，也许改变了陈先生的一生。写中国航油案例这个故事，也许改变了我的职业发展轨迹。值得庆幸的是，因为中国航油这个故事，陈先生和我的人生轨迹却意外地有了交集。

说起来，从2006年我试图与当时身在狱中的陈先生联系起，至今已有 10 多个年头了。这 10 年间，我们见面并不多，我印象里总共有 3 次。邮件和电话也并不频繁，也没有那么多讲究或客套。但彼此远远关注。

　　而陈先生于我，亦师亦友。为此，我心存感激。

## 附录 4

# 陈九霖个人中英文简介

陈九霖，博士，1961 年 10 月 20 日出生，是世界 500 强企业中国航油集团原副总经理、中国最大的海外中资企业中国航油（新加坡）股份有限公司（中国航油）原执行董事兼总裁、中资企业（新加坡）协会原会长。陈九霖现任北京约瑟投资有限公司董事长，还兼任湖北楚商联合会、黄冈楚商联合会、浠水商会联合会等社会组织的领导职务，是多所知名大学和中国社会科学院研究生院的特聘教授。

在他执掌期间，中国航油净资产增幅 852 倍，原始股东投资增值 5022 倍，缔造了一个商业传奇，因此，被称为"航油大王"。陈九霖 2000 年，个人年薪 2350 万元（税后），被称为"打工皇帝"。2004 年，中国航油因澳大利亚籍交易员纪瑞德和英国籍交易员卡尔玛从事油品期权交易导致巨额亏损。陈九霖敢于担当，主动承担主要责任。中国新闻社和《中国新闻周刊》因陈九霖"不逃避、敢担责、因公受过"而评选陈九霖为"2015 年责任人物"。

陈九霖出生于湖北省黄冈市浠水县，黄州中学毕业后，先后取得北京大学文学学士学位、新加坡国立大学企业管理硕士学位和清华大学民商法学博士学位。

陈九霖先后在国家民航北京管理局、央企中国国际航空公司、中德合资的北京飞机维修工程有限公司、央企中国航油集团公司、央企中国葛洲坝集团国际工程有限公司工作。参加了建设香港新机场供油公司的谈判与组建工作；是中英合资华南蓝天航空油料有限公司、中荷合资天津国际石油储运有限公司等特大型中外合资项目的项目经理和中方首席谈判代表。中国航油（新加坡）股份有限公司也是陈九霖亲自筹建的。

陈九霖被世界经济论坛评选为"亚洲新领袖（缔造者）"（现在的"全球青年领袖"）；被北京大学评选为"北京大学杰出校友"；被新加坡建国总理李光耀评价为"聪明、沉着、出生寒微但快速崛起并且成功的年轻企业家"；被英国《金融时报》誉为"国际资本运作大师"；被推选为"知名创业投资人"而成为"武汉城市合伙人"；因被评选为2016年全国八名"留学生标杆"之一而出席新中国成立67周年庆典；被评为"2016年中国经济十大商业领袖"和"2016年度人物"，先后陪同习近平主席、李克强总理出访。

陈九霖是世界500强企业的重要创始人和管理者之一。

# Profile of Dr. Joseph Chen Jiulin

Dr. Joseph Chen Jiulin, born on Oct. 20th, 1961, is the former Vice President of China National Aviation Fuel Group (CNAF), a Global Fortune 500 enterprise, and the former Executive Director and CEO of China Aviation Oil (Singapore) Corporation Ltd (CAO), China's largest overseas Chinese-funded enterprises, as well as the former President of China Enterprises (Singapore) Association. Dr. Joseph Chen Jiulin is now managing Beijing Joseph Investment Co. Ltd as the Chairman, as well as taking leadership roles in several social organizations such as the Hubei Chu Merchant Association, the Huanggang Chu Merchant Federation and the Xishui Commerce Federation.

Under Dr. Joseph Chen Jiulin's management, the net assets of CAO increased 852 times, and the original shareholder investment appreciated 5022 times, creating a business legend and giving him the title of "Aviation Fuel King". Dr. Joseph Chen Jiulin earned an annual salary of RMB 23.5 million (after-tax) in 2000, and so was called "Working Emperor". In 2004, CAO's Australian trader Gerard Rigby and British trader Abdullah Kharma engaged in oil options trading and caused a huge loss in CAO. Dr.

Joseph Chen Jiulin immediately took major responsibility for the accident. China News Service and China Newsweek named Dr. Joseph Chen Jiulin "2015 Responsible Figure", commenting on him as someone who "does not run away, dares to take responsibility, and bears the fault for others".

Dr. Joseph Chen Jiulin was born in Xishui County, Huanggang City, Hubei Province. After graduating from Huangzhou Middle School, he obtained the degrees of Bachelor of Arts in Peking Univercity, Master of Business Administration in the National University of Singapore, and a PhD of Civil and Commercial Law in Tsinghua University.

Dr. Joseph Chen Jiulin successively worked in CAAC Beijing Regional Administration, Air China International Corp., an SOE owned by the central government of China, Aircraft Maintenance and Engineering Co Ltd., Beijing, a Sino-German joint venture, China National Aviation Fuel Group, also an SOE owned by the central government of China, China Gezhouba Group International Engineering Co., Ltd., another SOE owned by the central government of China. He participated in the negotiation and construction of Hong Kong Aviation Fuel Supply Corporation, and also served as project manager and Chinese chief negotiator in large-scale Sino-foreign joint ventures such as South China Bluesky Aviation Fuel Co. Ltd., a joint venture between CNAF and British Petroleum, Tianjin International Petroleum Storage and Transportation Co. Ltd., a joint venture between CNAF and Netherland Shell, CAO was also built by Dr. Joseph Chen Jiulin personally.

Dr. Joseph Chen Jiulin was elected as a "New Asian Leader-Founder" (now as "Global Youth Leader") by the World Economic Forum, chosen as "Distinguished Alumni" by Peking Universtiy, described as "an

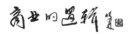

intelligent, self-possessed and successful young man fast growing from a humble position" by Singapore founding Prime Minister Lee Kuan Yew, hailed as "international capital operation master" by British Financial Times, recognized as "well-known investor" and thus became the "City Partner of Wuhan" by Wuhan municipal government, selected as "a benchmark of China returned students educated overseas " (only 8 all over the country) by Chinese government and so attended the 67th PRC Founding Anniversary Celebration in 2016.  He was elected as one of the Top 10 Business Leaders for 2016 Chinese Economy and Man of the Year 2016. He has also accompanied President Xi Jinping and Premier Li Keqiang on their foreign visits.

Dr. Joseph Chen Jiulin is one of the important founders and managers of Global Fortune 500 enterprises.